Eginhard Kieß (Hrsg.)

Erfolgskonzept
Personal Training

D1666392

Eginhard Kieß (Hrsg.)

Erfolgskonzept Personal Training

Selbständigkeit · Marketing · Trainingsplanung

2. überarbeitete und
erweiterte Auflage

VDM · VERLAG DR. MÜLLER

Bibliografische Information der Deutschen Bibliothek:
Die Deutsche Bibliothek verzeichnet diese Publikation in der
Deutschen Nationalbibliografie; detaillierte bibliografische Daten
sind im Internet über <http://dnb.ddb.de> abrufbar.

Copyright © 2003 Verlag Dr. Müller e. K. und Lizenzgeber.
Alle Rechte vorbehalten, Düsseldorf 2003. Version B
Kontakt: info@vdm-buchverlag.de

Lektorat: Christine Braun, Dr. Hermann Falk, Eginhard Kieß,
Dr. Wolfgang Müller, Christiane Stedeler

Aus Gründen der besseren Übersicht erfolgt im Text keine
explizite Differenzierung zwischen der weiblichen
und der männlichen Form. Stets sind beide gemeint.

Titelfotos: www.andreadingeldein.de / info@andreadingeldein.de

ISBN   **3-936755-14-0 (Paperback)**

ISBN   **3-936755-17-5 (Hardcover)**

Herstellung: Schaltungsdienst Lange o.H.G, Berlin

„Wer etwas für seine Gesundheit und Fitness tun möchte, hat viele Möglichkeiten. Die Idee, dabei die Hilfe eines `Personal Trainers´ in Anspruch zu nehmen, ist in den USA und Großbritannien schon seit langem etabliert und entwickelt sich auch in Deutschland mehr und mehr zum Trend. Was früher nur Spitzensportlern oder Hollywood-Schauspielern vorbehalten war, leisten sich jetzt auch immer mehr normale Durchschnittsbürger.

Sei es der gestresste Börsenmakler, den Rückenschmerzen und mangelnde Ausdauer plagen, oder die Karrierefrau, die endlich abnehmen will - der persönliche Sportberater kann eine gute Alternative sein."

Kölner Rundschau

Vorwort zur 2. Auflage

Personal Training steckt noch immer in den Kinderschuhen, obwohl diese Branche seit 1999 in Deutschland boomt. Viele potenzielle Klienten haben von unserer Dienstleistung noch nichts gehört. Und viele Trainer scheuen auch weiterhin den Weg in die Selbständigkeit.

Seit nunmehr anderthalb Jahren ist unser Markt nicht kleiner, dafür aber schwieriger geworden. Die Diskussion um den (T)Euro hat zu einem veränderten Konsum- und Sparverhalten geführt. Die wirtschaftliche Schieflage trägt dazu bei, dass Firmengewinne und Managergehälter stagnieren oder gar rückläufig sind. So stellten drei meiner Klienten im Jahr 2002 das Training ein, da ihre Firmen kurz vor der Insolvenz standen.

Nicht zuletzt beeinträchtigt die Diskussion um die gesetzlichen Rahmenbedingungen die Bereitschaft zur Selbständigkeit. In jedem Personal-Training-Seminar spüre ich diesbezüglich die Verunsicherung der Teilnehmer. Fragen wie: „Wird in Zukunft selbst für Freiberufler Gewerbesteuer verpflichtend?", „Muss ich als Freiberufler nun Beiträge an die BfA (Bundesversicherungsanstalt für Angestellte) zahlen?" oder „Wie bekomme ich Förder- oder Überbrückungsgeld?" tauchen hierbei immer häufiger auf.

Dahingegen ist positiv zu verzeichnen, dass sich vermehrt Presse und TV dem Thema Personal Training widmen. Der dadurch gewonnene größere Bekanntheitsgrad ist gerade in schwierigen wirtschaftlichen Zeiten für uns als Personal Trainer sehr wichtig. Jedoch existiert nicht immer ein realistisches Bild vom Beruf als Personal Trainer. So müssen wir gegenüber der Presse immer wieder darauf aufmerksam machen, dass wir keine „Promi-Trainer" sind, die mit dem Porsche beim Scheich vorfahren, oder nur im Fitness-Studio stehen, um eine individuelle Trainingseinweisung zu geben. Für die Zukunft sehe ich daher in einer umfassenden und genauen Darstellung unserer Dienstleistung eine wesentliche Aufgabe jedes Personal Trainers.

Die letzten Jahre haben gezeigt, dass Personal Training als individuelles, räumlich und zeitlich flexibles sowie ganzheitliches Gesundheitsmanagement eine gefragte Dienstleistung ist. Die Kundenvielfalt und der Bedarf sind groß. Die Gesundheits- und Wellnessbranchen sind bedeutende Wachstumsmärkte geworden. Immer mehr Menschen erkennen die Notwendigkeit eines Ausgleichs und einer optimalen körperlichen Verfassung. Firmen verlangen von ihren Managern, körperlich aktiv zu sein, da sonst ihr Verantwortungsbereich herabgestuft wird. Und nicht zuletzt die Gesundheitsreform trägt dazu bei, dass Krankheit zunehmend teurer wird. Es lässt sich also schlussfolgern, dass Personal Training eine lohnenswerte Investition in die eigene Gesundheit ist.

Das Buch „Erfolgskonzept Personal Training – Selbständigkeit, Marketing, Trainingsplanung" hilft Ihnen beim Einstieg in die berufliche Selbständigkeit und bei der erfolgreichen Weiterentwicklung Ihrer unternehmerischen Tätigkeit. Es vermittelt wichtige Informationen und Tipps von A – wie Akquise – bis Z – wie Zusammenspiel mit Kooperationspartnern, sowie das notwendige Handwerkszeug, Ideen und Anregungen, um Ihr individuelles, innovatives Erfolgskonzept Personal Training aufzubauen. Profitieren Sie dabei von den Erfahrungen erfolgreicher Personal Trainer und anerkannter Wirtschaftsexperten. Lesen Sie in den Klientenfeedbacks, was unseren Kunden wirklich wichtig ist in der Zusammenarbeit mit Ihnen.

Ich danke allen alten und neuen Autoren auf das Herzlichste, dass Sie dieses Buch in überarbeiteter und wesentlich erweiterter Auflage möglich gemacht haben. Sie haben dazu beigetragen, dass ein umfassender Ratgeber – von der Beratung bis zur Aktion – entstanden ist.

Ein besonderer Dank gilt meinen Eltern und Christine Braun.

Eginhard Kieß – Herausgeber
Köln, im Juni 2003

Vorwort zur 1. Auflage

In Deutschland ist Personal Training immer noch eine sehr junge Dienstleistung. Zwar gab es schon vor 10 bis 15 Jahren erste Ansätze, doch wagten damals nur sehr wenige Trainer, in diesem Bereich tätig zu werden. Wie viele andere Dienstleistungen hat auch Personal Training seinen Ursprung in den USA. Die ersten Personal Trainer coachten dort schon vor über 60 Jahren gesundheitsbewusste Kunden.

1996 erschien im Magazin Stern ein Beitrag unter dem Motto „Wer es sich leisten kann, holt den Trainer ins Haus". Man schrieb von einem Bodyguard, bei dem eine `Turnstunde´ 150 Mark koste und der zuweilen auch „psychologisch unterstützend" eingreife. Der Trainer sei stets flexibel für seine Kundschaft, habe aber nicht wirklich etwas mit dem sprichwörtlichen Bodyguard zu tun.

1998 ist zu Recht als die wirkliche Geburtsstunde des Personal Trainings in Deutschland zu bezeichnen. Sukzessive veröffentlichten immer mehr Fachmagazine Berichte über die Erfahrungen von Kunden oder Trainern mit Personal Training. Derzeit sind nach Recherchen des Bundesverbandes Deutscher Personal Trainer erst weniger als 100 Trainer tätig, die ihr tägliches Brot mit Personal Training verdienen. Doch ihre Zahl steigt täglich.

Unterstützt durch aktuelle Tendenzen in der Gesundheitspolitik und die damit verbundenen Risiken sind immer mehr Diplom-Sportlehrer, Diplom-Sportwissenschaftler, Physiotherapeuten und Fitnesstrainer bereit, sich in diesem neuen Arbeitsfeld niederzulassen. Eine kluge Entscheidung, da der Fitnessmarkt weiterhin boomt und sich der Beruf Personal Trainer zur vollen Erwerbstätigkeit eignet.

Die eigene Erfahrung lehrte mich in den vergangenen Jahren, dass Personal Training eine äußerst komplexe und anspruchsvolle Dienstleistung ist, die nur im erfolgreichen Zusammenspiel diverser Fachthemen und Fachleute ihren Platz im Markt findet. Genau diesem Zweck dient dieses Buch, mit dem erstmals ein

Kompendium des Know-hows ausgezeichneter Spezialisten rund um das Thema Personal Training vorgelegt wird.

Ganz besonders danke ich daher allen Autoren – Thomas Brandt, Christine Braun, Dr. Hermann Falk, Jens Freese, Katja Neef, Dr. Stefan Preis, Sabine Riedl, Dirk Scharler, Slatco Sterzenbach und Arnd Storkebaum – für ihre engagierte Mitarbeit an diesem Standardwerk. Besonderen Dank möchte ich jedoch Dr. Wolfgang Müller aussprechen, ohne den dieses Buch nie zu Stande gekommen wäre. Seinem unternehmerischen Engagement, seiner intensiven Unterstützung und seinem Ideenreichtum habe ich einen Großteil meines beruflichen Erfolgs zu verdanken.

Ihnen allen, dem interessierten Leser und den Personal Trainer Kollegen wünsche ich viel Erfolg und Freude bei der hoch innovativen Dienstleistung Personal Training.

Eginhard Kieß – Herausgeber
Köln, im Januar 2002

Inhalt

Sabine Riedl
Ausbildung und Anforderungsprofil eines Personal Trainers 13

Jens Freese
Der Bundesverband Deutscher Personal Trainer 33

Norman Rentrop
Was macht einen guten Unternehmer aus?
– Lernen Sie unternehmerisch zu denken! 47

Katja Neef
Existenzgründung als Personal Trainer 67

Hermann Falk
Ausgewählte rechtliche Aspekte des Personal Trainings:
ein juristischer Hindernislauf 85

Thomas M. Brandt
Risiko- und Vermögensmanagement des Personal Trainers 105

Eginhard Kieß
Zielgruppen – Marketing – Akquise 119

Slatco Sterzenbach
Equipment eines Personal Trainers 143

Ralf Lützner
Betreuungs- und Trainingskonzepte im Personal Training 173

Dirk Scharler
Programmdesign des Personal Trainings 191

Lars Brouwers
Gesundheits-/Eingangs-Check im Personal Training 203

Stefan Preis
Der Arzt im Personal Training: More than a doctor...................... 217

Christine Braun
Ernährungskonzepte im Personal Training 227

Silke Hell/Benedikt Hell
Kommunikation und Interaktion zwischen Trainer und Klient....... 257

Wolfgang Müller
Was einen guten Personal Trainer ausmacht
– aus der Sicht eines Klienten 273

Peter Creutzfeldt
Work-Life Balance und warum gesunde Unternehmen
erfolgreicher sind 285

Claus Lauprecht
Wellness und Personal Training: Welchen Nutzen
Wellnessanlagen im Personal Training haben 301

Arnd Storkebaum
Zukunftsvisionen Personal Trainer im Unternehmen:
Gesundheitsvorsorge – Kostensenkung – Mitarbeitermotivation........ 309

Kontakte & Adressen 333
Literatur 339
Die Autoren... 341

Schulleiterin Sabine Riedl

Ausbildung und Anforderungsprofil eines Personal Trainers

Entwicklung und Entstehung

Die Bezeichnung Personal Training ist längst kein exotisches Fremdwort mehr – häufig aber noch zu ungeläufig, um jedem deutschen Bundesbürger eine Vorstellung oder Zuordnung dieses Begriffs zu ermöglichen. Denjenigen, die sich intensiver mit ihrem Körper oder ihrer eigenen Fitness beschäftigen, ist der Begriff Personal Training bestimmt schon begegnet, und sei es nur in einer Fitness-Zeitschrift.

Was aber steckt genau hinter diesen zwei Wörtern – ein Beruf? Eine Qualifikation? Wofür? Ist es überhaupt ein Beruf? Und wie wird man Personal Trainer? Gibt es einen festen Ausbildungsweg – eine Lehre? Muss man für Personal Training vielleicht studieren? Kann man auf anderen Ausbildungswegen zu diesem Ziel kommen? Welche Voraussetzungen sollte man mitbringen? Wie sehen die Anforderungen an einen Personal Trainer aus? Wer ist dafür geeignet? Wie steigt man in diesen Bereich ein? Dies sind die häufigsten Fragen, die gestellt werden, wenn Interessenten sich auf den Weg machen, um Auskünfte über die Personal Trainer Tätigkeit einzuholen.

Diese wahrlich noch recht neue Berufsmöglichkeit wirft eine Reihe von Fragen auf, deren Beantwortung nicht immer mit ein oder zwei Sätzen gelingt. Tatsache ist, dass es keine festgelegte, vom Staat geregelte Ausbildungsform für dieses Berufsbild gibt, eben so wenig wie für viele andere Tätigkeitsfelder im noch recht jungen Bereich Fitness.

Personal Training ist also kein Lehrberuf – aber eben diese Tatsache macht das Thema auch interessant und eröffnet für viele Interessierte Einstiegs- sowie auch persönliche Entwicklungsmöglichkeiten, die andere Berufe in dieser Form nicht bieten können. Was aber hat die Entstehung von Personal Training überhaupt notwendig gemacht? Dies ist eigentlich recht einfach zu beantworten: Wir selbst, unsere Gesellschaft und unsere heutige Lebensart.

Unsere Gesellschaft, unsere Lebensform, wie auch die geistigen und körperlichen Anforderungen haben sich in den letzten Jahren beachtlich verändert. Computer, Faxe, E-Mail, Handys, Auto, Aufzüge, Rolltreppen, Fernseher und viele technische Errungenschaften mehr, die unser Leben einerseits sehr bequem gestalten, aber andererseits auch zu einer rasanten Lebensgeschwindigkeit führen. Das Ergebnis heißt dann meist Stress. Stress, der die innere Ruhe zerstört, Energie wegnimmt und auch gesundheitlich merklich seine Spuren hinterlässt. Zusätzlich zu diesem Stress kommt die geringe körperliche Ertüchtigung – weil nämlich keine Zeit! Deren Folgen sind den meisten bekannt: Übergewicht und eine Reihe `gängiger´ gesundheitlicher Beschwerden, wie z. B. Herz- und Kreislaufprobleme, Gelenkerkrankungen, Rückenbeschwerden und vieles mehr.

Manch einer kümmert sich heute leider immer noch intensiver um die Pflege seines Autos oder die seines Computers als um das eigene Wohlergehen. So kennen die meisten Menschen auch die Festplatte ihres Computers besser als das eigene Innenleben.

Die allgemeine Aufklärung durch die Medien bezüglich der Notwendigkeit einer guten Fitness und Gesundheit haben in den vergangenen Jahren ein Vielfaches dazu beigetragen, Berufstätige mehr und mehr zu sportlicher Betätigung zu animieren, um in Alltag und Beruf leistungsfähig und belastbar zu sein bzw. zu bleiben. Ebenso spielen die Vielzahl von Fitness-Studios und deren umfangreiche Angebote eine Rolle. Auch zahlreiche Arbeitgeber haben erkannt, dass nur in einem gesunden, fitten Körper ein gesunder leistungsfähiger Geist steckt. Dennoch ist und bleibt der Faktor Zeit für viele das Haupthemmnis, um dauerhaft mit Eigenmotivation und Selbstdisziplin z. B. Mitglied in einem Fitness-Studio zu bleiben. Vor allem Manager, Menschen in Führungspositionen, Selbständige, deren wöchentliche Arbeitszeit das Normalpensum oft um ein Vielfaches übersteigt, suchen nach flexibleren Möglichkeiten. Aber nicht nur jene Gruppe der Berufstätigen, sondern z. B. auch Ex-Rehapatienten, finanziell Wohlsituierte, Künstler, Models – also vor allem Personen, die viel unterwegs sind und/oder gesundheitliche Vorbelastungen haben - orientieren sich in sportlicher Hinsicht zunehmend an für sie passenden Angeboten. Gesucht wird eine Art `maßgefertigtes Individual-Training´, möglichst zeit- und ortsunabhängig und eventuell auf Reisen transportabel.

Dieser Prozess führte dann auch in Deutschland zur Geburtsstunde des Personal Trainings – eine Entwicklung, deren Vorreiter die USA schon weitaus früher waren.

Grundausbildung und Voraussetzungen

Wer diese Entwicklung verfolgt und nun Interesse an diesem Metier bekundet, für den ist es gar nicht so einfach, den richtigen und für sich geeigneten Einstieg zu finden. Der Dschungel von Aus- und Fortbildungsangeboten ist dicht und oft sehr unterschiedlich in den Voraussetzungen wie auch Inhalten. Dies macht ihn nicht gerade sonderlich durchsichtig für Neueinsteiger.

Aus diesem Grund beginnen viele angehende Personal Trainer ihr Geschäft im `Schutz´ eines Fitness-Studios. Sie bieten ihre Leistung in Zusammenarbeit mit einem Studio an, d. h. man kann im Studio als Mitglied zusätzlich Personal Training Stunden – ein individuelles 1:1 Training – buchen. Oder aber sie sind in Teilzeit im Studio beschäftigt und verbringen den anderen Teil ihrer Trainertätigkeit als selbstständiger Personal Trainer außerhalb des Studios.

Auf diese Weise ist es sehr viel einfacher, seinen `Job´ und dessen gesamte Anforderungen kennen zu lernen, zu prüfen und sich darauf einzustellen.

Dies ist eine Möglichkeit, in den Markt einzusteigen und aus dem bestehenden Fitness-Trainer-Dasein eine Erweiterung in Richtung Personal Trainer zu vollziehen.

Wie aber sieht es mit den Grundvoraussetzungen aus, oder anders gesagt, welche Grundausbildungen bieten gute Voraussetzungen für einen künftigen Personal Trainer? Welche Ausbildungsmöglichkeiten bietet der Markt an? Welches allgemeine und spezifische Know-how ist notwendig und welches zusätzlich von Nutzen?

Da diese Berufstätigkeit, wie schon festgestellt, kein Lehrberuf ist, und die Berufsbezeichnung Personal Trainer nicht geschützt ist, kann sich jeder, der sich berufen fühlt, so bezeichnen. Wer aber verantwortungsbewusst und seriös an dieses Thema herantreten möchte und seine berufliche Tätigkeit ernst nimmt, der muss und sollte seine `Lehre´ oder `Ausbildung´ zum Personal Trainer gezielt und systematisch selbst gestalten. Dies wird zunächst durch eine gute fachliche Grundausbildung gewährleistet, die die eigentliche Basis darstellt und eine sport- oder medizinfachliche Komponente beinhalten sollte. Studiengänge und Fachschulausbildungen sind dafür eine optimale Anreicherung in fachlicher Hinsicht, bereiten aber trotz ihrer hohen Zeit- und Lernintensität nicht endgültig auf die Personal Trainer Tätigkeit vor. Wesentliche Themen wie z. B. Kundenakquise, Marketing, Kommunikation, Umgang mit Kunden, Kundenbetreuung, Dienstleistungsaspekte und vieles mehr sind weder Bestandteil eines sportwissenschaftlichen oder -medizinischen Studiums noch einer Physiotherapeuten-Ausbildung.

Aus diesem Grund haben sich private Ausbildungsinstitute, wie z. B. SAFS & BETA oder die Meridian Academy, um nur einige namhafte zu nennen, mit ihrer langjährigen Erfahrung und optimalen Markt- und Branchenkenntnis zur Aufgabe gemacht, diese Lücken zu füllen. Sie bieten spezielle Aus- und Fortbildungen rund um das Thema Personal Training an.

Geht man nun systematisch an den eigenen Ausbildungsweg heran, so können mögliche Grundausbildungen sein:

Studiengänge
- Sportwissenschaften
- Sportmedizin

Staatliche oder private Fachschulausbildungen
- Physiotherapie
  (Zusatzqualifikationen im Bereich Sport von Vorteil)
- Sport- und Gymnastiklehrer

Private Ausbildungsinstitute
- Fitness-Trainer Ausbildungen Basic/Master
  (siehe Tabelle `Ausbildungsinstitute...´)

„Durch einen Fernsehbericht wurde ich auf den Personal Trainer aufmerksam. Durch Recherchen im Internet lernte ich meinen Personal Trainer kennen... Mein persönliches Wohlbefinden ist enorm gewachsen und es macht mir wirklich Spaß zu trainieren. Nach nunmehr zwei Jahren schafft es mein Trainer immer noch, das Training so abwechslungsreich zu gestalten, so dass keine Trainingslangeweile oder Trainingsfrust aufkommt."
Paul Hilgers, Unternehmer

Private Ausbildungsinstitute für Personal Training in der Übersicht

Institut:	**aeroNET** Waldfriedhofstraße 16, 81377 München www.aero-net.net
Voraussetzung:	gültige Aerobic oder Fitness Lizenz und Lehrerfahrung
Dauer/Umfang:	4 Tage in Form von 2 Wochenendseminaren à 2 Tage
Prüfung:	1 Tag
Terminangebot:	eine Ausbildung pro Jahr in Innsbruck
Titel.:	Personal Fitness Lizenz
Preise (zzgl. MwSt.):	Ausbildung: 300,- €; Prüfung: 75,- €

Institut:	**DFAV, Deutscher Fitness und Aerobic Verband e.V.** Potsdamer Platz 2, 53119 Bonn www.dfav.de
Voraussetzung:	- gültige Aerobic oder Fitness B Lizenz des DFAV oder andere vergleichbare Lizenz - mind. einjährige Lehrerfahrung
Dauer/Umfang:	ca. 3 Monate, Nahphase: 3 Wochenendseminare à 2 Tage
Prüfung:	1 Tag; praktisch, theoretisch, Hausarbeit, HLW-Schein (nicht älter als 2 Jahre)
Terminangebot:	4 Ausbildungen pro Jahr
Titel.:	S-Lizenz Personal Trainer
Preise (zzgl. MwSt.):	Wochenend-Seminar:179,- €; Prüfung: 103,- €

Institut:	**LEAD, International School for Aerobic, Fitness & Health** An den drei Hasen 34-36, 61440 Oberursel, www.lead-school.com
Voraussetzung:	- gültige Aerobic oder Fitness Grundausbildung - Sport- oder Gymnastik-Lehrer - Physiotherapeut - Diplom Sportlehrer
Dauer/Umfang:	Intro: 2 Tage, Diplom Ausbildung: 5 Tage kompakt
Prüfung:	2 Tage, praktisch, theoretisch
Terminangebot:	5 Ausbildungen pro Jahr
Titel.:	Professional Personal Trainer
Preise (zzgl. MwSt.):	Intro: 202,- €; Diplom Ausbildung: 850,- €; Prüfung: 80,- €

Institut:	**Meridian Academy** (anerkanntes Institut des Bunderverbandes Deutscher Personal Trainer e.V.) Wandsbeker Zollstraße 87-89, 22041 Hamburg, www.meridian-academy.de
Voraussetzung:	- MAG (Grundstufe für Aerobic + Fitness) - abgeschlossene Aerobic- oder äquivalente Ausbildung
Dauer/Umfang:	5 Tage kompakt
Prüfung:	1 Tag, schriftlich und Lehrprobe
Terminangebot:	ca. 2 – 3 Ausbildungen pro Jahr
Titel.:	Meridian Academy Personal Training
Preise (zzgl. MwSt.):	Ausbildung: 770,- €; Prüfung: extra

Institut:	**PTN, PERSONAL TRAINER NETWORK** (anerkanntes Institut des Bunderverbandes Deutscher Personal Trainer e.V.) Am Kümpchenshof 21, 50670 Köln www.personal-trainer-network.de
Voraussetzung:	alle Interessierte an Personal Training
Dauer/Umfang:	1-und 2-tägige PT-Fortbildungsthemen: - Start-up Seminar - Praxisworkshops zu Personal Training spezifischen Inhalten
Prüfung:	Vergabe von Zertifikaten
Terminangebot:	Anfragen
Titel.:	keine
Preise (zzgl. MwSt.):	zw. 115,- und 240,- €

Institut:	**QPT, Qualified Personal Trainer** Postfach 1511, 82305 Starnberg www.qpt-personaltraining.de
Voraussetzung:	- Fitness B-Lizenz - Sport-/Gymnastik-Lehrer - Physiotherapeut - Diplom Sportlehrer - Sportmediziner - Absolvent Sportberufsfachschule - Mindestalter 25 Jahre und Berufserfahrung im Fitnessbereich
Dauer/Umfang:	7 Tage kompakt
Prüfung:	2 Tage; praktisch, theoretisch, Hausarbeit
Terminangebot:	ca. 5 Ausbildungen pro Jahr
Titel.:	Qualified Personal Trainer
Preise (zzgl. MwSt.):	Ausbildung: 1175,97 €; Prüfung: 178,95 €

Institut:	**SAFS & BETA, School for Professionals** (anerkanntes Institut des Bunderverbandes Deutscher Personal Trainer e.V.) Johanna-Kirchner-Straße 2a, 65239 Hochheim/Main, www.safs-beta.de
Voraussetzung:	- gültige Fitness Grundausbildung
	- mind. einjährige Lehrerfahrung
	- Sport-/Gymnastik-Lehrer
	- Physiotherapeut
	- Diplom Sportlehrer
Dauer/Umfang:	7 Tage kompakt – Training
Prüfung:	1 Tag Prüfung: praktisch, theoretisch, Hausarbeit
Terminangebot:	ca. 8 Ausbildungen pro Jahr
Titel.:	Professional Personal Trainer Diplom
Preise (zzgl. MwSt.):	Ausbildung: 1115,- €; Prüfung: 115,- €

Institut:	**Trainer College** (anerkanntes Institut des Bundesverbandes Deutscher Personal Trainer e.V.) Winckelmannstraße 32, 50825 Köln www.trainer-college.de
Voraussetzung:	Fitness oder Personal Trainer
Dauer/Umfang:	1- und 2-tägige PT-Fortbildungsthemen
	- Prävention und Rehabilitation - Seniorenfitness - Diagnostik und Trainingssteuerung - Sportmassage - Medizinisches Freihanteltraining
Prüfung:	keine
Terminangebot:	jedes Seminar einmal im Jahr
Titel.:	keine
Preise (zzgl. MwSt.):	Anfragen

Sport- und themenfremde Quereinsteiger werden mit einer gezielten Personal Trainer Fachausbildung einerseits überfordert, andererseits nicht ausreichend versorgt sein. Private Ausbildungen zum Personal Trainer mit ihren speziellen Inhalten gehen nicht mehr auf Basiswissen, wie z. B. die Muskellehre ein, sondern beschäftigen sich intensiv und allein mit den für das Personal Training spezifischen Themen. Wie die Ausbildungstabelle zeigt, wird bewusst einiges an allgemeiner fachlicher Kompetenz in Sachen Anatomie, Physiologie, Trainingslehre, Kundenbetreuung etc. als Teilnahmevoraussetzung gefordert. Ohne umfangreiche Kenntnisse auf diesen Gebieten sind eine sinnvolle Trainingsplanung und ein verantwortungsvoller Umgang mit der Gesundheit des späteren Klienten nicht denkbar.

Die Mindestvoraussetzung ist eine Basisausbildung im Bereich Fitness, was bei der späteren hohen und umfangreichen Anforderung an den Personal Trainer oftmals noch zu gering ist. Besser gerüstet und angereichert mit Hintergrundwissen ist man mit einer höheren Trainerlizenz, einem so genannten Fitness-Trainer Master Diplom oder einer Fitness-Trainer A-Lizenz.

Weitere Qualifikationen, seien es Kenntnisse im Bereich der Muskelfunktionstests, in der Rehabilitation, in der Osteopathie, im Training mit Koronarpatienten, im Sport bei Stoffwechselerkrankungen, in der Ernährung oder im weiten Feld der Entspannung sind ebenfalls überaus hilfreich und für die künftige Tätigkeit oftmals auch notwendig. Ebenso sollten Sportarten aus dem Freizeitbereich beherrscht werden, wie z. B. Inline-Skating, Tennis, Badminton oder Mountainbiking. Je breiter gefächert das eigene fachliche Kenntnisspektrum ist, desto größer und vielfältiger sind auch die Möglichkeiten des Tätigkeitsfeldes und des eigenen Marktangebotes.

So qualifiziert die Grundausbildung und die theoretische Kompetenz des einzelnen Personal Trainers in spe sein mögen, bleibt dennoch unabdingbar eine praktische Lehr-, Unterrichtsoder Trainererfahrung von mindestens einem Jahr, und zwar vor dem Einstieg in die spezifische Personal Trainer Thematik. Diese kann in den Bereichen Fitness-Studio, Wellnessanlage, Freizeit-zentrum, Rehabilitationszentrum oder ähnlichem geleistet wor-den sein. Selbst eine Berufserfahrung oder auch Berufsausbil-dung in anderen Bereichen, wie z. B. einer Dienstleistungs-tätigkeit (Touristik, Hotel), dem Marketingwesen, Verkauf und Beratung (Versicherung, Bank) sind von großem Nutzen und helfen ungemein beim Aufbau und der Durchführung des geplanten Unternehmens. Dies ist sogar von großem Vorteil, da die berufliche Betrachtung nicht nur einseitig vom sportlichen Aspekt her erfolgen kann und man sich auf dem Arbeitsmarkt schon einmal bewährt hat. Im gleichen Maß nützlich sind natür-lich auch bereits gesammelte Erfahrungen, positive ebenso wie negative. Überlegt man, dass z. B. ein Kaufmann oder ein Marketingfachwirt in den Bereich Personal Training einsteigt, dann wird schnell klar, welch großes und wertvolles Potenzial solch eine Berufserfahrung in sich birgt. Diese lässt sich sinnvoll und vorteilhaft in das neue Vorhaben einbringen.

Wer meint, dass allein ein guter eigener Trainingszustand, das Beherrschen unterschiedlicher Sportarten und der Spaß an Bewegung ausreichen, um Personal Trainer zu werden, der hat sein künftiges Tätigkeitsfeld bei Weitem noch nicht ausreichend erfasst.

Persönlichkeitsprofil

Personal Trainer zu sein heißt, gleichzeitig Unternehmer sein, mit allen sozialen, wirtschaftlichen und finanziellen Konsequenzen. Kenntnisse aus den Bereichen Versicherung, Betriebswirtschaft, Kundengewinnung und -betreuung und Marketing sind daher eben so notwendig wie Dienstleistungsbewusstsein, sportfach-liches Wissen und eigene Fitness. Nur wer das begreift, hat Chancen, auf dem harten Markt überhaupt Fuß zu fassen und auf Dauer auch erfolgreich zu bestehen.

Denn ein Personal Trainer ist eine flexible, kreative, hoch kompetente, innovative und vielseitige Firma – wenn auch nur aus einer Person bestehend.

Aufgrund dieses hohen Anspruchs an den Personal Trainer sind eine gewisse persönliche Reife durch ein bestimmtes Maß an Berufs- wie auch Lebenserfahrung sowie eine relativ gute Menschenkenntnis von Vorteil. Für `youngsters´, die meinen, nach der ersten Fitness-Grundausbildung und einem Personal Trainer Lehrgang bereits reif für dieses anspruchsvolle `Business´ zu sein, ist Personal Training nicht geeignet. Auch wenn kein staatlicher Daumen auf diesem Berufsbild liegt, so sollte sich jeder, der mit Menschen, deren Vertrauen, Körper und Gesundheit umgeht, selbst den Daumen der Verantwortung auferlegen. Denn nur so wird es gelingen, dem Personal Trainer Beruf dauerhaft ein seriösen Ansehen, allgemeine Anerkennung sowie einen festen Platz in der Vielfalt der Berufsbilder zu verleihen.

Gerade die noch jungen Berufsbilder, die sich in den letzten Jahren erst durch vielerlei Veränderungen der Technik, Gesellschaft und Lebensweise gebildet haben, deren Entwicklung also noch in den Kinderschuhen steckt, bedürfen einer besonders sensiblen Behandlung, damit sie eine gute Akzeptanz finden. Auch sie müssen mit der gleichen Ernsthaftigkeit angegangen werden, wie die bereits lange bestehenden Berufe. Es wird noch eine ganze Weile dauern, bis einigermaßen feste, einheitliche Strukturen in der Aus- und Fortbildung zum Personal Trainer geschaffen sind. Der Bundesverband Deutscher Personal Trainer e.V., private Institute wie z. B. SAFS & BETA und erfahrene namhafte international bekannte Personal Trainer, wie z. B. Eginhard Kieß und Jennifer Wade, setzen sich schon seit einigen Jahren für eine solche positive Entwicklung der Bildungsstrukturen in diesem Bereich ein. Nicht umsonst sind die Voraussetzungskriterien der Lehrgangsanbieter, die ihr Geschäft mit Verantwortung betreiben, so strikt und umfangreich.

Überschauen wir einmal grob die Vielzahl von Eigenschaften, die bereits benötigt wurden, um das Business Personal Training zu beschreiben, so deutet dies schon auf die geforderte besondere Persönlichkeitsstruktur und das umfangreiche Anforderungsprofil an die Person des Personal Trainers hin.

Versucht man, ein Persönlichkeitsprofil für einen Personal Trainer zu erstellen, so müsste dieses mit Sicherheit folgende persönliche Eigenschaften und natürliche Fähigkeiten besitzen: (Reihenfolge ohne Wertigkeit)

Eigenschaften	Mindestalter 25 Jahre
selbstbewusst	• im gesunden, reellen Maß von sich überzeugt sein • Sicherheit/Kompetenz vermitteln
zuverlässig	• pünktlich und zuverlässig kontaktierbar • ein verantwortungsbewusstes Vorbild sein • ehrliches, seriöses Auftreten • diskreter und professioneller Umgang mit dem Kunden
flexibel	• auf verschiede Menschentypen einstellen • anpassungsfähig sein
kreativ/innovativ	• ideenreich sein • neue Trainingspläne entwickeln • neue Wege entdecken • Training abwechslungsreich gestalten
sozial kompetent	• Ziele des Kunden ernst nehmen • gutes Maß an Menschenkenntnis • sensibel auf den Kunden und dessen Wünsche eingehen

	• kritikfähig sein • zuhören und mit Rat und Tat zur Seite stehen • mit unterschiedlichen Charakteren umgehen
zielbewusst	• die Ziele des Kunden zu den eigenen Zielen machen • realistische Ziele vereinbaren und erarbeiten • sinnvolle und effektive Trainingsvorgänge vereinbaren • bewusst den Kunden in seinem Interesse führen
strebsam	• konsequent selbständig und organisiert arbeiten • mit Ruhe bewusst und langfristig ein Ziel verfolgen
Höflich und gewandt	• positives, freundliches Auftreten • offene, sympathische Art • ausgeglichenes, zufriedenes Wesen • gepflegtes Äußeres

Fähigkeiten	
strukturiert denken	• den Klienten bereits gedanklich analysieren • eine Einstufung der Person vornehmen
motivieren	• loben, bestätigen, animieren • Ziele erreichen, Erfolge aufzeigen • den Klienten positiv beeinflussen, für Neues begeistern • durch Kompetenz und Zuwendung überzeugen

	• Bereitschaft und Aktivität bekunden • den Kunden respektieren und schätzen • den Klienten in seinem Vorhaben unterstützen, auf ihn eingehen und bestätigen • den Kunden im reellen Rahmen seiner Möglichkeiten sportlich fordern
psychologisch und pädagogisch denken und handeln	• `hands on´ sensibel einsetzen • Inhalte und Übungen didaktisch vermitteln • Verhaltensmuster und Ängste in Bezug auf das Training verstehen und einordnen • angemessen Übungen anweisen • Alternativen anbieten
Kommunikation gezielt und bewusst einsetzen	• zuhören, verstehen, auswerten und entsprechend reagieren = aktives Zuhören • gezielt Fragen stellen • notwendige Nähe aufbauen und gesunde Distanz halten • Anweisungen systematisch und verständlich formulieren • die Kundenebene einnehmen • zwischen den Zeilen lesen • den `Smalltalk´ wie auch das Fachgespräch beherrschen • Trainingskonzepte verständlich darstellen
Schnelle u. präzise Auffassungsgabe	• sehen, erkennen, analysieren und angemessen reagieren

Das Anforderungsprofil an den Personal Trainer beinhaltet als Kernziel im höchsten Maße die **Kundenzufriedenheit**. Wie auch bei anderen Service- oder Dienstleistungsunternehmen steht der Kunde im Mittelpunkt des Unternehmens.

Anforderungs-/Aufgabenprofil

<u>Voraussetzung/Qualifikation:</u>

- Sportstudium
- sportmedizinisches Studium
- Physiotherapeut
- Sport- und Gymnastiklehrer
- Fitness-Trainer B-Lizenz, besser A-Lizenz
- Mindestens einjährige Berufserfahrung

und zusätzlich

- spezielle Ausbildung zum Personal Trainer

Von Vorteil sind Zusatzqualifikationen und Kenntnisse in den Bereichen:

- Outdooraktivitäten (Walking, Biking, Inline-Skating)
- Freizeitaktivitäten (Badminton, Tennis, Schwimmen...)
- Ernährung
- Entspannungstechniken
- Stretching
- Massage

Unternehmerische Aufgaben:

- Erstellung eines Marketingkonzepts/Marketingplans (Kundenakquise, Marktauftritt, Markttransparenz etc.)
- Verwaltungs-/Büroarbeiten
- Kostenkalkulation
- Finanzierung
- Grundkenntnisse in Recht, Steuern und Buchhaltung

Kundenspezifische Aufgaben:

- Kunden-/Bedarfsanalyse
- Gesundheits-Check und Auswertung
- Trainingsplan-/Programmerstellung
- Zieldefinition
- regelmäßige Trainingseinheiten/Kontakte
- Trainingsvor- und -nachbereitung sowie Analyse
- Kundenbetreuung/-beratung (auch außerhalb der Trainings)
- aktives Trainieren
- Qualitätssicherung des eigenen Business durch Weiterbildungen
- innovatives, flexibles und dienstleistungsorientiertes Angebot erstellen
- zusätzlichen Service oder Leistungen anbieten (Bsp.):
  - o Kombination Training + Fremdsprachenunterricht
  - o spezielle Vorbereitung auf leistungsorientierten Sport (Marathonlauf, Triathlon, Tennismatch, Golfturnier)
  - o spezifische Ausrichtung auf asiatische Entspannungsformen und Stressbewältigung

Ziele:

- Erreichung der Kundenziele und dadurch hohe Zufriedenheit beim Kunden
- Steigerung des Bekanntheitsgrades
- fester Kundenstamm
- budget- und gewinnorientiertes Arbeiten
- Ausbau und Erweiterung des Kundenangebotes

Vor der endgültigen Entscheidung und dem ersten Schritt in Richtung Personal Trainer ist es wichtig, das Gesamtspektrum des künftigen Berufes zu erfassen, d. h. sich hinreichend damit auseinander zu setzen.

Wer sich nach eingehendem Studium aller hier aufgeführten Anforderungspunkte in den meisten von ihnen wieder findet, besitzt bereits die erste Voraussetzung auf dem Weg zum erfolgreichen Personal Trainer.

Autorin:
Sabine Riedl
Tel.: 0170 - 3164855
sariedl@t-online.de

Diplom-Sportlehrer Jens Freese

Der Bundesverband Deutscher Personal Trainer

Die Personal Story – oder wie ich zum Personal Training kam

Vor einigen Jahren war ich wieder einmal am gleichen Punkt angelangt. Mein Ehrgeiz war von einer höheren Instanz klassisch ausgebremst worden. Wie ich fand, eine gesunde Portion Ehrgeiz, die man unbewusst in den Beruf transportiert, wenn man zehn Jahre intensiv Leistungssport getrieben hat. Darüber hätte jeder Arbeitgeber eigentlich froh sein können. Aber die Chefetage wollte wieder einmal nicht so, wie ich mir das vorstellte. In die Schranken verwiesen zu werden und sich lediglich auf seinen Job konzentrieren zu müssen (jeder Job entwickelt so etwas wie Routine!), war mit meinem Naturell einfach nicht in Einklang zu bringen. Nach vier Jahren diplomierter Sportlehrertätigkeit in der ambulanten Therapie bei drei verschiedenen Arbeitgebern konnte es für mich deshalb nur einen konsequenten Weg aus dieser beruflichen Abhängigkeit geben: die Selbständigkeit! Eigentlich logisch, wenn man in einem selbständigen Haushalt aufwächst, wenn man die Nachtschichten, die Wochenendarbeiten und die plötzlichen Notfälle an Weihnachten des Vaters nie als etwas Ungewöhnliches betrachtet hat. Man arbeitet halt für sich selbst und das eben ständig. Hinzu kam, dass ich es leid war, in einer Gruppe den Beschäftigungstherapeuten zu spielen, der mehr als Gerätewart fungiert, denn als kompetenter Sporttherapeut. Die intensive, persönliche Betreuung eines Kunden oder Patienten lag mir schon immer mehr am Herzen als pure Animation – bereits als Tennistrainer in früheren Jahren. Doch es brauchte eine olympische Dekade, um zu erkennen, dass ich für ein Angestelltendasein nicht auf Dauer geschaffen war.

Ein Jahr vor Beginn des Abenteuers Selbständigkeit bekam ich einen Patienten mit einem gerissenen Kreuzband in das medizinische Aufbautraining. Ein Verleger, der sich für immerhin 600 Mitarbeiter verantwortlich zeichnete und der entsprechend mit einem schmalen Zeitbudget ausgestattet war. „Herr Freese, wenn ich hier einen Termin habe, dann möchte ich, dass Sie eine Stunde für mich ganz persönlich Zeit haben. Was das mehr kostet, ist mir egal. Ich zahle es!", machte er mir klar. Ich hatte meinen ersten Kunden im Personal Training, ohne es zu wissen - ohne jemals von Personal Training gehört zu haben. Die intensive Betreuung führte dazu, dass dieser Patient später fitter war als jeder Therapeut, der in diesem Reha-Zentrum herumlief.

Erst einige Monate später, als der Herausgeber dieses Buches mir von seinen ersten Gehversuchen im Personal Training erzählte, hatte ich den richtigen Aufhänger, den gleichen Schritt in die Unabhängigkeit zu wagen. Ein kleiner Schritt für die Menschheit, aber ein großer Schritt für mich, denn fortan begann der Existenzkampf, der Behördenkrieg und der Steuer-Dschungel. Ein Marathon, der zweieinhalb Jahre anhielt, bis endlich – wie der BWL´er neudeutsch sagt – der Break-Even-Point erreicht und die so genannten Anlaufverluste ausgeglichen waren. Wenn ich ehrlich bin: Man muss schon für die Selbständigkeit geboren sein, um die vielen Täler der Tränen barfuß im Winter durchlaufen zu können. Eine Lebensentscheidung, die jeder selbst treffen muss. Da helfen keine Empfehlungen findiger Unternehmensberater. Der Wille ist der entscheidende Faktor. Ein Wille, den man z. B. im Leistungssport lernt, um erfolgreich zu sein. Schönspielerei hat noch nie zum Torerfolg geführt! Und wer will schon den doppelten Übersteiger sehen, wenn das Runde nicht auch irgendwann in die Ecke gelangt.

Der Dienstleistungsgedanke Personal Training – oder die Frage der Umsetzbarkeit in Deutschland

Die Bundesrepublik ist im Gegensatz zu den USA kein traditionelles Dienstleistungsland. Nicht umsonst hat sich der Begriff `Servicewüste Deutschland´ entwickelt und kursiert immer noch in vielen Köpfen. Dass dies schon lange nicht mehr zutreffend ist, ist spiegelbildlich am Gesundheitswesen abzulesen. Das gesamte Paket der sozialen Sicherungssysteme, das in den starken Wirtschaftsjahren nach dem 2. Weltkrieg geschnürt wurde, befindet sich in einem dramatischen Umbruch. Die Überalterung der Gesellschaft führt schon heute zu dramatischen Finanzierungskrisen im Gesundheitswesen. Bereits in 20 Jahren, wenn unsere `Midlife-Generation´ in den verdienten Ruhestand wechselt (wenn es ihn dann noch gibt?) kommt ein Leistungserbringer für einen Rentenempfänger auf. Dass ein solches Solidarsystem, das vor 30 Jahren durchaus seine Gültigkeit hatte, nicht mehr funktionieren kann, ist vielen Verantwortlichen längst klar. Es fehlt nur an Mut in der Politik zu einschneidenden Veränderungen. Es wird stattdessen an alten Zöpfen festgehalten. Verzweifelte Löschversuche sollen über die laufende Legislaturperiode hinweg retten. Ein Beispiel für die Flickschusterei ist die so genannte Riester-Rente.

Auf der breiten Spur der Kostendämpfung in allen staatlich gesteuerten Systemen folgt die progressive Veränderung der Mentalität der Leistungsempfänger. Schon heute sind viele bereit, für ihre Massage selbst in die Tasche zu greifen. Verständlich ist, dass zuweilen ältere Mitmenschen damit Probleme haben, denn sie lebten Jahrzehnte in einem System des All-inclusive-Service, das wir heute lediglich noch aus der Reisebranche kennen. Die Zeiten, in denen man sich an den gedeckten Tisch gesetzt hat, sind vorbei. Die Erkenntnis, dass ich selbst für meine Gesundheit verantwortlich bin – nicht etwa die Krankenkasse oder der Hausarzt – wächst in der Bevölkerung stetig. Steigende Zahlen von Fitness-Studiogängern (4,5 Prozent der Bundesbürger sind Mitglied eines Studios!), von Wellness-Begeisterten und

Kururlaubern untermauern diese Tendenz in anschaulicher Weise. Dieser Trend wird sich weiter verstärken. Bereits in zehn Jahren wird keiner mehr von einer Versorgungslücke des Gesundheitswesens sprechen, weil man sich selbstredend auf dem freien Markt der präventiven und rehabilitativen Bewegungsanbieter bedient. Bewegung kann nun einmal nicht durch das tägliche Einwerfen einer Aspirintablette ersetzt werden!

Kostendämpfung in gesetzlich verankerten Systemen als Chance zu begreifen, ist die Marktlücke, in die schon viele Dienstleister getreten sind. Kaum ein Krankenhaus betreibt heute seine eigene Küche. Outsourcing wird groß geschrieben. Der Bereich der Patientenernährung eines Krankenhauses wird auf externe Dienstleister übertragen, die die Versorgung der Patienten sicherstellen müssen. Und das zu vertraglich vereinbarten Kosten, die auch dann Bestand haben, wenn eine BSE-Krise die Fleischpreise in die Höhe treibt – Unternehmerrisiko! Solche Dienstleister existieren seit 25 Jahren. Von Servicewüste kann in Deutschland also keine Rede sein. Der Eindruck bestand nur deshalb, weil überholte Gesetze (Ladenschlussgesetz) den freien Markt einschränken. In den USA geht man schon mal mitternachts in den Supermarkt. Als Personal Trainer kann ich schließlich auch kein Training freitags um 21 Uhr ablehnen, wenn ich mit dieser Dienstleistung Geld verdienen muss!

Personal Training ist im Gegensatz zum beschriebenen Beispiel eine noch junge Dienstleistungsbranche, die eine kleine Marktlücke abdeckt. „Gehen Sie dort hin, wo das Geld steckt", sagte mir ein Berater auf dem Arbeitsamt, als ich mein Überbrückungsgeld beantragte. In punkto Personal Training hatte er den Nagel auf den Kopf getroffen. Etwa drei Prozent der Bundesbürger sind Millionäre. Nur wenige kommen für die komplexe Dienstleistung Personal Training überhaupt in Frage, denn sie legen für eine Stunde in etwa den Betrag auf den Tisch, der heute in Fitness-Zentren für einen ganzen Monat bezahlt wird! Die Schallmauer liegt bei etwa 150.000 € Jahreseinkommen. Erfahrungsgemäß wird ab diesem Gehaltsniveau ein Kunde für eine individuelle und langfristige Trainingsbetreuung interessant. Bezogen auf die genannte Zahl von Millionären vergrößert sich das prozentuale Zielklientel dieser Dienstleistungsbranche erheblich. Hinzu kommt, dass die Konkurrenz unter den Trainern zwar beharrlich zunimmt, aber die Zahl derer, die Personal Training als eine hauptberuflich selbständige Dienstleitung betreiben, nach Schätzungen des Bundesverbandes Deutscher Personal Trainer noch nicht einmal Hundert überschritten haben dürfte. Personal Training darf deshalb zum jetzigen Zeitpunkt zweifelsfrei als ungeschliffener Rohdiamant in unserer Dienstleistungslandschaft bezeichnet werden.

Personal Training ist allerdings mehr, als eine Stunde neben seinem Kunden daher zu traben und mit ein paar netten Sprüchen für gute Laune zu sorgen. Zu einer Dienstleistung gehört, wie bei einem Strauß Blumen für seine Liebste, auch das `Grün´ drum herum. Die Terminierung beim Haus- und Hof-Orthopäden, der gemeinsame Laufschuhkauf, der Preisvergleich von Solarien, wenn die Ehefrau einen neuen Turbobräuner benötigt, sind nur wenige Beispiele, die im Paket nun einmal ihren Preis haben. Personal Training heißt sich kümmern – sich kümmern um den ganzen Menschen! Nicht nur um seine körperliche Fitness, sondern auch um den seelischen Zustand und das fehlende Equipment. Wenn all diese Vorzeichen gegeben sind, spielt der Preis eine eher untergeordnete Rolle. Als Personal Trainer verkauft man keine Trainingsbetreuung, sondern ein Stück Lebensqualität!

Die Grundidee des Bundesverbandes Deutscher Personal Trainer

Mit der Selbständigkeit zu beginnen, ist der berühmte Gang nach Canossa. Fragen über Fragen stehen im luftleeren Raum. Mit welchen Ärzten kann ich zusammen arbeiten? Wo bekomme ich eine vernünftige Laufschuhberatung? Brauche ich eine Haftpflichtversicherung? Was ist Umsatzsteuer und wer macht mir eigentlich eine Erklärung bei welchem Finanzamt wofür? Wie komme ich an meine Kunden? Welche Werbung macht Sinn? Wie mache ich mich und Personal Training eigentlich bekannt? Fragen, die viel Arbeit bedeuten. Vor diesen Fragen standen vor Jahren viele Trainer bundesweit. Die kleine Kölner Gemeinde freiberuflicher Personal Trainer knüpfte deshalb Kontakte zu anderen ähnlich strukturierten Keimzellen in der Republik – vor allem nach Hamburg und Berlin. Alle hatten die gleichen Probleme. Jeder hätte sich zu diesem Zeitpunkt gern an einen Verband gewandt. Es gab ihn nur nicht. Sämtliche Recherchen im Internet blieben ergebnislos. So kam, was kommen musste: Die Idee, eine Dachorganisation zu gründen, war geboren.

Ein alter Witz mit einem Riesenbart besagt: „Was machen drei Deutsche, wenn sie zusammen stehen? Natürlich, einen Verein gründen." Zur Gründung eines bundesweiten Verbandes werden allerdings sieben Leute gebraucht. Die waren auch schnell gefunden. Vorsitzende und Kassenprüfer wurden bestimmt. Nur, wo eine juristisch abgesegnete Satzung her bekommen? Auch das ging schnell, denn im Kundenstamm eines Personal Trainers finden sich in der Regel hilfsbereite Notare und Unternehmensberater, die solche Daten üblicherweise auf ihren Servern lagern. „So, Unterschriften gesammelt, Verband gegründet", wie wir dachten. Wenn da nicht eine weitere hohe Hürde zu überspringen gewesen wäre – das Amtsgericht! Eine nette Verwaltungsangestellte mittleren Alters machte uns klar, dass ein Bundesverband nur dann eine Berechtigung habe, wenn sich Landesverbände zusammenschließen würden. Landesverbände? Woher nehmen, wenn nicht stehlen? Da Personal Trainer quasi zur Hartnäckigkeit geboren sind – auch Kunden müssen von uns ständig bearbeitet, motiviert und terminiert werden – blieben wir ganz eng am Ball mit ständigem Blickkontakt zu unseren Mitspielern. Aufgrund unseres adäquaten juristischen Fingerspitzengefühls und unseres Charmes nahm das Amtsgericht Köln dann nach mehreren Fehlpässen unsere Steilvorlage auf und registrierte den Bundesverband Deutscher Personal Trainer e.V. in seinem Vereinsregister. Die Interessensvertretung professionell arbeitender Personal Trainer war im Januar 2000 somit formell beschlossene Sache.

Ein Erfolg auf weiter Flur? Ohne Geld, ohne Verwaltung, ohne Kontaktperson allerdings eine bemitleidenswerte Kümmerexistenz! Der Tabellenstand des neu gegründeten Verbandes war Anfang 2000 wohl eher als akut abstiegsgefährdet zu bezeichnen. Und das so kurz nach dem Aufstieg! Ein Verein ist nur so gut, wie seine Fans ihn unterstützen. Ein Verband ist nur so gut, wie seine Mitglieder ihn annehmen. Die nächsten Hürden standen also schon vor uns: Fanbeauftragte finden, die die Idee weiter tragen; Sponsoren finden, die per Vertrauensvorschuss kleine Finanzspritzen setzen.

Eine Geschäftstelle – oder die Suche nach einem kompetenten Sekretariat

Ohne funktionierende Geschäftsstelle, kein Verband! Das war allen Gründern klar. Die Suche nach der einsamen Insel mit Telefon- und Internet-Anschluss war schnell abgeschlossen. Einer der Gründer befand sich in der glücklichen Lage, eine ehemals ausgebildete Europasekretärin mit Vereinsverwaltungserfahrung ehelichen zu dürfen. Die Bereiterklärung `der besseren Hälfte´ folgte Gewehr bei Fuß. `L´etat c´est moi´, getreu diesem Motto wickelte sie alle Fragen der Mitgliederverwaltung ab, beantwortete E-Mails, verschickte die überlebenswichtigen Rechnungen und hielt für alle Redakteure dieser Welt, die endlich das Geheimnis des Personal Trainings lüften wollen, Fakten, Fakten, Fakten und noch mehr Fakten bereit!

Mit guten Beziehungen zur Webdesign-Branche war auch eine verbandseigene Homepage schnell und professionell gestrickt und wurde kurzum zum zentralen Medium erklärt. Von Mitgliedsanträgen, Mitgliedsversammlungen, Veranstaltungen über Versicherungsservice und Partnerpool bis hin zu Kriterien einer Personal Training-Ausbildung, kompetenten Ausbildungsinstituten und diversen Verlinkungen auf weitere Dienstleistungen findet sich alles unter: www.bdpt.org. Tiefgreifende Fragen aufstrebender Personal Trainer werden auf dem kurzen Dienstweg an die `Experten´ weiter geleitet.

Die Hauptaufgaben des Bundesverbandes – oder die Frage nach dem Sinn und Zweck, Mitglied zu werden

Mitglied in einem Verband zu sein, der meine Interessen vertritt und meine Dienstleistung öffentlich bekannt macht, sollte eigentlich zum Selbstverständnis eines jeden Personal Trainers gehören. Dass bloßer Idealismus und blankes Dasein zur Akquirierung von Mitgliedern allein nicht ausreichen, um einen Verband zu ernähren, wurde allen Verantwortlichen mit Blick auf die Kostenseite des Stadtsparkassenkontos schnell deutlich. Wie jedes funktionierende Wirtschaftsunternehmen muss sich auch ein Verband am Markt positionieren, um nach Marx einen Mehrwert für sich und seine Mitglieder zu schaffen. Der Vorstand beschloss daher einstimmig, sich eine Fahne mittlerer Größe anzuschaffen, auf der die folgenden wesentlichen Aufgaben des BDPT zum freien Flattern im Fahrtwind seiner Getreuen geschrieben stehen:

Öffentlichkeitsarbeit

Was macht ein Lokalredakteur, wenn er im Hintertupfinger Abendblatt endlich einmal einen interessanten Artikel schreiben möchte - und das auch noch über einen so genannten Personal Trainer, der den Bürgermeister durch den Forst scheucht? Richtig! Er recherchiert nach einem möglichen Dachorgan (auch Verband genannt), über den er sich Fakten zum Thema einholen kann. Suchmaschinen im Internet erledigen seine Ermittlungen in wenigen Sekunden. Dort taucht natürlich auch der BDPT auf. Ein Anruf in der Geschäftsstelle genügt und schon liegt ihm die Welt des Personal Trainings wie ein roter Teppich zu Füßen. Braucht er einen lokalen Anstrich und findet keinen Personal Trainer vor Ort, kann der Mitarbeiter des Verbandes mit einem kurzen Blick in die Mitgliederdatei weiter helfen. Schon ist der Kontakt hergestellt und das Feld für eine fruchtbare und zugleich kostenlose Werbung über eine interessante Story bereitet. `Aus dem Leben des Personal Trainers Mister X´, könnte die Headline heißen. Bei einer Tageszeitungsauflage von selten weniger als 10.000 kommt die Message auch per Abo zu Unternehmensberaterin Karin M. und Finanzmogul Walter Z. frei Haus geflattert. Welche Werbung könnte jemals besser und preiswerter sein?

Was macht denn ein Redakteur, wenn ein Personal Trainer in der Hintertupfinger Abendblattredaktion anruft, und um einen Beitrag über sein Dasein als Personal Trainer bittet. Richtig! Man wird freundlich in die endlose Warteschleife verwiesen. Der Bundesverband sieht sich deshalb als Vermittler und Kontaktstelle zwischen den Medien und seinen Mitgliedern. Von einer breiten Publizierung des gemeinsamen Themas profitieren alle Mitglieder.

Zertifizierung von Ausbildungen

Neue Trends sind schnell aufgespürt, Referenten schnell gefunden. So entstehen über Nacht neue Ausbildungsgänge in der Fitnessbranche. So ist über Nacht auch das Personal Trainer-Zeugnis entstanden. Vier Wochenenden, eine kleine Prüfung und schon ziert dieses „Diplom" die Visitenkarte in Homeprinting-Qualität. Starker Tobak, wenn man bedenkt, dass ein Diplom-Sportlehrer durchschnittlich fünf Jahre zur Erlangung eines akademischen Grades benötigt. Um dem inhaltlichen Wildwuchs und dem möglicherweise strafbaren Vergeben von Diplomen Einhalt zu gebieten, hat der BDPT Richtlinien erstellt, die einen inhaltlichen Standard setzen – und zwar nach Erfahrungswerten kompetenter Trainer, die sich seit Jahren mit Personal Training auseinandersetzen. Die Meridian Academy sowie SAFS & BETA orientieren sich uneingeschränkt nach diesen Vorgaben. Weitere

Institute werden dem Vorbild folgen (siehe aktuelle Veröffentlichungen der Homepage).

Zusammenarbeit mit Netzwerken

Aller Anfang ist schwer! Wie komme ich an neue Kunden? Vor dieser Frage stand jeder Personal Trainer zu Zeiten der Existenzgründung. Vor dieser Frage steht jeder Personal Trainer aber auch, wenn Kunden abspringen, verletzungsbedingt absagen oder in die Steueroase flüchten – vielleicht weil ihr Trainer zuviel Umsatzsteuer berechnet hat? Als Trainingsbetreuer mit nach Monaco ziehen – klingt gut, aber ist wohl ziemlich unrealistisch. Von nur einem Kunden konnte laut überlieferten Berichten bislang noch keiner leben, es sei denn der Kunde hieße Michael S. oder Boris B. Neue Nahrung erhält der Personal Trainer über das Internet. Der Kölner Internet-Dienstleister PERSONAL TRAINER NETWORK (PTN) unter www.personal-trainer-network.de und das Hamburger Portal www.personalfitness.de sind die ebenso kompetenten wie exklusiven Partner des Bundesverbandes in Sachen Neukundenakquise.

Zusammenarbeit im Fortbildungssektor

Stillstand ist Rückschritt! Eine alte norddeutsche Weisheit besagt: Wer immer die gleichen Stiefel trägt, bekommt irgendwann nasse Füße. Ständige Weiterbildung ist das Salz in der Suppe eines jeden Personal Trainers. Immer nur Walking kommt auch beim Kunden auf Dauer nicht an. Wie steht es z. B. mit Sport- oder Entspannungsmassage, Osteoporose-Vorbeugung, Sporternährung oder Freihanteltraining? Seminare, Workshops und Komplettausbildungen rund um das Thema `Medizinische Fitness´ offeriert z. B. das Trainer College (www.trainer-college.de). Mit dem gleichen Titel ist auch ein Buch beim Trainer College erschienen und sowohl direkt (info@trainer-college.de) als auch im Buchhandel erhältlich (ISBN 3-00-008699-4). In Fragen der Existenzgründung und des Marketings ist das PERSONAL TRAINER

NETWORK die allererste Adresse. Ein Blick auf die Newsticker beider Homepages verrät aktuelle Ereignisse.

Verbandsvorteile
„Was machen Sie denn im Personal Training überhaupt?", war die hilflose Frage eines Mitarbeiters bezüglich der Risiken, die ein Haftpflichtversicherer nun abdecken müsse. Diese Frage ist schwer zu beantworten, wenn man noch keine Kunden hat. Einem Wirtschaftsunternehmen, dem dies nicht mehr erklärt werden muss, ist die bundesweit unabhängige agierende HORBACH Wirtschaftsberatung mit Hauptsitz in Köln, die durch die erfolgreiche Betreuung selbständiger Mediziner bekannt wurde. Was für Mediziner gut ist, muss für Personal Trainer nicht schlecht sein, dachte sich der BDPT-Vorstand. Seit Januar 2002 existiert ein Rundum-Sorglos-Paket der HORBACH Wirtschafts-beratung, das zum einen auf die Bedürfnisse des Personal Trainers abgestimmt, zum anderen modular erweiterbar ist – je nachdem, wie der Geldbeutel sich füllt. Wenn man gar nicht mehr weiß, wohin mit dem ganzen Geld, dann legt HORBACH die Euros eben gewinnbringend an.

Das BDPT-Gütesiegel – oder das Marketinginstrument der Zukunft für jeden Personal Trainer

Es gibt gute und schlechte Fitnesstrainer. Es gibt gute und schlechte Physiotherapeuten und es gibt gute und schlechte Sportlehrer. Ob jemand subjektiv nach objektiven Kriterien..., oder wie sagte Ex-Bundestrainer Erich Ribbeck..., tatsächlich gut ist, entscheidet nicht die Menge unterschiedlichster Diplome und Zertifikate, sondern der Kunde! Den Kunden interessieren die über das Bett gehängten Auszeichnungen nicht. Wer gut ankommt, ist erfolgreich! Wer viel zu bieten hat – fachlich versteht sich – der wird im Allgemeinen auch keine Existenzprobleme bekommen. Bei gleichem Preis greift man allerdings lieber zum ökologisch angebauten Müsli-Riegel als zur künstlichen Retorten-Packung im Regal nebenan. Deshalb darf in Zeiten des Öko-Gütesiegels auch die Brandmarkung der Personal Trainer nicht fehlen. Die Wirtschaft nennt diesen Prozess Qualitätsmanagement. Die gesamte Dienstleistungsbranche wird sich diesen Entwicklungen stellen müssen. In der Industrie läuft ohne ISO nichts mehr. Somit wird künftig auch ein BDPT-Gütesiegel dem Kunden Transparenz bieten - Transparenz über Qualität und Seriosität eines selbständigen Trainers. Personal Training soll eine feste Größe in der Dienstleistungsbranche werden. Schwarze Schafe fallen durch das Raster. Das Motto `die Guten ins Kröpfchen, die Schlechten ins Töpfchen´, ist eine weitere Hauptaufgabe des Verbandes, die in Kürze mit fetten Lettern auf der BDPT-Fahne prangen wird.

Autor:
Diplom-Sportlehrer Jens Freese
Vorsitzender des Bundesverbandes
Deutscher Personal Trainer (BDPT)
und Geschäftsführer des
TRAINER COLLEGE
Winckelmannstrasse 32
50825 Köln

Tel.: 0221 - 8202694
Fax: 0221 - 8202695

freese@trainer-college.de
www.trainer-college.de

„Eigentlich bin ich kein Sportfreak und ich musste mich früher zum so genannten "sportlichen Ausgleich" zwingen, als ich merkte, dass ich immer träger und unbeweglicher wurde. Fitness-Center oder Sportclubs fand ich langweilig und zu einseitig; außerdem muss ich beruflich sehr "zeitflexibel" sein. Heute freue ich auf meine Trainingseinheit. Seit ich mit meinem Personal Trainer trainiere, traue ich mir und meinem Körper viel mehr zu. Der Trainer bereitet jede Stunde professionell vor, jede Einheit ist individuell auf mich zugeschnitten; er weiß genau, wann er mir mehr abverlangen kann und wann weniger mehr ist. Man traut sich auch an neue Sportarten heran und erweitert so seinen Horizont. Auch nach fünf Jahren sind die Ergebnisse immer noch erstaunlich für mich."
Olaf Schmitz, Geschäftsleitung mediaservice GmbH

...Gut Geht's!

Unverträgliche Nahrungsmittel

Ursache: banal. Wirkung: fatal ...

Ursachen für gesundheitliche Beeinträchtigungen oder Schädigungen sind oft naheliegend

▶ Zum Beispiel unsere Ernährungsgewohnheiten. Sie können viele Probleme auslösen: pathologisches Übergewicht, Verdauungsstörungen, Morbus Crohn, rheumatoide Arthritis, Bluthochdruck, Haut- und Herz-Kreislauf-Erkrankungen, Stoffwechselstörungen (einschließlich Typ II Diabetes) und viele weitere entzündliche Krankheitsformen.

▶ Der Grund: hereditäre oder erworbene Nahrungsmittelunverträglichkeiten, die zu schleichenden, chronisch-entzündlichen Prozessen durch Aktivierung bestimmter weißer Blutzellen (Neutrophile Granulozyten) führen. Trotz gravierender Symptomatik wird der Entzündungsprozess, ausgelöst durch unverträgliche Nahrungsmittel, oftmals nicht erkannt. Symptome werden therapiert – die Ursache hierfür jedoch verbleibt.

▶ Hier hilft jetzt das ANT-Konzept von WellTec. Mit einem biotechnologischen Testverfahren gelingt erstmalig die definitive Bestimmung einzelner unverträglicher Nahrungsmittel. Der Test erfolgt aus einer einfachen Blutprobe. Und die resultierende Ernährungstherapie unter fachkundiger Anleitung unserer Gesundheitsberater hilft oft auch dort, wo andere Behandlungen nicht den gewünschten Erfolg erzielten.

Zuverlässig, objektiv, individuell.

Ursache: banal. Wirkung: phänomenal

...Gut Geht's!

Telefon 018 05-93 55 83
Telefax 018 05-93 55 82
E-Mail info@well-tec.de

www.well-tec.de
www.well-tec.com

Diplom-Kaufmann Norman Rentrop

Was macht einen guten Unternehmer aus?
– Lernen Sie unternehmerisch zu denken!

Es gibt kaum einen Begriff, der mit mehr Vorurteilen belastet ist, als der des „Selbständigmachens". „Wer sich selbständig machen will, muss zuerst einmal Geld haben und dann natürlich viel Erfahrung. Am besten eine Million auf der Bank und den Doktortitel in der Tasche." So könnte man die gängige Meinung der Bundesdeutschen zum Thema Selbständigmachen zusammenfassen. Kein Wunder, dass nach Meinungsumfragen nur sieben Prozent der arbeitsfähigen Bevölkerung sich selbständig machen würden, wenn sie könnten.

Dabei gibt es mehr als genug Beispiele, dass man für einen erfolgreichen Start als Unternehmer weder viel Geld noch akademisches Wissen benötigt. Beispiele, die nicht aus der guten alten Zeit das Kapitalismus stammen (die im Übrigen gar nicht mehr Möglichkeiten als die heutige Zeit bot), sondern aus den letzten Jahren. Anzeigenblattverleger etwa, die mit tatsächlich weniger als 250 Euro anfingen und heute über ein Geschäft verfügen, dessen Marktwert bei 1,25 Millionen Euro liegt. Oder andere, die nicht einmal den Hauptschulabschluss haben und doch mehr als unsere Bundesminister verdienen. Denn es kommt nicht allein auf ein breites Allgemeinwissen an, auch nicht auf wirtschaftswissenschaftliche Kenntnisse, sondern auf ein kleines bisschen „Know-how". Das kann man aber nicht unbedingt in Schule und Universität lernen; auch jahrelange Praxis als Angestellter garantiert nicht, dass man weiß, worauf es ankommt.

Napoleon Hill, ein Amerikaner, hat es sich zur Lebensaufgabe gemacht, die Gründe des Erfolges zu untersuchen. Er interviewte dazu Zehntausende von Geschäftsleuten, analysierte deren

Werdegang, verglich die Charaktere und fand folgendes: **Allein die geistige Einstellung macht den Erfolg aus. Die Kraft des positiven Denkens ist erheblich stärker als Geld und Wissen allein.**

Alles, was je entstanden ist, entstand zuerst in Gedanken. Jedes Unternehmen existierte zunächst einmal in der geistigen Vorstellung seines Gründers. Die positive Einstellung zum Erfolg ist bereits der Anfang des Erfolgs. Denn was wir mit unserem Geist erfassen können und was wir glauben, das können wir auch verwirklichen. Wer sich aber seinen Erfolg im Leben „nicht denken" kann, wird ihn nie erreichen.

Zu diesem Denken, wollen die folgenden Tipps bewährte Bausteine, sozusagen als Verankerung, liefern.

Selbständigkeit ist mehr als Geldverdienen.
Selbständiges Unternehmertum ist nichts für jedermann. Aber für denjenigen, der bereit ist, mehr zu tun als andere, der Spaß an der Leistung besitzt, der bereit ist, kalkulierbare Risiken einzugehen, der gerne seine eigenen Ideen verwirklicht und wissen will, wofür er sich anstrengt, für den kann Selbständigkeit viel mehr bedeuten, als angestellt zu sein.

Selbständigkeit erschöpft sich aber nicht im rein Materiellen. Selbständigkeit kann auch eine Geisteshaltung werden, die dann gekrönt wird, wenn Sie den Gedanken der Eigenverantwortlichkeit auch in der Gestaltung der Arbeitsabläufe an Ihre Mitarbeiter weitergeben. Indem Sie zum Beispiel bei der Organisation Ihres eigenen Unternehmens Rücksicht darauf nehmen, dass die Befriedigung durch die Arbeit dann am größten ist, wenn der Mitarbeiter sich nicht als kleines Rädchen im großen Getriebe fühlt, sondern einen Arbeitsvorgang komplett vom Auftragseingang bis zum Versand, vom Geldeingang bis zur Monatsbilanz, von der Warenanlieferung bis zur Endkontrolle übersehen und mitgestalten kann.

Wie schätze ich meine Gründungsaussichten realistisch ein?
Bei jeder meiner eigenen Unternehmensgründungen - bei der jüngsten genauso wie bei der allerersten - stand ich immer wieder vor einem großen Zwiespalt: Auf der einen Seite war ich von der Geschäftsidee begeistert. Ich sah die Marktlücke, sah die Vorteile, die ich den Kunden bieten konnte, sah auch die Vorteile gegenüber der Konkurrenz und die Gewinnchancen. Auf der anderen Seite war da die Angst vor dem Risiko. Die Angst, dass es nicht klappen könnte. Die Befürchtung, dass die Idee doch nicht so gut sei, die Konkurrenz stärker als erwartet und statt der erhofften Gewinne nur rote Zahlen herauskommen würden.

Vor genau dem gleichen Zwiespalt stehen Sie bei Ihrer Gründung. Auf der einen Seite brauchen Sie Begeisterungs-fähigkeit, um Ihre Kunden, Geldgeber und eventuelle Mitarbeiter zu überzeugen. Auf der anderen Seite kann blinder Optimismus im Geschäftsleben tödlich sein.

Zwar gibt es immer wieder ein paar Glückspilze, die sich ohne große Vorbereitung zur rechten Zeit in ein Geschäft stürzen und damit ganz groß herauskommen. Beobachtet man jedoch die Entwicklung dieser Unternehmer länger, stellt man schnell fest, dass sich glückliche Umstände nicht beliebig wiederholen lassen. Auf Dauer hat derjenige, der sich umfassend vorbereitet, der fragt und plant und testet, die größeren Erfolgschancen.

Wer fragt, bereitet sich besser vor und hat meist mehr Erfolg.
"Wie kann ich sichergehen, dass meine Unternehmensgründung kein Misserfolg wird? Wie kann ich feststellen, ob ich alle wesentlichen Punkte bei meiner Gründung berücksichtigt habe, ob der Markt hier groß genug, ob die Konkurrenz nicht zu stark ist...?"

Solche Fragen sind Kernpunkte jeder Unternehmensgrün-dung. Denn nichts ist schlimmer als blinde Euphorie. Nichts ist bedauerlicher als Gründungen, die nur deshalb scheitern, weil ein paar wesentliche Fragen vorher nicht geklärt wurden. Nicht auf alle Fragen werden Sie eindeutige oder befriedigende Antworten bekommen. Erfolg garantieren kann keiner. Wie der Markt des Personal Trainings sich in Zukunft entwickeln wird, darüber gibt es immer unterschiedliche Ansichten. Deshalb sind unterschiedliche Beurteilungen ganz normal. Der eine Personal Training Experte schreibt – wie jüngst geschehen – von der Boombranche des Jahres 2003. Andere klagen darüber, dass seit Beginn 2002 der Markt für potenzielle Kunden massiv eingebrochen sei.

Als ich 1979 in der "Geschäftsidee" zum ersten Mal ein Unternehmenskonzept über Computerläden veröffentlichte, wurde ich von vermeintlichen Branchenkennern ausgelacht: "Computerläden werden sich in der Bundesrepublik Deutschland nie durchsetzen. Das ist wieder einmal so eine amerikanische Geschäftsidee, die in Deutschland keine Chancen hat. Bei uns werden dieselben Leute die neu aufkommenden Mikrocomputer an Büros verkaufen, die auch jetzt schon den Büros die anderen Maschinen liefern, nämlich die Büromaschinen-Händler. Spezielle Computerläden werden deshalb gar keine Chancen haben." Damals gab es gerade zehn Computerläden in Deutschland, die alle erst kurz vorher aufgemacht hatten. Heute gibt es weit über 30.000 Softwarehäuser und Dienstleistungsunternehmen, die sich in der EDV-Branche spezialisiert haben.

Wenn Sie sich im Freundes- und Bekanntenkreis, bei Behörden, Kammern, Verbänden, Banken und anderen Einrichtungen nach den Chancen für Ihre Geschäftsidee erkundigen, wird es Ihnen ähnlich ergehen: Sie werden sehr unterschiedliche Meinungen zu hören bekommen. Die meisten Bundesbürger wollen sich gar nicht selbständig machen. Wenn Sie nun überschwänglich von Ihren Selbständigkeitsplänen erzählen - was glauben Sie, wie andere darauf reagieren werden? Bewunderung, Neid, Enthusiasmus, Krittelei und viele andere Reaktionen habe ich schon erlebt. Nüchterne, neutrale Reaktionen sind die Ausnahme. Darauf sollten Sie vorbereitet sein.

Bücher wie dieses, Fachmagazine, Unternehmensberater, Loseblatt-Nachschlagewerke, Kammern, Verbände, Banken - sie alle können Ihnen Entscheidungshilfen geben. Keiner kann aber Erfolg garantieren. Und vor allem: Die Entscheidung müssen Sie selbst treffen.

Ein kluger Ökonom, Ludwig von Mises, hat einmal formuliert: "Unternehmer sein heißt, eine differenzierte Sicht der Zukunft zu haben." Nicht das nachplappern, was alle anderen sagen, nicht dem vermeintlichen Geschäft mit den neuen Medien nachlaufen, weil alle Zeitungen davon voll sind, nicht eine Videothek aufmachen, weil alle Stammtischbrüder erzählen, da sei es immer so voll, da müsse ein "Schweinegeld" verdient werden, sondern sich seine eigene Meinung bilden, eben eine eigenständige, andere, differenzierte Sicht zu haben, das bedeutet Unternehmergeist.

Zum Unternehmersein gehört auch immer die Bereitschaft, Risiken einzugehen. Große und kleine. Denn wer nichts wagt, kann auch nichts gewinnen. Aber: Es gibt einen entscheidenden Unterschied zwischen Unternehmern und Spielern. **Gute Unternehmer gehen nur kalkulierbare Risiken ein.** Aus unternehmerischer Risikofreude darf nicht Leichtsinn oder gar Tollkühnheit werden. Geschäftsideen mit geringem Risiko sind nicht unbedingt die besten Geschäftsideen. Denn es kommt nicht allein auf das Risiko an, sondern auf das Verhältnis von Chancen zu Risiken. Bei meinen eigenen Unternehmungen trachte ich stets danach, das Risiko zu optimieren, nicht notwendigerweise, es zu minimieren.

„Vor neun Monaten habe ich über das Netzwerk von "PERSONAL TRAINER NETWORK" einen Personal Trainer kennen gelernt... Schon nach dem ersten Kontakt hat sich dieser Gedanke als richtig herausgestellt. Die Chemie stimmte und das Laufen machte wieder Spaß. Durch seine verantwortungsbewusste Art führte der Trainer mich wieder zu alten Erfolgen."
Friedrich-Carl von Zitzewitz,
selbst. Immobiliensachverständiger

Vier Möglichkeiten, das unternehmerische Risiko zu reduzieren

Bei der Verwirklichung Ihrer Geschäftsidee empfehle ich vier Möglichkeiten, das unternehmerische Risiko zu reduzieren:

1. Informieren, um das Risiko zu reduzieren

Genau wie bspw. bei einer Geldanlage bedeutet Wissen auch bei der Unternehmensgründung mehr Gewinn und reduziertes Risiko. Wer sich schlau macht, wer günstige Einkaufsquellen ausfindig macht, kann manchen Euro sparen. Lesen Sie deshalb vor Ihrer Gründung so viele Marktstudien, Unternehmenskonzepte, Bücher und Fachzeitschriften wie möglich. Durchforsten Sie das Internet bzgl. Ihrer Geschäftsidee „Personal Training" und analysieren die Märkte drumherum.

Sehr zu empfehlen ist auch ein Praktikum bei einem erfahrenen Personal Trainer. Stellen Sie sich vor, Sie wollten ein Laserdruck-Center in Heidelberg eröffnen. Um praktische Erfahrungen mit dieser neuen Geschäftsidee zu sammeln, wenden Sie sich an bestehende Unternehmen und fragen, ob Sie ein paar Wochen ohne Gehalt mitarbeiten dürfen. Geschäfte, die Konkurrenz wittern, werden Sie kaum zum Praktikum zulassen. Aber ein Laserdruck-Center in München zum Beispiel, das auch nicht im Entferntesten an eine Filiale in Heidelberg denkt, lässt Sie wahrscheinlich mitarbeiten.

Da Sie schon mit unternehmerischen Augen mitarbeiten, gewinnen Sie auch in kurzer Zeit entscheidende Informationen: ob Sie besser einen Apple- oder einen Canon-Laserdrucker nehmen, wie viel Prozent der Rechnungen angemahnt werden müssen, worauf Sie bei der Einstellung Ihrer eigenen Mitarbeiter achten sollten und vieles andere mehr.

2. Planen, um das Risiko zu reduzieren

Das Wort "planen" hat im Deutschen immer noch einen üblen Beigeschmack. Es klingt so sehr nach Planwirtschaft, nach genau dem Gegenteil dessen, was Sie mit Ihrer Gründung erreichen wollen. Wenn ich hier von "planen" schreibe, dann meine ich nicht Planwirtschaft, sondern das Wort bedeutet für mich soviel wie

- **vor**bereiten und
- durch**denken**.

Also: planen = **vordenken**.

Nicht das Endergebnis ist wichtig, sondern die gedankliche Vorbereitung, der Plan. Untersuchungen in den USA haben ergeben, dass Unternehmer, die planen, im Regelfall erfolgreicher sind als solche, die es nicht tun. Aber nicht etwa, weil die Planung 100prozentig eintrifft. Von der ursprünglichen Planung verwirklicht sich nicht sonderlich viel. Planwerte werden unterschritten und überschritten. Aber das ist auch nicht so wichtig. Entscheidend ist, dass der Gründer sich vorbereitet hat. Am wirkungsvollsten ist es, die eigenen Planungen in einem schriftlichen Unternehmensplan festzuhalten. Dies hat zwei Gründe:

- Damit Sie selbst vorbereitet sind.
- Damit Sie Ihre Geldgeber überzeugen.

Gerade bei der Suche nach Geldgebern wirkt ein schriftlich ausgearbeiteter Unternehmensplan, Ihr persönliches Unternehmenskonzept, oft Wunder.

Wie Sie den Unternehmensplan am besten aufbauen, was hineingehört (persönlicher Lebenslauf, Liquiditätsplanung, Rentabilität, Marketing, wie Sie sich von der Konkurrenz abheben wollen usw.), was Sie besser weglassen, wie umfangreich ein Unternehmensplan sein sollte, warum Sie ihn für den Geldgeber am besten in einer bestimmten Technik abfassen - diese Fragen beantworten Ihnen u. a. weitere Beiträge in diesem Buch.

3. Simulieren, um das Risiko zu reduzieren
Simulieren bedeutet: "Was passiert, wenn..." - Überlegungen anstellen. Zum Beispiel:

- Was passiert, wenn nur vier der angenommenen acht Kunden akquiriert werden können?
- Was passiert, wenn die Kunden durchschnittlich erst nach sechs statt nach zwei Wochen bezahlen?
- Was passiert, wenn das Geschäft so floriert, dass ich zusätzliche Trainer benötige?

Setzen Sie sich mit diesen und anderen Fragen bereits vor Ihrer Unternehmensgründung auseinander.

4. Testen, um das Risiko zu reduzieren
Bei meinen eigenen Unternehmen teste ich, wo immer möglich. Ich habe noch kein Unternehmen gesehen, das zuviel getestet hat, nur Unternehmer, die zuwenig testen.

Was können Sie bei Ihrer Gründung testen?

Nachfrage
Stellen Sie sich vor, Sie wollten sich mit der Geschäftsidee "Informationsmakler" selbständig machen. Bevor Sie Ihre Stelle kündigen, sich für 15.000 Euro eine große Computeranlage holen, ein großes Büro anmieten und drei Sekretärinnen einstellen, testen Sie erst einmal, ob überhaupt genügend Nachfrage vorhanden ist und ob Sie die Dienstleistung "Informationsmakeln" verkaufen können. Sprechen Sie mit größeren Unternehmen der Umgebung. Inserieren Sie einmal in der Tageszeitung und im Mitteilungsblatt Ihrer IHK, um zu sehen, was überhaupt an Resonanz kommt.

Standort (falls flexibel)
Wenn Sie sich in den Sommerferien unternehmerisch betätigen
wollen, indem Sie Fototeller in Urlaubsgebieten verkaufen, testen
Sie: Ist Travemünde als Standort besser als Westerland auf Sylt?
Besser vor dem Kaufhof (hohe Miete) oder am Marktplatz
(niedrige Miete, aber auch weniger Passanten)?

Preis
Verkaufen Sie besser drei Portrait-Ansichtskarten für 5 Euro oder
vier für 7,50 Euro oder fünf für 10 Euro? Bei welchem Preis
erzielen Sie den höchsten Gewinn?

Werbung
Wo bringt die Anzeige mehr? In der Tageszeitung oder im
Anzeigenblatt? Versandhändler haben es da einfach. Sie geben
einfach unterschiedliche Kennziffern im Coupon an und können
so messen, welcher Werbeträger mehr Erfolg bringt. Aber auch
als Einzelhändler können Sie Werbung messbar machen.
Schreiben Sie in die Anzeige in der Tageszeitung unter die
Telefonnummer "Fragen Sie nach Frau Müller" und in die Anzeige
im Anzeigenblatt "Fragen Sie nach Frau Schmitz". Dann legen Sie
neben das Telefon eine Strichliste und halten fest, wer häufiger
verlangt wird.

Produktvarianten/verschiedene Dienstleistungsformen
Stellen Sie sich vor, Sie machen einen Computer-Reparaturdienst
auf. Welches Dienstleistungsangebot kommt besser an, welches
bringt mehr Gewinn? 4-Stunden-Service (wie bei IBM für den
Kunden die Garantie, dass innerhalb von vier Stunden nach
Störungsmeldung ein Techniker beim Kunden ist) oder 24-
Stunden-Service? Beim 24-Stunden-Service müssen Sie nicht so
viele technische Mitarbeiter beschäftigen, weil Sie ja 24 Stunden
Zeit haben, auch bei Urlaubs- und Krankheitsausfällen und
mehreren Kundenanrufen gleichzeitig, um ein bisschen zu

jonglieren. Beim 4-Stunden-Service müssen Sie mehr Techniker einstellen, können dafür aber auch mehr Geld verlangen.

Zweiter Test: Lohnt sich Bring-Service (der Kunde bringt Ihnen den defekten PC in die Werkstatt, dafür zahlt er auch nur einen reduzierten Wartungspreis) oder Full-Service (Reparatur beim Kunden)?

Wie können Sie sinnvoll testen?

Dienstleistung selbst nutzen
Der erste Schritt beim Testen ist, die Dienstleistung, die Sie verkaufen wollen, selbst einmal zu nutzen. Das klingt so selbstverständlich. Aber in rund 10 Prozent aller Gründungsvorbereitungen stelle ich fest, dass über Dienstleistungen gesprochen wird, die der Gründer gar nicht persönlich kennt. Deshalb zuallererst: selbst nutzen!

Gehen Sie in ein Fitness-Studio und buchen eine Personal Training Stunde oder sprechen Sie einen Personal Trainer auf dem freien Markt an. Ich weiß, dass dies in Ihrer Szene sehr verpönt ist. Zu viele so genannte Personal Trainer geben sich als „Kunden" aus, um vom Wissen und Erfahrungsschatz anderer Trainer zu profitieren. Bedenken Sie: „Man kann niemanden überholen, wenn man in seine Fußstapfen tritt". Deshalb, kopieren Sie nicht einfach den Stil und die Dienstleistung eines anderen Trainers. Entwickeln Sie Ihr Konzept „Personal Training". Für Ihre Branche würde ich daher Offenheit empfehlen: Sprechen Sie einen erfahrenen Personal Trainer an und fragen ihn, ob Sie ihn ein paar Trainingseinheiten begleiten dürfen. Ein guter Trainer hat davor keine Angst.

„Nun habe ich schon seit mehr als einem Jahr meinen Motivationstrainer No. 1... Und heute? Obwohl ich ein ehemaliger Sportmuffel bin, laufe ich nun regelmäßig 3-4 Mal pro Woche 45-60 Minuten. Und zusätzlich gönne ich mir 2-3 mal pro Woche Kräftigungsgymnastik... Unabgängig von meinem körperlichen Aussehen fühle ich mich auch ausgeglichener und entspannter."
Cordula Weimann, Architektin

Anderen zeigen
Der zweite Schritt: Zeigen Sie Freunden und Bekannten Ihre Dienstleistung; bieten Sie ihnen eine Personal Training Einheit an. Wichtig ist dabei die richtige Fragestellung. Nicht: "Glaubst Du, dass Personal Training ein gute Geschäftsidee sein kann?" Sondern: "Wie viel scheint Dir so eine Personal-Training-Einheit wert zu sein, 40, 60, oder 80 Euro?"

Testen Sie sich somit als Personal Trainer selbst. Oder führen Sie mit einem Freund ein Akquisegespräch. Am besten filmen Sie sich dabei mit einer Videokamera und werten es für sich im Anschluss aus.

Befragen
Was den Unternehmer vom Erfinder unterscheidet, ist das Verkaufen. Wenn Sie als Unternehmer erfolgreich sein wollen, müssen Sie verkaufen, müssen Sie rausgehen, auf andere Menschen zugehen, ihnen Nutzen bieten. Sie können das beste Produkt der Welt haben. In unserer heutigen Zeit, wo der Kunde König ist, schlägt sich trotzdem keiner bis zu Ihrer Haustür durch. Sie müssen bekannt machen, was Sie anzubieten haben. Ob Ihnen dieses unternehmerische Verkaufen liegt, können Sie hervorragend testen, indem Sie schon mal vor der Selbständigkeit Ihre potenziellen Kunden oder Bekannte befragen, was ihnen wichtig wäre bei der Dienstleistung „Personal Training".

Im heutigen Zeitalter des Zweifels kommt es nämlich darauf an, dem Kunden einen Grund zu geben, warum er bei Ihnen kaufen soll. Ein niedriger Preis macht mittlerweile den Kunden eher stutzig. Er will wissen, warum Sie als Trainer „top" sind, warum Sie ihm das beste Gesundheitsmanagement anbieten. Seine Skepsis, er würde den Preis z. B. nur wegen Ihrer Qualifikationen bezahlen, müssen Sie ausräumen. Da können Sie sehr geschickt verkaufen, dass Sie ein umfangreiches Netzwerk an Kooperationspartnern haben, dass Sie ihn nicht nur zum Thema Fitness und Training beraten, sondern auch in den

Bereichen Ernährung, Entspannung, Stressmanagement und Arbeitsplatzergonomie Hilfe leisten.

Nebenberuflicher Start
Testweises Vorgehen bedeutet auch, unter Umständen erst einmal nebenberuflich zu starten. Wenn das Geschäft nicht so läuft, wie Sie es sich vorgestellt haben, haben Sie immer noch Ihre Arbeitsstelle und können sich in einem anderen Geschäft versuchen. Erst wenn das Geschäft einen bestimmten Umfang angenommen hat, machen Sie sich hauptberuflich selbständig. So können sie Ihr Risiko erheblich reduzieren.

Wie riskant ist es wirklich, sein eigener Chef zu werden?
Erfolgsgarantien gibt es für Unternehmer nicht. Wer sich selbständig macht, kann zwar wesentlich mehr erreichen als ein Angestellter, Beamter oder Arbeiter, er muss aber auch das unternehmerische Risiko tragen. Wenn es schief geht, ist nicht nur der eigene Arbeitsplatz futsch, sondern meist auch Ersparnisse und viel Herzblut. Nur für sich selbst verantwortlich zu sein, diese Eigenverantwortung macht eben den Reiz, aber auch das Risiko des Unternehmertums aus.

Über die Höhe des unternehmerischen Risikos kursieren allerdings die wildesten Gerüchte. Da es leider noch keine amtliche Statistik über Unternehmensgründungen in der Bundesrepublik Deutschland gibt, tauchen immer wieder Mutmaßungen und Spekulationen auf, die an der Wirklichkeit weit vorbeigehen. Eine Umfrage des Verlags Norman Rentrop, gerichtet an die Industrie- und Handelskammern, lässt sich wie folgt zusammenfassen:

Nach den kritischen vier Jahren der Aufbauphase existieren über alle Branchen bundesweit betrachtet noch ca. 57,5 Prozent aller neu gegründeten Unternehmen. Die Gründungsaussichten bspw. in der Dienstleistungsbranche liegen bei durchschnittlich 65 %.

Auf der Suche nach neuen Marktlücken
Eine bemerkenswerte Zahl fand sich in einem Geschäftsbericht der Siemens AG: 53 Prozent aller Produkte, die die Münchner Firma vertrieb, hatte es vor fünf Jahren noch nicht gegeben. Mehr als die Hälfte aller Produkte hatte sie also neu hinzugenommen. Wenn selbst bei einer Traditionsfirma wie Siemens keineswegs an traditionellen Produkten festgehalten, sondern immer wieder Neues ins Sortiment aufgenommen wird, dann unterstreicht das eines: Wer Erfolg haben will, muss stets auf der Suche nach neuen Geschäftsideen (neuen Produkten und neuen Dienstleistungen) bleiben.

Früher war das anders. Da konnte eine einzige Geschäftsidee oft jahrzehntelang den Erfolg eines Unternehmens ausmachen. Doch heute verändern sich die Märkte schneller. Computer, Video und andere neue Technologien lassen innerhalb weniger Jahre neue Branchen entstehen und alte vergehen. Der Ölpreis und der Dollarkurs sinken oder steigen täglich, und mit ihnen verändern sich auch die Wettbewerbschancen vieler Unternehmen. Diese ständigen Veränderungen bringen aber nicht nur Probleme mit sich, sondern sie schaffen gleichzeitig auch neue Marktchancen. Man muss sich nur kurzfristig umstellen können. Und das gilt nicht nur für Großunternehmen wie Siemens, sondern auch und gerade für mittelständische Unternehmer und Existenzgründer.

Manche meinen zwar, aufgrund der vielen Marktänderungen gäbe es heute nur noch kurzlebige Modewellen. Aber auch das wäre gar nicht so problematisch. Schließlich lebt der gesamte Textilhandel von Modewellen, und zwar nicht schlecht. C & A, H & M und viele andere Unternehmen erzielen sogar erstaunlich hohe Gewinne. Entscheidend ist nur, dass man Modewellen nicht fälschlicherweise für ein Jahrhundertgeschäft hält, sondern an der Welle mitverdient, solange sie läuft und rechtzeitig neue Produkte und Dienstleistungen sucht.

Wer ist als Unternehmer geeignet?

"Alle Deutschen haben das Recht, Beruf, Arbeitsplatz und Ausbildungsstätte frei zu wählen." So lautet Artikel 12, Absatz 1, Satz 1 des Grundgesetzes. Dazu gehört auch das Recht, sich selbständig zu machen.

Nun mischt sich der Staat durch scheinbar wohlgemeinte Hilfen für Existenzgründer aber ganz schön in den Wettbewerb unter Unternehmensgründern und zwischen Gründern und Unternehmern ein. Der Staat bevorteilt einzelne Gründer durch Zinsgeschenke, Zuschüsse, Plätze in Technologiezentren usw., statt mit demselben Geld die Steuern zu senken und damit alle Gründer zu belohnen, die tüchtig wirtschaften. Bisher fördert der Staat ziemlich eindeutig die risikoärmsten Gründungen. Ob das zugleich die chancenreichsten sind, wird immer mehr bezweifelt. Unter anderem auch deshalb sucht der Staat nach Maßstäben, wie er sein Geld verteilen soll. In mehreren von Ministerien bezahlten Untersuchungen wurde der Frage nachgegangen, wer als Unternehmer geeignet sei. Doch viel gebracht haben die staatlich finanzierten Studien nicht, außer solch tiefschürfenden Erkenntnissen wie: "Wer in der Schule Klassenbester war, wird ein besserer Unternehmer als andere."

Selbst Reinhard Mohn (er machte Bertelsmann zum zweitgrößten Medienkonzern der Welt), bekannt dafür, nur die besten Hochschulassistenten als Führungsnachwuchs zu holen, musste zugeben: "Es ist uns zwar gelungen, unsere Akademiker dem Idealbild des mittelständischen Unternehmers zu nähern, erreicht haben wir es aber nicht."

Auch amerikanische Forschungen sind da nicht besser. Die absurdeste Studie, die ich las, war eine US-Doktorarbeit. Danach sollen sich angeblich Menschen mit blauen Augen und mehr als 1,80 Meter Körpergröße signifikant besser zum Unternehmer eignen als andere.

Entscheiden kann nur der Markt
Ob jemand geeignet ist, sich selbständig zu machen oder nicht, das lässt sich nicht auf dem Papier feststellen. Auch die Aussagen von Gründungsberatern, Psychologen, Freunden und Bekannten können Ihnen nur Tendenzen und Anhaltspunkte geben. Bei der kritischen Selbstprüfung sollten Sie das berücksichtigen. Vor allem um festzustellen, ob das Bild, das Sie sich von sich selbst machen, auch von anderen geteilt wird. Aber eine Garantie kann Ihnen niemand geben, auch nicht Sie selbst. Die Entscheidung, ob Sie zum Unternehmer geeignet sind oder nicht, die kann nur der Markt treffen. **Das erfahren Sie nur, wenn Sie es probieren.**

Ich möchte Ihnen deshalb Mut zur Selbständigkeit machen, Sie zugleich aber an meine auf den vorigen Seiten erläuterten Prinzipien erinnern, nur kalkulierbare Risiken einzugehen und wo immer möglich, Risiken durch Informieren, Planen, Simulieren und Testen zu reduzieren.

Erfolg hängt immer vom Zusammenspiel mehrerer Faktoren ab
Ähnlich wie die Alchimisten im Mittelalter nach der Zauberformel suchten, um Gold herzustellen, so wird heute versucht, unternehmerischen Erfolg vorherzubestimmen. Die einen behaupten, es komme nur auf die Branchenerfahrung an: Nur wer vorher viele Jahre in einer Branche tätig war, kann Erfolg haben. Andere behaupten, es komme nur auf die Kapitalausstattung an. Nur wer genügend Startkapital hat, kann als Unternehmer im harten Wettbewerb bestehen. Wieder andere behaupten, es komme nur auf die Geschäftsidee an. Egal, welche persönlichen Voraussetzungen und Fähigkeiten jemand mitbringt, mit der richtigen Geschäftsidee muss er Erfolg haben. Alle diese einseitigen Betrachtungen jedoch sind in der Praxis immer wieder widerlegt worden.

Branchenerfahrung kann von Vorteil sein - sie muss es aber nicht, wie Werner Otto beweist

Erfahrung in der Branche, in der Sie sich selbständig machen wollen, kann von Vorteil sein. Sie kennen bereits mögliche Kunden, können gute und weniger gute Lieferanten unterscheiden. Erfahrung ist aber nur dann nützlich, wenn sie nicht aus dem Wiederholen von Fehlern besteht, sondern wenn aus dem Gesehenen und Erlebten Schlussfolgerungen gezogen werden, wie man es besser machen kann.

Manchmal kann Erfahrung auch zu Betriebsblindheit führen. Werner Otto, der Mann, der den Otto-Versand in Hamburg aufgebaut hat, sagt etwa sinngemäß: "Glücklicherweise hatte ich von der Branche keine Ahnung, als ich mich selbständig machte. So konnte ich unbelastet von aller Tradition und eingefahrenen Gleisen das tun, was den meisten Erfolg brachte."

Geld allein schafft keinen Erfolg

„Wie wichtig ist eigentlich die Höhe des Startkapitals für den Erfolg?" werde ich immer wieder gefragt. Die Antwort ist gar nicht so einfach, wie es zunächst scheint.

Ohne Zweifel spielt Kapital eine bedeutende Rolle bei der Unternehmensgründung. Denn: Je mehr Startkapital man einbringt, desto mehr Fehler kann man sich leisten. Und auch die meisten Banken behandeln einen anders. Frei nach dem Motto: "Wer hat, dem wird gegeben." Aber stimmt deshalb die These vieler Kammern, Verbände und Kreditinstitute, dass Kapital der wichtigste Faktor bei der Unternehmensgründung sei? Stimmt es wirklich, dass viele Misserfolge nur auf mangelndes Eigenkapital zurückzuführen sind? Überraschende Ergebnisse ermittelte das Bonner Institut für Mittelstandsforschung (Professor Horst Albach): Erfolgreiche Gründer haben mit weniger Kapital begonnen als gescheiterte. Bei den erfolgreichen betrug die Eigenkapitalquote nur 56 Prozent, bei den gescheiterten hingegen 71 Prozent. Eine Leserbefragung der "Geschäftsidee" ergab 1988, dass ein Drittel aller Gründer sich mit weniger als 7.500 Euro selbständig gemacht hat.

Persönlicher Einsatz kann fehlendes Startkapital mehr als wettmachen

Geld allein schafft also keinen Erfolg. Dies ist eigentlich auch ganz einleuchtend: Wer weniger Eigenkapital zur Verfügung hat, muss sich mehr anstrengen. "Human Capital" nennt das die neuere Wirtschaftswissenschaft. Persönliche Fähigkeiten und Engagement stellen auch ein Kapital dar.

M. Gogolin aus Regensburg baute sich zum Beispiel nach einem unserer allerersten Unternehmenskonzepte 1981 eine Prospektverteilagentur auf. Mit nur 260 DM Startkapital. Das waren sogar noch 540 DM weniger als das von uns angegebene Mindeststartkapital. Trotz der in den vergangenen Jahren erheblich härter gewordenen Konkurrenz kam der 29jährige schon 1984 auf 1,1 Millionen DM Umsatz und 120.000 DM Gewinn. Wer nur auf das Geldkapital schaut, dem werden Gogolins Zahlen unglaubwürdig vorkommen. Wer aber den persönlichen Einsatz von Gogolin und seiner Ehefrau kennt, der weiß, warum der Jungunternehmer mit so geringem Startkapital so großen Erfolg hat.

Gogolins Zahlen verdeutlichen, dass die Höhe des Startkapitals nicht der wichtigste Erfolgsfaktor ist. Vor einem Fehlschluss sei allerdings gewarnt: Wenig Startkapital garantiert auch keinen Gewinn. Weit gefehlt. Denn stets sind es mehrere Faktoren, die zum Erfolg zusammenkommen müssen. Je nach Branche und je nach persönlicher Situation ganz verschiedene.

Eine gute Geschäftsidee ist eine gute Basis – aber keine Erfolgsgarantie

Die beste Geschäftsidee nutzt nichts, wenn sie nicht mit persönlichem Einsatz, mit Fähigkeiten und Verstand und zur richtigen Zeit umgesetzt wird. Im Laufe der Jahre, seit ich für "Die Geschäftsidee" Unternehmenskonzepte schreibe, habe ich viele tausend Gründungen gesehen. In keinem einzigen Fall aber habe ich es erlebt, dass zwei Gründer in ein und derselben Branche mit ein und demselben Konzept die gleichen Ergebnisse erzielten. Jede Unternehmensgründung ist eine ganz persönliche Angelegenheit.

Überragende persönliche Fähigkeiten stellen in vielen Branchen einen erheblichen Wettbewerbsvorteil dar. Wie stark sich diese Fähigkeiten auswirken, ist aber von Branche zu Branche unterschiedlich. Je persönlicher ein Geschäft betrieben wird (Beratung), desto stärkeres Gewicht bekommen persönliche Fähigkeiten; und das genau ist im Personal Training der Fall.

Für die persönlichen Fähigkeiten gilt das auf den ersten Seiten dieses Beitrages Geschriebene: Es kommt nicht auf Diplome oder Scheine an, auch nicht auf jahrelange Erfahrung - **viel wichtiger sind meist das "Machen" und die schnelle Lernfähigkeit.**

Das klingt so leicht, führt in der Praxis aber oft zu Fehleinschätzungen der eigenen Person. Entweder eine vollkommene Überschätzung ("so schwer kann das doch nicht sein") oder Zögern und Zaudern. Deshalb betone ich noch einmal das testweise Vorgehen. Beim Testen stellen Sie sehr schnell fest, wie Ihre Fähigkeiten vom Markt, von den Kunden, den Lieferanten und den zukünftigen Mitarbeitern eingeschätzt werden.

Der alte Traum: eine Geschäftsidee ohne jede Konkurrenz
Lassen Sie mich zum Schluss noch was zum Thema „Konkurrenz"
sagen.

Wer Konkurrenz fürchtet, sollte nicht gründen. Ich drücke das
bewusst so hart aus. Denn immer, wenn ich im persönlichen
Gespräch gefragt werde, rate ich ganz eindeutig von der
Gründung ab, wenn die Angst vor Konkurrenz zu groß wird.
Konkurrenz belebt das Geschäft. Erfolgreiche Unternehmen
haben Konkurrenz nie gescheut, sondern sich Vorteile gegenüber
der Konkurrenz geschaffen. Damit meine ich nicht Gangster-
Methoden. Die bringen einen höchstens hinter Gitter. Sondern
ich meine Konkurrenz-Vorteile gegenüber anderen Trainern durch
bessere Ideen, stärkeres Eingehen auf Kundenwünsche, ein
umfangreiches Netzwerk an Kooperationspartnern, eine hohe
fachliche Kompetenz und Weiterbildung, Qualität der Trainingsbetreuung, umfangreichen Service und das Schaffen von
Vertrauen.

Autor:
Dipl.-Kfm. Norman Rentrop
Aufsichtsratsvorsitzender
des VNR Verlag für die Deutsche Wirtschaft AG
Rüngsdorfer Straße 2e
53173 Bonn-Bad Godesberg

Tel.: 0228 - 36 88 40
Fax: 0228 - 36 58 75

Diplom-Betriebswirtin Katja Neef

Existenzgründung als Personal Trainer

Allgemeines zur Existenzgründung

Mehr als ein Drittel aller Existenzgründungen endet in den ersten fünf Jahren in der Zahlungsunfähigkeit. In anderen Fällen erschaffen sich Jungunternehmer mit dem Schritt in die Selbständigkeit lediglich eine `Kümmerexistenz´ am Rande des Existenzminimums. Ursachen sind unter anderem in Finanzierungsproblemen und kaufmännischen Defiziten der Existenzgründer zu sehen. Es ist deshalb unabdingbar, dass Sie sich mit betriebswirtschaftlichen und kaufmännischen Grundsätzen auseinandersetzen, um diese im Sinne Ihrer erfolgreichen Unternehmung anwenden zu können.

Jeder Gründungswillige sollte deshalb den Schritt in die Selbständigkeit erst wagen, wenn das gesamte Vorhaben wirtschaftlich gründlich durchleuchtet wurde. Dies ist primäre Aufgabe der Gründungsplanung.

Das Ergebnis der Gründungsplanung ist ein Gründungsplanungsbericht (Business-Plan), der im Wesentlichen folgenden Inhalt haben sollte:

- Gründungsvorhaben (Branche, Tätigkeit, Geschäftsidee)
- beruflicher und finanzieller Hintergrund des Gründers
- Rentabilitätsplanung (Umsatz- und Ertragsvorschau der nächsten drei Jahre mit Einnahmen-/Kostenkalkulation)
- Finanzplanung (Liquiditätsplanung, Berechnung des Startkapitals – so genannte Investitionsplanung)
- Wertung der Erfolgsaussichten der Existenzgründung

Dieser Bericht soll beispielsweise Banken eine Beurteilung der Kreditwürdigkeit des neu zu gründenden Unternehmens ermöglichen. Der Gründungsplanungsbericht muss für Dritte nachvollziehbar das neue Unternehmen präsentieren und auf realistischen und plausiblen Annahmen beruhen. Es wäre für den Existenzgründer von Vorteil, dieses Zahlenwerk gemeinsam mit einem Experten für Existenzgründungen (häufig mit einem Steuer- oder Unternehmensberater) zu erstellen, der auch bereits Kontakte zur finanzierenden Bank aufgenommen hat. Die Plausibilität der Unternehmensgründung kann somit gegenüber der Bank professioneller dokumentiert werden.

Vorgehensweise bei der Gründungsplanung
Für den Gründer hat insbesondere das betriebswirtschaftliche Rechenwerk des Gründungsplanes zentrale Bedeutung. Es stellt eine von ihm mitentwickelte Zielvorgabe (Sollvorgabe) dar, die vor allem die nachfolgenden Fragen bezüglich der Rentabilität eindeutig beantwortet:
- Wie viel Umsatz brauche ich, um kostendeckend zu arbeiten?
- Ist mein Gründungsvorhaben tatsächlich eine Basis für eine Vollexistenz?
- Wie viele liquide Mittel brauche ich?
- Ist meine Finanzierung fristenkongruent?
- Welche Umsätze muss ich monatlich erwirtschaften?
- Wie hoch dürfen meine monatlichen Kosten sein?
- Welche Investitionen kann ich wann laut Planung tätigen?

„Obwohl Sport mir nie Spaß gemacht hat und sicherlich auch nie Spaß machen wird, sehe ich die Notwendigkeit für mich und meine Gesundheit... Nach unserem Beginn vor drei Jahren, wir starteten mit drei Trainingseinheiten pro Woche, habe ich innerhalb der ersten Monate 6 kg abgenommen. Aufgrund meines stark begrenzten Zeitkontingenz stellte mein Personal Trainer einen perfekt auf meine Bedürfnisse abgestimmten Trainingsplan zusammen."
Pedro Donig, HV Donig / T.U.R.I. Liegenschaften GmbH

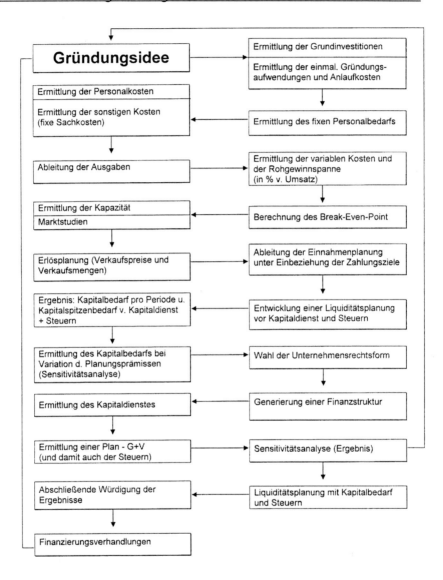

Die folgenden Abschnitte sollen zu dieser Problematik Hilfestellungen und Lösungsansätze geben, um Ihr Gründungsvorhaben optimal zu realisieren.

Berechnung des Startkapitals für die Existenzgründung
Nachdem Sie sich Klarheit über die Planungsbereiche verschafft
haben, müssen Sie sich jetzt die Frage stellen: Wie hoch ist der
Kapital- bzw. Finanzierungsbedarf, um das Investitionsvorhaben
umsetzen zu können? Denn die Startphase kann sich länger hin-
ziehen, als Sie annehmen, oder es stellen sich nachträglich nicht
vermeidbare Kostensteigerungen heraus. Illiquidität und/oder
Überschuldung lassen sich durch sorgfältige Planung als
Gefahrenquellen zumindest ganz erheblich reduzieren.

Folgende Übersicht verdeutlicht Ihnen, mit welchem Gesamt-
finanzierungsbedarf Sie bei Ihrem Vorhaben als Personal Trainer
rechnen müssen:

Startkapital für   **Grundausstattung in €**

Betriebsmittel

Pkw	falls nichtvorhanden
Computer	1.750,00
Präsentationsmappe	25,00
Mobiltelefon	50,00

Sportliche Grundausstattung

Herzfrequenzmesser mit Interface	375,00
Waage mit Fettmessung	150,00 bis 1.200,00
Blutdruckmessgerät	150,00
Gymnastikmatten (2 Stück)	100,00
Trainingsgeräte (Hanteln etc.)	75,00
Lagerungshilfen (Lordosekissen)	25,00

Zusatzausstattung (optional)

Massagebank (klappbar)	425,00
Fahrrad/Mountainbike	750,00
Inline-Skates mit Protektoren	250,00
Tennis-, Badmintonschläger	200,00
Bauchtrainer	125,00
Schwimmequipment	25,00
Aqua-Jogging-Gürtel	25,00
Pezzi-Ball	18,00
Langhantel	75,00

Ingangsetzungskosten für
`Start-up´

Briefpapier/Visitenkarten/Flyer	750,00
Sportbekleidung	500,00
Internet/Werbekosten	500,00
Beratungskosten für Existenzgründung je nach Std.	500,00

Summe
6.843,00[1]

---

[1] Diese Übersicht kann nur einen groben Überblick über die zu erwartenden Investitionen geben; denn individuelle Kostenstrukturen (wie z. B. Miete für Büroräume oder die Leasingkosten / Anschaffungskosten für einen PKW) können den Startkapitalbedarf erheblich beeinflussen. Außerdem sind in der Übersicht keine fortlaufenden monatlichen Kosten wie z. B. Telefonkosten, Kraftstoff, Versicherungsbeiträge etc. berücksichtigt.

Nach den bisherigen praktischen Erfahrungen sind oben genannte Investitionskosten ausreichend, um die Tätigkeit als Personal Trainer aufnehmen zu können. Sie benötigen kein eigenes Fitness-Studio oder keine eigene Praxis. Zudem werden die wenigsten Klienten Zeit haben, zu Ihnen zu kommen. Genau deshalb müssen Sie räumlich flexibel sein.

Da es sich hierbei um eine überschaubare Investitionssumme handelt, können finanzielle Schwierigkeiten als zweitrangig eingestuft werden und gefährden somit nicht das Gründungsvorhaben. Weiterhin müssen oben aufgeführte Ingangsetzungskosten analysiert und in den Finanzierungsbedarf einkalkuliert werden. Diese Kosten entstehen ausschließlich durch die Existenzgründung (z. B. Sportkleidung, Beratungskosten usw.).

Finanzierungsquellen, Liquiditätsplanung und Controlling
Aus dieser Übersicht ergibt sich nun die Frage, wie Sie Ihren Finanzierungsbedarf decken können. Grundsätzlich lassen sich zwei Quellen von Finanzierungsmöglichkeiten unterscheiden: Eigenmittel und Fremdkapital. Je höher der Anteil an Eigenkapital im Verhältnis zum Fremdkapital ist, umso höher ist Ihr lebenswichtiger Risikopuffer. Außerdem stellt es eine wesentliche Größe Ihrer Kreditwürdigkeit vor möglichen Fremdkapitalgebern dar. In aller Regel werden Ihre Eigenmittel jedoch nicht zur Deckung des Gesamtkapitalbedarfs ausreichen. Folgende Möglichkeiten haben Sie, diese Lücke durch die Aufnahme von Fremdkapital zu schließen:
- Darlehen von nahen Angehörigen
- Darlehen aus öffentl. Förderprogrammen für Gründer
- Lang-/und mittelfristige Investitionskredite Ihrer Bank
- Leasing von einzelnen Wirtschaftsgütern
- Kontokorrentkredite

74   K. Neef: Existenzgründung als Personal Trainer

Postenbezeichnung/Monat	I. Quartal	II. Quartal	III. Quartal	IV. Quartal	Gesamt Ist Jahr	Plan Jahr	Abweich ungen
Umsätze aus Trainertätigkeit							
Materialeinkauf an Sportartikeln							
Rohgewinn							
sonstige Erträge							
Zinserträge							
vereinnahmte USt							
Personalkosten							
Praxismaterial							
Rohgewinn II							
Raumkosten							
betriebliche Steuern/Versicherungen/ Beiträge							
Kfz-Kosten ohne Steuer							
Werbe-/Reisekosten							
Reparaturen/Instand- haltungen							
Darlehenszinsen							
sonstige Kosten							
verausgabte Umsatzsteuer (Vorsteuer)							
Betriebsergebnis Cash-Flow (ohne AfA)							
Investitionen mit Kasse oder Bank bezahlt							
Anlagenverkäufe							
Darlehenstilgungen							
Gesamt Cash-Flow							
private Steuern (Einkommensteuer)							
KV/LV/RV/UV							
Fällige Zahlungen (Verbindlichkeiten)							
Ansparbeträge für notwendige Investitionen							
verbleibende Liquidität für Entnahmen*							
Privatentnahmen							
Privateinlagen							
Liquiditätsüber- bzw. -unterdeckung							

* Empfehlung: Es sollten maximal diese Beträge als Unternehmerlohn entnommen werden.

© PROF. DR. BISCHOFF & PARTNER / PTN

Um abschätzen zu können, in welcher Höhe Sie Fremdmittel (z. B. in Form eines Kontokorrents) benötigen, ist die Erstellung eines Liquiditätsplanes unabdingbar. In ihm sind sämtliche betriebliche Einnahmen und Ausgaben monatlich detailliert als Plan-Daten und Ist-Daten erfasst, so dass Abweichungen frühzeitig erkannt und rechtzeitig Gegenmaßnahmen ergriffen werden können. In der Fachsprache wird dies als `Controlling´ bezeichnet, das für Existenzgründer unabdingbar ist.

Liquiditätsengpässe werden durch die Liquiditätsplanung schnell sichtbar und einer gegebenenfalls negativen Entwicklung kann zeitnah entgegengewirkt werden. Diese Liquiditätsberechnung sollte außerdem die Angabe enthalten, wie viel Sie maximal zur Deckung Ihrer privaten monatlichen Kosten entnehmen dürfen (Unternehmerlohn). Lassen Sie sich hierzu von kompetenten Unternehmens- bzw. Steuerberatern, die auch Erfahrungen auf dem Gebiet des Personal Trainings haben, beraten.

Rentabilitätsrechnung und Honorarkonzept

Ihr Honorarkonzept sollte, wie bereits oben dargestellt, eine Plangewinn- und Verlustrechnung (Rentabilitätsrechnung) beinhalten. Mit Hilfe dieser Planung können Sie errechnen, welchen Mindestumsatz Sie haben müssen, um alle Ihre Kosten abzudecken. Vergessen Sie dabei aber nicht, in Ihren Stundenlohn sog. verdienstfreie Zeiten mit einzukalkulieren. Beispielhaft seien der Einkauf von Sportsachen oder bestimmte organisatorische Angelegenheiten für den Klienten erwähnt.

Als Orientierung für Ihre Kalkulation: Die Stundenhonorare für 60 Min. liegen in Deutschland im Schnitt zwischen 60 € und 90 € (Quelle: BDPT 2003). Das Zahlungsziel, sprich, wann der Klient zahlt, legen Sie fest. Es ist Ihre eigene Entscheidung, ob Sie am Monatsende eine Rechnung stellen, die innerhalb von zwei Wochen beglichen werden soll oder ob Sie sich z. B. zehn Trainingseinheiten im Voraus bezahlen lassen.

Es ist empfehlenswert mit Ihrem Klienten speziell das Thema der Fahrtkosten abzuklären. Ein möglicher Anhaltspunkt könnte sein, bei einem Fahraufwand von mehr als 15 km pro Fahrt und/oder mehr als 20 Minuten eine Fahrtkostenpauschale zu vereinbaren. Branchenüblich lässt sich feststellen, dass ein möglicher Betrag zwischen 0,40 € bis 0,50 € pro Kilometer liegt.

Muster einer Rentabilitätsrechnung
Die Angaben in der folgenden Muster-Rentabilitätsrechnung beruhen auf Erfahrungswerten des PERSONAL TRAINER NETWORK (PTN). Hierbei wurde die Annahme getroffen, dass die Trainerstunde netto 50 € kostet und die produktiven Stunden ca. 800 Stunden im Jahr betragen. Des Weiteren sind sowohl variable als auch fixe Kosten kalkuliert.

„Ich bin 36 Jahre alt, trieb seit 16 Jahren keinen regelmäßigen Sport mehr, rauche aber stark und habe Übergewicht. Wirklich nicht die besten Voraussetzungen. Innerhalb von 8 Wochen steigerte ich meine Laufzeit von 2,5 min auf 35 min. Entscheidend für diesen Erfolg war die Anwesenheit meines Personal Trainers. Seine aufmunternden Worte motivierten mich und durch interessante Gespräche während des Joggens konzentrierte ich mich nicht so sehr auf die Anstrengungen."
Eva Spiller

Postenbezeichnung	€	%
Umsatzerlöse (800 Trainerstd. x 50,00 €)	40.000	100
Variable Kosten:		
Materialaufwand (Sportartikel geschätzt)	-1.000	-2,5
Rohertrag/Rohgewinnspanne in %	39.000	98
Fixkosten:		
Personalaufwand	0	0,0
Abschreibungen (5.000 €/3 Jahre)	-1.667	-4,2
Raumkosten	0	0,0
Steuern, Versicherungen, Beiträge	-160	-0,4
Kfz-Kosten	-2.000	-5,0
Werbe-/Reisekosten	-1.250	-3,1
Fortbildung	-500	-1,3
Porto, Telefon, Internet	-1.800	-4,5
Buchführung, Steuerberatung	-750	-1,9
Büromaterial	-200	-0,5
Sportbekleidung	-600	-1,5
Zinsen/Finanzierungskosten	-400	-1,0
Summe Fixkosten	-9.327	-23
Betriebsergebnis pro Jahr	29.673	74,2

Variable Kosten beinhalten in der Regel den Waren- bzw. Materialeinsatz. Diese Kosten entstehen nur dann, wenn Sie Umsatz erzielen. Die fixen Kosten beinhalten alle anderen Kosten, die unabhängig von der Umsatzerzielung entstehen.

Mit diesen beiden Begriffsunterscheidungen können Sie die Berechnung Ihres Mindestumsatzes (Deckungsbeitrag) oder in der Fachsprache `Break-Even-Point´ genannt, berechnen. Der Break-Even-Point kennzeichnet den Umsatz, bei dem alle fixen und variablen Kosten gedeckt sind (Gewinnschwelle).

Sobald dieser Umsatz überschritten wird, arbeitet das Unternehmen mit Gewinn. Zunächst benötigen Sie für die Berechnung die Rohgewinnspanne. Diese ergibt sich aus dem Verhältnis der variablen Kosten zum Umsatz. Aufbauend auf der Rohgewinnspanne und den ermittelten Fixkosten können Sie nach der im Folgenden genannten Formel den Break-Even-Point berechnen:

Break-Even-Berechnung	Rohgewinnspanne lt. Rentabilitätsrechnung	98 %
$\dfrac{\text{Fixkosten x 100}}{\text{Rohgewinnspanne}}$	Summe Fixkosten	9.327 €
	Break-Even-Point	
	9.327 x 100/98 =	9.517 €

In vorgenannter Muster-Rentabilitätsrechnung liegt der Break-Even-Point bei 9.517 € p. a., das heißt, Sie müssen im Monat 793 € Umsatz erzielen, um Ihre monatlichen Kosten zu decken. Darin ist noch kein Gewinn bzw. Unternehmerlohn enthalten. Auf den Stundenlohn bezogen, sagt das aus, dass Sie mindestens 15.86 Stunden im Monat zu 50 € abrechenbare Trainerstunden leisten müssen, um keinen Verlust zu produzieren.

Für die Deckung Ihrer privaten Kosten und dem daraus resultierenden Honorarstundensatz, können Sie ebenso nach oben genannter Formel verfahren, indem Sie zu den dort aufgeführten Fixkosten Ihres Unternehmens noch alle privaten Kosten addieren und dann den Break-Even-Point ermitteln. Zusammenfassend ist festzustellen, dass Sie für den Aufbau einer tragfähigen Vollexistenz mindestens wissen sollten, wann Sie Gewinn oder Verlust erwirtschaften und realistisch analysieren, ob Sie mindestens den dargestellten Break-Even-Point bei Ihren individuellen Trainerstunden und Kostenstrukturen erreichen können.

Steuern

Einkommensteuer
Das Einkommensteuergesetz unterscheidet verschiedene Einkunftsarten. Der Personal Trainer berührt zwei von diesen, zum einen die Einkünfte aus einem Gewerbebetrieb, zum anderen kann er Einkünfte aus freiberuflicher Tätigkeit erzielen. Beide beruhen auf der selbständigen Ausführung des jeweiligen Berufsfeldes. Es darf also kein Angestelltenverhältnis vorliegen. Somit wird die Einkommensteuer nicht mehr in Form der Lohnsteuer einbehalten wie bei Arbeitnehmern, sondern als in der Regel vierteljährliche Vorauszahlung auf die Einkommensteuer.
Für die Einordnung als freiberufliche Tätigkeit muss eines der folgenden Kriterien erfüllt werden:
* Es liegt eine wissenschaftliche, künstlerische, unterrichtende oder erzieherische Tätigkeit vor oder
* eine selbständige Tätigkeit als Arzt, Zahnarzt, Tierarzt, Rechtsanwalt u. s. w. (Katalogberufe) oder
* es wird eine selbständige Tätigkeit ausgeführt, die einem Katalogberuf ähnlich ist.

Aufgrund umfangreicher Recherchen in Urteilen des Bundesfinanzhofes (BFH) und nach fernmündlicher Auskunft der

Oberfinanzdirektion (OFD) kann die neue Berufsgruppe des Personal Trainers in der Regel als unterrichtende Tätigkeit im Rahmen der freiberuflichen Tätigkeiten eingeordnet werden. Denn, anders als im Fitness-Studio (Urteil vom 13.01.1994 BStBl II 1994 S. 362), wird hier ein individuelles Trainingsprogramm für jeden einzelnen Klienten erarbeitet und durch individuelle persönliche Betreuung und Beratung des Trainers überwacht und umgesetzt. Somit werden hier Fähigkeiten und Fertigkeiten in unterrichtender Form vermittelt. Für die Höhe der Einkommensteuer ist es unerheblich, ob Sie freiberufliche oder gewerbliche Einkünfte erzielen.

Jedoch müssen gewerbliche Unternehmer zusätzlich die Gewerbesteuer zahlen. Wollen Sie neben der Tätigkeit als Personal Trainer auch Sportartikel (als Serviceleistung) sowie Nahrungsergänzungsmittel usw. Ihren Klienten anbieten und veräußern, so gehören diese Einnahmen regelmäßig zu den gewerblichen Einkünften.

Es ist notwendig, wenn nebeneinander freiberufliche und gewerbliche Einkünfte vorliegen, diese getrennt durch separate Rechnungen und durch ein separates Bankkonto bzw. eine eigene Kasse aufzuzeichnen.

Ist keine Trennung erfolgt, so ordnet das Finanzamt die gesamten freiberuflichen Einkünfte der gewerblichen Tätigkeit zu (Abfärbetheorie), welche dann insgesamt der Gewerbesteuer unterliegt. Betragen die Einnahmen aus dem gewerblichen Nebenbereich nicht mehr als 1,25% der Gesamteinnahmen, so hat der Bundesfinanzhof entschieden, dass die oben genannte Abfärbetheorie wegen der Geringfügigkeit dieser Einnahmen nicht anzuwenden ist.

Gewerbesteuer

Alle Unternehmen, die gewerbliche Einkünfte nach dem Einkommensteuergesetz beziehen, sind gewerbesteuerpflichtig.

Bemessungsgrundlage ist das jährliche Betriebsergebnis (Gewinn). Sie wird jedoch erst ab einem Gewinn von 24.500 € bei Einzelunternehmern und Personengesellschaften erhoben (Freibetrag). Wie bereits im Abschnitt `Einkommensteuer´ erläutert, unterliegt der Verkauf von Sportartikeln jeglicher Art grundsätzlich der Gewerbesteuer.

Umsatzsteuer

Als Personal Trainer sind Sie grundsätzlich umsatzsteuerpflichtig. Das bedeutet, Sie müssen Ihrem Klienten 16 % MwSt. in Rechnung stellen. Sie haben jedoch als Unternehmer auch gleichzeitig den Vorteil, die auf Ihre zu bezahlenden Rechnungen enthaltene Umsatzsteuer (Fachsprache: Vorsteuer) vom Finanzamt zurückzubekommen.

Umsatzsteuer und Vorsteuer sind zunächst quartalsweise bis zum 10. des Folgemonats dem Finanzamt auf Umsatzsteuervoranmeldungsformularen mitzuteilen. Somit stellt die Umsatzsteuer für das Unternehmen keine Belastung dar, sondern wird an Ihre Klienten (als Endverbraucher) weiterberechnet. Sie können sich jedoch als Existenzgründer auch von der Umsatzsteuer befreien lassen (Kleinunternehmerregelung), wenn Ihr Umsatz (nicht Gewinn) im vorangegangen Kalenderjahr nicht mehr als 16.620 € betragen hat und im laufenden Kalenderjahr 50.000 € voraussichtlich nicht übersteigen wird. Sie müssen dann keine Umsatzsteuer an das Finanzamt abführen, können aber im Gegenzug auch keine Vorsteuer geltend machen.

Gewerbeanmeldung

Die Eröffnung des Gewerbebetriebes `Verkauf und Vertrieb von Sportartikeln u. ä.´ ist beim Gewerbeamt unverzüglich anzuzeigen. Eine Durchschrift der Gewerbeanzeige geht automatisch an das Finanzamt, die Berufsgenossenschaft, die Industrie- und Handelskammer u. a. Keine Anzeigepflicht besteht für den Beginn der Trainertätigkeit, da diese eine freiberufliche Tätigkeit darstellt. Vom Finanzamt erhalten Sie ein Formular, auf dem Sie alle steuerlichen Angaben zu Ihrem Unternehmen eintragen müssen. Zur Absicherung von Arbeitsunfällen sollten Sie eine Kopie dieser Anmeldung an die Berufsgenossenschaft weiterleiten. Wichtig ist dies insbesondere, wenn Sie Arbeitnehmer beschäftigen wollen. Ihr eigenes Unfallrisiko sollten Sie zusätzlich privat absichern. Bei Beginn Ihrer Tätigkeit sollten Sie auch die Mitgliedschaft in Ihrem Berufsverband beantragen.

Erstellung der Buchhaltung
Die jährliche Gewinnermittlung des Unternehmens sollte durch einen Steuerberater/Steuerberatungsgesellschaft in Form einer Einnahme-Überschuss-Rechnung gemäß § 4 Abs.3 EStG erstellt werden. Dazu benötigt er Ihre Buchhaltung.

Die Buchhaltung sollte ein Kassenblatt und die dazugehörigen Belege sowie ein eigenes betriebliches Bankkonto mit den nach Bankauszügen sortierten Rechnungen beinhalten.

Die Verarbeitung dieser Belege erfolgt nach dem Zu- und Abfluss der Einnahmen und Ausgaben von Ihrem Bankkonto, nicht bereits dann, wenn Ihnen die Rechnungen vorliegen.

Autorin:
Diplom-Betriebswirtin Katja Neef
PROF. DR . BISCHOFF & PARTNER® Unternehmensberatungs AG
Theodor-Heuss-Ring 26
50668 Köln

Tel.: 0221 / 91 28 40-0
katja.neef@bischoffundpartner.de

„Als Manager einer Venture Capital Gesellschaft ist mein Arbeitsalltag geprägt von sitzender Tätigkeit, häufig langer Geschäftsessen oder Meetings und natürlich jeder Menge Stress... Mittlerweile bin ich den Halbmarathon in weniger als zwei Stunden gelaufen, halte auf Meetings länger durch und fliege auch besser. Dafür mache ich wochentäglich eine Stunde Sport und verbessere mich kontinuierlich. Die Stunden mit meinem Personal Trainer waren ein gutes Investment."

Dr. Thomas Schmidt, Geschäftführer MicroVenture, Köln

Woedtke Reszel & Partner
Rechtsanwälte

Düsseldorf Dresden

Dr. Hermann Falk
Rechtsanwalt

Schwerpunkte:
Wirtschaftsrecht
Rechtsberatung rund um Personal Training
Recht der Existenzgründung

Königsallee 12 40212 Düsseldorf
Telefon 0211 / 86477-0
Telefax 0211 / 86477-40

Hermann.falk@woedtke.de
www.woedtke.de

RA Dr. Hermann Falk

Ausgewählte rechtliche Aspekte des Personal Trainings: ein juristischer Hindernislauf

An dieser Stelle möchte ich Ihnen ein Thema näher bringen, welches für die meisten Menschen immer wieder eine Herausforderung ist: Das gute, alte deutsche Recht!

Ich hoffe, Sie nehmen dieses Kapitel trotzdem sportlich, wie Sie schon so vieles erreicht haben – vielleicht als kurzen (juristischen) Hindernislauf. Eines ist nämlich klar, Sie können noch so gut in Ihrem Beruf als Personal Trainer sein – Sie werden dennoch früher oder später mit Rechtsfragen in Berührung kommen (meist früher...). Dann ist es wohl besser, wenn Sie die Situation so aktiv gestalten können, wie Sie Ihre Trainingseinheiten gestalten.

Die hier zu findenden Hinweise folgen in ihrer Systematik der Chronologie Ihrer Tätigkeit: angefangen bei der Gründungsphase über die eigentliche Geschäftsphase bis hin zu einem kurzen Exkurs zum Thema Betriebseinstellung. Nicht alle in der Praxis vorkommenden Auffälligkeiten kann ich hier erwähnen. Ich habe es jedoch unternommen, die wesentlichen Rechtsbereiche und Fallgestaltungen zu nennen. Auf diese Weise können Sie schon ein wenig gedanklich trainieren, bevor es zum eigentlichen Wettkampf, d. h. zum Ernstfall kommt. Das weite Feld des Steuerrechts finden Sie übrigens im Beitrag „Existenzgründung als Personal Trainer" am Anfang dieses Buches behandelt.

Aufwärmphase

In der Zeit Ihrer Gründungsplanung bitte ich Sie, folgende rechtliche Aspekte im Auge zu behalten:

Rechtsformen der Berufsausübung

Wenn Sie als Einzelperson das Berufsbild des Personal Trainers ausfüllen wollen, steht insbesondere die Rechtsform des sog. **Kaufmanns** (auch **Einzelunternehmung** genannt) zur Verfügung. Sobald Sie einen Gewerbebetrieb führen und hierzu eine geschäftsmäßige Unternehmensausstattung sowie eine ordentliche Buchführung haben, werden Sie von Gesetzes wegen als ein solcher Kaufmann angesehen (vgl. §§ 1ff. HGB). Auf die Gewerbeanmeldung beim Gewerbeaufsichtsamt kommt es also nicht an. Daher wird jeder Personal Trainer grundsätzlich als Kaufmann oder Kauffrau im Rechtsverkehr qualifiziert werden können.

Sobald Sie zusammen mit einem festen Geschäftspartner auf Dauer das Personal Training betreiben, sind Sie bereits „automatisch" im Bereich der **Gesellschaft bürgerlichen Rechts** (abgekürzt „GbR"). Auch diese gesetzliche Rechtsform ist ebenso wie der Kaufmann stark personalistisch ausgerichtet, d. h. zugeschnitten auf kleinere Unternehmungen, die von der Tat- und Arbeitskraft ihrer Inhaber leben. Allerdings ist zu beachten, dass die Gesellschafter der GbR grundsätzlich nur gemeinsam vertretungsberechtigt sind – einerseits schützt dies die Gesellschafter (voreinander), was angesichts der Tatsache, dass sie ja alle jeweils einzeln und unbegrenzt mit ihrem Privatvermögen haften, ungeheuer wichtig ist; andererseits führt dies zu gewisser Unflexibilität.

Zu empfehlen ist daher bei der GbR ein sauberer Gesellschaftsvertrag, in welchem die Partner die gegenseitigen Rechte und Pflichten (Vertretung, Geschäftsführung, Sach- und Bareinlagen, Ausgleichspflichten im Innenverhältnis etc.) eindeutig und schriftlich regeln. Dieser Gesellschaftsvertrag muss nicht notariell beurkundet werden.

Eine relativ neue Rechtsform, die Partnerschaftsgesellschaft, versucht die Nachteile der GbR für Freiberufler zu vermeiden, da die Partnerschaftsgesellschaft eine eigene Rechtsfähigkeit besitzt und die Haftung auf die jeweils einzeln handelnden Partner begrenzt werden kann. Hierfür schreibt das Gesetz einen schriftlichen, detaillierten Gesellschaftsvertrag und die Eintragung im Register vor.

Alternativen gäbe es des weiteren selbstverständlich im Bereich der **Kapitalgesellschaften**, z. B. der GmbH, doch setzt dies einen wesentlich höheren Kapitaleinsatz (GmbH: 25.000,00 €) bei Eintragung in das Handelsregister voraus; zudem ist diese Rechtsform bei einer „schlanken", schnellen Gründung nicht empfehlenswert, da die Formalitäten durch notarielle Beurkundungspflichten sehr viel größer sind. Ein Vorteil der GmbH (und der anderen Kapitalgesellschaften) liegt allerdings darin, dass Ihre Haftung als (Allein-) Gesellschafter auf das Gesellschaftsvermögen beschränkt ist, im worst case (siehe unten) das Eigenheim also nicht verloren geht.

Behördliche Genehmigungen, Handelsregister, Berufsrecht
Unabhängig von der gewählten Rechtsform (siehe oben) müssen Sie vor Beginn der Geschäftstätigkeit Ihren Betrieb als Personal Trainer beim zuständigen **Gewerbeaufsichtsamt** anmelden, sofern Sie nicht die Auffassung vertreten, als Personal Trainer freiberuflich tätig zu sein (s. Beitrag „Existenzgründung als Personal Trainer").

Grundsätzlich verpflichtend ist auch die Anmeldung beim **Handelsregister** des lokalen Amtsgerichts, wenn Sie in der Rechtsform des eingetragenen Kaufmanns, als Personen- oder Kapitalgesellschaft tätig sind.

Ein eigenes Berufsrecht für Personal Trainer gibt es (noch) nicht. Seien Sie froh, dass Ihnen auf diese Weise lästige Reglementierungen wie die Einschränkung der allgemeinen Werbefreiheit (wie z. B. bei Ärzten und Rechtsanwälten) erspart bleiben. Andererseits hat jedes Berufsrecht den Vorteil, verbindliche

Qualitätsstandards für die einzelnen Ausübenden zu definieren, so dass „schwarze Schafe" möglichst aussortiert werden. Wenn nun eigentlich jedermann und jede Frau sich das Schild „Personal Trainer" an die Tür hängen darf, ohne eine tatsächliche Qualifizierung nachweisen zu müssen, ist die Frage nach einem eigenen Berufsethos, den jeder Personal Trainer besitzen sollte, umso dringlicher zu stellen. Hieran arbeitet nicht zuletzt der BDPT und das PERSONAL TRAINER NETWORK, damit der Kunde den Beruf des Personal Trainers trotz fehlender staatlicher und gesetzlicher Regeln mit Qualität gleichsetzt.

Rechtsschutz für den Marketingauftritt
In diesem Abschnitt geht es insbesondere um den Schutz der von Ihnen gekauften oder selbst entwickelten Geschäftsbezeichnung sowie der Marke.

Übertragung von Nutzungsrechten
Wenn Sie sich ein komplettes Marketingkonzept bei einem externen Dienstleister erstellen lassen, so achten Sie bitte darauf, dass Sie in dem betreffenden Vertrag einen Passus zur Übertragung der Nutzungsrechte aufnehmen. Der rechtliche Grund liegt darin, dass der Graphiker oder die Werbeagentur als **Urheber** im Sinne des Urhebergesetzes gelten; allein dem Urheber steht grundsätzlich die Nutzung der von ihm entwickelten Werke zu, falls er diese nicht **ausdrücklich** auf den Auftraggeber überträgt. Deshalb sollte mindestens das **Recht zur Veröffentlichung in allen bekannten Medien, zur Vervielfältigung sowie zur Veränderung** ausdrücklich auf Sie übergehen, damit Sie in Zukunft mit dem Marken- und Werbekonzept arbeiten können.

Schutz der Marke
Eine **Wortmarke** im Sinne des Markengesetzes ist jedes Wort, jeder Buchstabe und jede Begriffsfolge, die geeignet ist, Ihre Dienstleistung als Personal Trainer von derjenigen anderer Dienst-

leister zu unterscheiden. Anders ausgedrückt kann eine Wortfolge also nur dann Rechtsschutz erhalten, wenn sie phantasievoll und innovativ wirkt. Allerweltsbegriffe dürfen nicht monopolisiert werden. Bei der Bewertung spielt es keine Rolle, ob es sich um deutsche oder englische Begriffe handelt. Aus diesen Gründen wäre also z. B. der Begriff „Fitness Trainer" nicht schutzwürdig im Sinne des Markenrechts.

Eine **Bildmarke** ist ein graphisch gestaltetes Zeichen oder Symbol, welches ebenfalls unter den soeben dargestellten Kriterien schutzfähig ist, also unterscheidungskräftig sein muss. Häufig kommt die so genannten **Wort-/Bildmarke** vor, die sich aus den beiden unterschiedlichen Elementen zusammensetzt; sie ist insbesondere deshalb interessant, weil Sie durch die individuelle Gestaltung des Schriftzuges zusammen mit einem Logo erreichen können, dass selbst ein relativ unterscheidungsschwacher Begriff (als Teil der gesamten Wort-/Bildmarke) Markenschutz erlangt.

Wenn Sie also einen geeigneten Begriff und/oder ein innovatives Logo erarbeitet haben, können Sie dieses auf zweierlei Weise rechtlich schützen: Der harte, lange und risikoreiche Weg besteht darin, dass Sie Ihre Marke einfach überall gebrauchen, bis sie „in den beteiligten Verkehrskreisen als Marke Verkehrsgeltung erworben hat" (§ 4 Nr. 2 MarkenG). Einfacher, schneller und durchaus auch billiger ist die **Anmeldung** des Begriffs oder des graphisch gestalteten Zeichens beim Deutschen Patent- und Markenamt (DPMA) in München[2]. Antragsunterlagen und weitere Informationen sind sehr einfach auf der Internetseite www.dpma.de zugänglich; dort können Sie auch kostenlos recherchieren, ob es bereits Voreintragungen der

---

[2] Zwecks Vollständigkeit sei erwähnt, dass Sie die Marke auch beim Markenamt der Europäischen Union, dem sog. Harmonisierungsamt für den Binnenmarkt (http://oami.eu.int), für alle EU-Mitgliedsstaaten oder beim World Intellectual Property Office für ausgewählte Staaten anmelden und schützen lassen können.

von Ihnen gewünschten Marke gibt; dies erspart Kosten, Zeit und Nerven. Falls Sie sich an dieser Stelle entlasten wollen, sollten Sie einen fachlich versierten Rechtsanwalt mit der Anmeldung und der weiteren Verfahrensbetreuung beauftragen.

Sobald das Amt die Marke eingetragen und veröffentlich hat, beginnt eine Widerspruchsfrist. Innerhalb derer kann ein fremder Markeninhaber gegen den Markenschutz protestieren, indem er sich auf eine eigene Marke beruft, welche mit der jüngst eingetragenen Marke verwechselungsfähig ist. Falls die Frist (nach deutschem Markenrecht drei Monate) ohne fremde Widersprüche abgelaufen ist, ist Ihr Markenrecht bestandskräftig.

In jedem Fall sollten Sie gleichzeitig mit dem Anmeldungsantrag auch einen professionellen **Recherchedienst oder Rechtsanwalt** damit beauftragen, laufend die verwechslungsfähige Neueintragungen für Sie zu ermitteln. Auf diese Weise werden Sie in die Lage versetzt, sofort von Ihrem Widerspruchsrecht Gebrauch zu machen und dadurch fremde Marke abzuwehren, die Ihre eigene Marke aufgrund der Nähe und Verwechslungsgefahr verwässern würden.

Schutz der Firma

Der Rechtsbegriff „Firma" bedeutet (im Unterschied zum allgemeinen Sprachkurs) der geschäftliche Name eines Unternehmens; wenn Sie also in der Rechtsform des Einzelunternehmers (siehe oben) tätig sind, könnte Ihre vollständige Firma z. B. „Max Müller Personal Training e.K."[3] lauten.

Auch die Firma ist schutzfähig, vor allem durch das allgemeine **Namensrecht** des § 12 BGB und die Spezialvorschrift in § 37 HGB. Auf diese Weise können Sie anderen Unternehmern unter bestimmten Voraussetzungen den Gebrauch einer verwechslungsfähigen Firma verbieten.

---

[3] e.K. = eingetragener Kaufmann/ eingetragene Kauffrau (s. § 19 HGB)

Schutz der Domain

Die von Ihnen ausgewählte Internetadresse kann unter www.denic.de oder über einen den zahlreichen Provider geschützt werden, wenn sie bis dato noch frei war.

Schwieriger ist es, sich gegen die unfreundlichen **Herausgabeansprüche** Dritter zu wehren, die behaupten, ein Recht auf den Gebrauch Ihrer Domain zu besitzen. Zu derartigen Fallgestaltungen gibt es inzwischen eine Reihe von Gerichtsurteilen; als Faustregel kann demnach gelten, dass ähnliche Grundsätze wie beim Markenrecht zu beachten sind (z. B. also „wer das ältere Recht hat, behält Recht" oder „die Verwechslungsgefahr muss vermieden werden"). Der sicherste Weg zum domain-Schutz ist, hierfür den eigenen Namen oder die Firma zu verwenden und zudem vorab im Internet zu recherchieren, ob es in diesem Bereich schon benutzte, gleiche oder ähnliche Adressen gibt.

Umgekehrt kann es unter bestimmten Umständen allerdings auch wichtig und lohnend sein, eine bereits von dritter Seite benutzte Adresse herauszuverlangen, z. B. wenn diese mit Ihrer eigenen Marke identisch oder ähnlich ist und (!) die eigene Marke nachweislich länger geschützt ist.

Geschäftsfeld Wellness

Viele Personal Trainer haben erkannt: Die aktuelle Wellness-Welle weist zahlreiche Schnittstellen zum eigenen Geschäftsfeld auf und bietet Möglichkeiten des aktiven Marketings, um zusätzliche Dienstleistungen lukrativ anzubieten. Auch die PT-Kunden fragen oftmals im Zusammenhang mit der sportlichen Betätigung nach Massagen, Entspannungstechniken, Sauerstofftherapie etc.

Um die Kunden an dieser Stelle rundherum zufriedenzustellen, gibt es zwei Möglichkeiten: Entweder bilden Sie als Personal Trainer Allianzen oder Netzwerke (hierzu unten) mit entsprechenden Wellness-Anbietern oder Sie bieten diese Techniken selber an.

Im letzteren Fall sind erneut einige rechtliche Eckpunkte zu beachten. Dies liegt u. a. darin begründet, dass sich manche Wellness-Angebote mit medizinischen Anwendungen, für welche die Ärzte und Heilpraktiker das Monopol in Deutschland besitzen, überschneiden. Entscheidendes Kriterium für die Abgrenzung von medizinischer gegenüber Wellness-Anwendung ist der Begriff der „Heilbehandlung" – sollte also die Technik oder das spezifische Gerät schwerpunktmäßig zu Heilzwecken eingesetzt werden oder einsetzbar sein, so dürfen Sie als Personal Trainer sich hier nicht betätigen, sondern müssen den Kunden an einen Mediziner weiter verweisen. Konkret geht es beispielsweise um „Geräte zur Stimulation von Nerven und Muskeln für Diagnose und Therapie", die in das Medizinermonopol fallen. Der Begriff „Therapie" ist hier allerdings als reine „Heiltherapie" zur Behandlung von Schmerzen, Krankheiten oder Verletzungen zu verstehen.

Um die praktischen Fälle zu lösen, empfehle ich, sich vor einer Anschaffung des Geräts oder vor Beginn einer teuren Fortbildung vom Anbieter zusichern zu lassen, dass die Anwendung auch für Nicht-Mediziner und Nicht-Heilpraktiker gesetzlich zulässig ist. Falls er Ihnen diese Zusicherung nicht gibt, sollten Sie einen Rechtsanwalt befragen oder die Verwendung unterlassen, auch wenn Sie ein Gerät gar nicht zu Heilzwecken, sondern beispielsweise nur für das Muskelentspannungs- und – regenerationstraining einsetzen wollten. Das Risiko einer Ordnungswidrigkeit und einer Straftat bei einem Gesetzesverstoß sollten Sie in jedem Fall vermeiden.

Wenn Sie ein Gerät für Wellness-Anwendungen einsetzen, sollten Sie folgende Rechtspflichten beachten:

- Sie müssen sich davon überzeugen, dass das Gerät für den konkreten Kunden nützlich und angemessen ist;
- Sie müssen den Kunden über den Nutzen und die Risiken des Geräts aufklären und seine Einwilligung einholen;
- Sie müssen das Gerät sachgerecht und entsprechend der Gebrauchsanweisung einsetzen.

Wenn Sie diese drei Voraussetzungen einhalten, ist das Risiko, dass Sie wegen einer Körperverletzung haftbar gemacht werden, außerordentlich gering; gänzlich ausschließen lässt sich dies jedoch nicht (vgl. zur Haftung unten).

Aktivphase

Spätestens mit Beginn der eigentlichen Berufsausübung sollten Sie sich über folgende Themen im Klaren sein und die hier genannten Unterlagen in der Schublade haben.

Vertragsgestaltung mit Kunden

Eine saubere Vereinbarung am Anfang jedes Geschäftsverhältnisses vermeidet Missverständnisse und auf diese Weise späteren Ärger. Aus Ihrer Sicht sollte deshalb ein **Mindestbestand** an Themen **schriftlich** geregelt werden:

- Was ist Ihre fachliche Verpflichtung gegenüber dem Kunden (welches Training, wann und wie viele Trainingseinheiten etc.)?
- Welche Bezahlung erhalten Sie pro Einheit zzgl. MwSt.? Stellen Sie Fahrtkosten, Platzgebühren, Mitgliedsbeiträge im Fitness-Studio etc. zusätzlich in Rechnung?
- Soll der Kunde die Trainingseinheiten monatlich oder „paketweise" im Voraus bezahlen?
- Was muss der Kunde selber leisten (Medizinischer Checkup, Mitteilung über Risiken etc.)?
- Welche Regeln gelten im Falle des Nichtzustandekommens eines bereits festgelegten Trainings? Wann muss der Kunde absagen, damit er die Trainingseinheit nicht bezahlen muss? Was gilt bei Krankheit?
- Gibt es eine Mindestlaufzeit des Vertrages? Wann und wie lange im Voraus darf gekündigt werden?

Ein überaus wichtiger Regelungsgegenstand ist hierbei auch die Frage der Haftung bei Unfällen während des Trainings. Daher behandele ich diesen Bereich im folgenden Abschnitt gesondert.

Diese und weitere Themen können Sie in einem kurzen **Mustervertrag** regeln, den Sie in jedem Fall vor Beginn Ihrer Geschäftstätigkeit und in regelmäßigen Abständen von einem Rechtsanwalt prüfen lassen sollten. Manche Personal Trainer verwenden demgegenüber keinen ausformulierten Vertrag, sondern legen ihren Kunden nur eine Reihe von Allgemeinen Geschäftsbedingungen (AGB) vor. Dieses Vorgehen erweckt zwar den Anschein, zunächst unkompliziert und kundenfreundlich zu sein, jedoch können dadurch „Missverständnisse", Vertragslücken und Beweisschwierigkeiten zu Lasten des Trainers entstehen.

Für den Vertragsabschluss gilt allgemein:
- Ein gültiger Vertrag kommt regelmäßig schon mit der mündlichen Einigung über die kostenpflichtige Erbringung der PT-Leistungen, d. h. also meist mit dem Handschlag am Ende des erfolgreichen Akquisitionsgesprächs zustande.
- Falls Sie einen schriftlichen Vertrag mit den oben angegebenen Mindestinhalten verwenden, sollte dieser beidseits vor Beginn der ersten Trainingsstunde unterzeichnet werden. Ihre Kunden sind ja meist „Professionals", die den Umgang mit Verträgen gewöhnt sind, und die deshalb die Verwendung von professionell gestalteten Vertragswerken sogar als Zeichen von Seriosität werten.
- Falls Sie „nur" AGB verwenden, müssten Sie Ihre AGB im Zeitpunkt des mündlichen Vertragsabschlusses vorlegen, damit sie wirksam in das Vertragsverhältnis einbezogen werden. Falls Sie dem Kunden die AGB erst später zeigen, müssen diese grundsätzlich vom Kunden abgezeichnet werden, damit Sie sicher sein können, dass Sie sich auf diese Klauseln im Streitfall berufen können.

Haftungsfälle und Haftungsfreizeichnung

Vielleicht kennen Sie den flotten Spruch, dass man als Personal Trainer mit einem Bein schon im Gefängnis steht. Dies ist natürlich stark übertrieben, aber ein Haftungsrisiko lässt sich keinesfalls leugnen. Wer ist z. B. dafür verantwortlich, wenn der 55jährige unsportliche und beleibte Manager während der ersten Trainingseinheit einen Herzinfarkt erleidet oder wenn sich die Sportskanone beim letzten gemeinsamen Training vor dem Hamburg-Marathon einen Bänderriss zuzieht und nicht mehr starten kann?

Als Grundregel kann man sagen, dass es aus Rechtsgründen für Sie besser ist, einmal zu früh als einmal zu spät **auf bestimmte spezifische Risiken hinzuweisen.** Es sollte daher zu Ihrer ständigen Routine gehören, im ersten Gespräch die gesundheitlichen Besonderheiten des Kunden genau abzufragen und zu kommentieren sowie diese **schriftlich festzuhalten** (als Anlage zum Vertrag); grundsätzlich sollten Sie den Kunden auch verpflichten, zunächst ein ärztliches Check-up zu absolvieren und das Ergebnis mit Ihnen zu besprechen.

Während des Trainings müssen Sie als fachkundiger Dienstleister von Gesetzes wegen **erhöhte Sorgfaltspflichten** beachten. Hierzu gehört es zum einen, den Kunden ausführlich und verständlich in das Training einzuweisen; die spezifischen Risiken eines Fitnessgeräts, der Wegstrecke oder der gymnastischen Übung sollten stets vorab erläutert werden. Zum anderen müssen Sie das Trainingsverhalten immer sorgfältig überwachen und ggf. korrigieren, um Überanstrengungen, Fehlstellungen und Unkonzentriertheiten zu verhindern, die zu gesundheitlichen Schäden führen könnten. Da diese Pflichten eigentlich nichts anderes sind als der Kernbestand Ihrer beruflichen Leistungen und Fachkenntnisse und Sie hierfür ja gerade bezahlt werden, dürfte es einleuchten, dass Sie im Gegenzug auch ein Haftungsrisiko übernehmen müssen.

Dennoch ist das deutsche Haftungsrecht noch nicht ganz so „kundenfreundlich" wie in den USA, wo der Kunde kaum, der Personal Trainer dafür aber selbst für noch so unwahrscheinliche Schadensfälle mit hohen Summen haften muss. In Deutschland trägt nämlich jeder Kunde auch ein gewisses Maß an **Eigenverantwortung**, da jede Form von sportlicher Betätigung bekanntermaßen stets mit Risiken verbunden ist und sich der Kunde freiwillig in diese Situation begibt. Mit anderen Worten ist Ihr Haftungsrisiko von vornherein auf das spezifische Leistungsverhältnis zwischen Personal Trainer und Kunden begrenzt. Sie haften also weder für den Autounfall, den der Kunde auf dem Weg zum Training erleidet, noch für abgenutzte Laufschuhe.

Auch **unwahrscheinliche Schadensverläufe** sind Ihnen nicht zuzurechnen, wenn also z. B. der begleitende Hund des Kunden beim Lauftraining einen Herzinfarkt erleidet oder der Kunde zufällig gegen einen morschen Baum rennt, dieser auf dem Grundstück eines Herrn Dr. Maier umfällt, dort ein Skilanglauftrainingsgerät zerstört, Herr Dr. Maier nicht trainieren kann und sich wegen entstehender gesundheitlicher Probleme einer Kur unterziehen muss usw. usw. Sie müssen also die Kosten für Hund, Baum, Garten, Trainingsgerät und Kur grundsätzlich nicht übernehmen.

Vieles aber hängt vom Einzelfall ab – daher ist anzuraten, eine ausreichende **Berufshaftpflichtversicherung** abzuschließen und zudem den Kunden durch eine schriftliche **Haftungsbegrenzung** zu binden. Da der Gesetzgeber jedoch enge Grenzen für eine Haftungsreduzierung und einen Haftungsausschluss vorgegeben hat, sollten derartige Mustererklärungen nicht ohne einen Rechtsanwalt entworfen werden.

Seit Anfang 2003 gelten die verschärften Haftungsregeln auch für Altverträge, die in den Jahren zuvor abgeschlossen worden sind und immer noch laufen. Grundsätzlich müssen Sie also diese Fälle aufarbeiten und die betreffenden Kunden davon überzeugen, eine neue Vereinbarung abzuschließen. Falls die alten Musterklauseln nicht geändert werden, riskieren Sie nicht nur die Unwirksamkeit der alten Haftungsfreizeichnung, sondern im Extremfall auch die Unwirksamkeit des gesamten Vertrages mit all den anderen schönen Klauseln.

Allgemeine Geschäftsbedingungen

Jede Vertragsbestimmung, die Sie für eine unbestimmte Anzahl von Kunden vorformulieren und dem einzelnen Kunden gegenüber verwenden, ist eine sog. Allgemeine Geschäftsbedingung (AGB). Zum Schutz der Kunden gilt hierfür das besondere Recht der Allgemeinen Geschäftsbedingungen (§§ 305 ff. BGB). So sind jene AGB, die sich an versteckter Stelle im Vertragswerk befinden, die unverständlich oder missverständlich sind, **unwirksam**. Auch können solche Bestimmungen nicht angewendet werden, welche den Kunden in unverhältnismäßiger Weise benachteiligen.

Wenn Sie also einen Mustervertrag und/oder vorformulierte Anlagen für alle Kunden verwenden wollen, sollten die dortigen Bestimmungen von einem Rechtsanwalt entworfen werden. Im Übrigen weise ich auf den vorstehenden Abschnitt „Vertragsgestaltung mit Kunden" hin.

Im **Umgang mit fremden AGB** von Lieferanten u. ä. ist anzuraten, diese möglichst durch eine eindeutige Erklärung Ihrerseits beim Vertragsschluss auszuschließen, z. B. „Die Geltung Ihrer AGB erkenne ich nicht an". Anderenfalls könnten Sie sich als Unternehmer nur auf einen sehr eingeschränkten Schutz nach dem AGB-Recht berufen.

Vertragsgestaltung mit Mitarbeitern

Sobald sich die Geschäfte ein wenig stabilisiert haben und Sie an Expansion denken, liegt der Schritt hin zur Gewinnung von Mitarbeitern nahe. Insbesondere sollten Sie daran denken, dass Ihnen die **Büroarbeit** wertvolle Zeit für die Betreuung der Kunden, d. h. also Umsatzmöglichkeiten, abschneidet. Daher ist es schon aus betriebswirtschaftlichen Gründen richtig, eine Bürokraft z. B. für 400 € pro Monat geringfügig zu beschäftigen, wenn Sie deren Gehalt durch einige wenige Stunden Personal

Training verdienen und auf diese Weise den Kopf (für bestehende Kunden und für Akquisitionen) frei halten können.

Arbeitsverträge für Teil- und Vollzeitangestellte sind relativ einfach zu gestalten, da es hier vor allem auf die Definition der Arbeitstätigkeit, der Arbeitszeit und des Beschäftigungsortes ankommt. Versetzen Sie sich also in die Lage Ihrer Angestellten und beschreiben Sie im Vertrag, welche Rechte und Pflichten wann und wo zu übernehmen sind. Natürlich darf auch die Frage des Gehalts und der Zahlungen an die Kranken-, Pflege- sowie Arbeitslosenversicherung nicht unerwähnt bleiben.

Von einem solchen Anstellungsvertrag zu unterscheiden ist der **Freie-Mitarbeitervertrag**; hierzu finden Sie bereits Ausführungen im Beitrag „Existenzgründung als Personal Trainer". Der Freie-Mitarbeitervertrag eignet sich insbesondere für Menschen, die sog. „höherwertige Tätigkeiten" erbringen, d. h. also für die gut ausgebildeten Mitarbeiter beim Personal Training selbst, wie z. B. Ihren Urlaubsvertreter. Hier sollten Sie Ihr Augenmerk insbesondere auf die Regelung eines **Konkurrenzverbots und Kundenschutzes** legen, damit Ihr freier Mitarbeiter nicht Ihre Kunden abwirbt.

Umgang mit Netzwerkpartnern und Beratern

Ihr Kunde wird einen erheblichen Mehrwert aus dem Personal Training ziehen, wenn Sie aufgrund eigener klarer Zielsetzungen, fundierter Konzepte und messerscharfer Beratung in der Lage sind, ihm ein „Rundum-Sorglos-Paket" anzubieten. Umgekehrt wird gerade darin Ihr Marketing- und Umsatzvorteil liegen.

Der Weg zu diesem Ziel führt also über den geschäftlichen Kontakt mit Beratern (insbesondere Steuer-, Marketing-, Unternehmensberater, Rechtsanwalt) sowie Netzwerkpartnern (insbesondere Fachärzte, Sportstätten- und Fitness-Studiobetreiber, Masseure). Derartige Geschäftsverhältnisse bringen (natürlich) auch gewisse rechtliche Besonderheiten mit sich.

Wenn Sie einen **Berater** hinzuziehen, sollten Sie sich zunächst Referenzen geben lassen und Auftragsumfang und Honorar genauestens festlegen, bevor es zum Vertragsschluss kommt. Die meisten werden zwar anfänglich feste (Stunden-)Sätze anbieten, doch kann im Einzelfall auch die Vereinbarung eines Pauschalhonorars für beide Seiten lohnend sein. Falls eine fortlaufende Beratung zu festen Stundensätzen vereinbart wird, sollte eine verhältnismäßig detaillierte Beschreibung der erbrachten Tätigkeiten im Abrechnungszeitraum selbstverständlich sein, um Ihnen die Überprüfung zu erleichtern und gleichzeitig das Kostenbewusstsein des Beraters zu schärfen[4]. Das gesetzliche Berufsrecht der Steuerberater und Rechtsanwälte sieht zudem eine Berufshaftpflichtversicherung vor, so dass Sie im Haftungsfall nicht leer ausgehen werden.

In jedem Fall wird eine schlechte (und auch eine gute) Leistung des Beraters zunächst nur Auswirkungen auf Ihr eigenes Geschäft haben, so dass die Frage einer Kundenbeeinträchtigung hier nicht gestellt zu werden braucht. Anders ist es, wenn Sie Ihrem Kunden einen bestimmten **Netzwerkpartner** weiter empfehlen, z. B. indem Sie auf Ihrer Homepage die entsprechenden Informationen und Links mitteilen. Auf diese Weise kann im Einzelfall ein Haftungsrisiko entstehen, wenn z. B. der von Ihnen empfohlene Arzt einen Behandlungsfehler macht und sich der Kunde den Schaden von Ihnen ersetzen lassen will. Diesem Risiko sollte man dadurch vorbeugen, dass Sie auf der Homepage oder im Vertrag auf die Unverbindlichkeit der Empfehlung hinweisen und die Haftung für eventuelle Schäden weitest möglich ausschließen.

Im Verhältnis zu Ihren Netzwerkpartnern sollten Sie verbindliche Regeln schriftlich vereinbaren, wonach beide Seiten zur einer (exklusiven) Weiterempfehlung und zum „best practice" dem Kunden gegenüber verpflichtet sind. Auf diese Weise

---

[4] Hierzu der Lieblingsspruch aller Berater: Guter Rat ist teuer, schlechter Rat allerdings unbezahlbar!

können Sie nicht nur ein Umsatzplus erzielen, sondern auch Qualitätsstandards sichern.

Wettbewerbsrecht

In diesem Rechtsbereich werden u. a. die Grenzen der zulässigen Werbung definiert. So sind zwar Rabattgesetz, Zugabeverordnung und das Verbot vergleichender Werbung abgeschafft worden, doch darf Ihre Werbung dennoch nicht gegen die „guten Sitten" (§ 1 UWG[5]) und viele gesetzliche Spezialnormen verstoßen.

Da Sie sicherlich stets nur eine fachlich fundierte und keinesfalls „marktschreierische" Werbung machen werden, kann es höchstens vorkommen, dass Ihnen die Werbung eines Konkurrenten rechtswidrig erscheint, z. B. wenn dieser mit der objektiv falschen Aussage „der einzige Personal Trainer in Köln" wirbt. In einem solchen Fall sollten Sie möglichst sofort nach Kenntnis einen spezialisierten Rechtsanwalt zu Rate ziehen; dieser wird nach eigener Prüfung der Erfolgsaussichten dann eine **Abmahnung mit strafbewehrter Unterlassungserklärung** an den rechtswidrig handelnden Wettbewerber schicken. Auf diese Weise kann der Wettbewerber u. a. zur Unterlassung der Werbung und zur Leistung von Schadensersatz gezwungen werden (zum Schadensersatz gehört übrigens auch das Honorar des von Ihnen beauftragten Rechtsanwalts). Im Einzelfall wird es zwar auch zu einem Gerichtsverfahren kommen können, jedoch ist ein solches energisches Handeln nicht nur für Sie, sondern auch für die Kunden von Vorteil, da damit die Mindestanforderungen an Seriosität und Qualität im Markt der Personal Trainer aufrechterhalten werden.

---

[5] Gesetz gegen den unlauteren Wettbewerb

Cooling-off-Phase

Die folgenden Hinweis möchte ich Ihnen geben, um Ihnen die Sicherheit zu vermitteln, dass es „so schlimm" gar nicht kommen kann. Sie haben selbst im äußerst unwahrscheinlichen Fall eines geschäftlichen Misserfolgs eine Reihe von Gestaltungsmöglichkeiten, wie Sie die finanziellen Folgen im Griff behalten. Abzuwägen ist in jedem einzelnen Fall, ob und wann und welche „Reißleine" gezogen werden sollte.

Einstellung des Geschäfts

Viele Einzelgründe sind vorstellbar, warum Sie nach wenigen Monaten oder nach vielen Jahren als Personal Trainer an einen Punkt kommen, an welchem Sie über die Einstellung Ihrer freiberuflichen Aktivitäten nachdenken: Vielleicht ist Ihnen eine attraktive Festanstellung angeboten worden oder Sie haben es langsam satt, ständig diese faulen, arroganten Rechtsanwälte motivieren zu müssen, oder die finanzielle Seite stellt sich für Sie als unbefriedigend dar.

In einer solchen Situation sind Sie normalerweise ganz der „Herr des Verfahrens" (oder die „Dame") und können einen geordneten Rückzug antreten. Was nun ist vor allem zu beachten?

- **Vertragserfüllung:** Alle laufenden Verträge mit Geschäftspartnern und Kunden müssen entweder bis zum vorgesehenen Ende von Ihnen erfüllt oder aber gekündigt werden. Üblich sind Kündigungsfristen von vier Wochen zum Monatsende, so dass Ihre Kündigung spätestens am letzten Tag (möglichst Werktag) des Vormonats zugehen muss, damit Sie am folgenden Monatsende frei sind.

- **Geschäftsübertragung:** Optimal ist es, wenn Sie Ihr Geschäft als Personal Trainer auf einen Kollegen oder eine Kollegin übertragen können und hierfür eine Zahlung erhalten. Dies wird allerdings nur dann gelingen, wenn der persönliche Kontakt zwischen Ihrem Kunden und dem neuen Personal Trainer positiv zustande kommt. Viele Kunden werden jedoch dankbar sein, wenn sie eine Empfehlung von Ihnen erhalten und nicht einfach „kalt" gekündigt werden.

Ein spezieller schriftlicher Geschäftsübertragungsvertrag sollte mit dem Kollegen oder der Kollegin geschlossen werden; hier werden insbesondere der Kaufpreis (berechnet anhand der bisherigen Umsatzzahlen und der Kundenbindung etc.), die Pflichten zur Vermittlung des konkreten Kundenkontakts sowie Fragen des Datenschutzes geregelt. Bitte beachten Sie, dass die Weitergabe der Kundendaten grundsätzlich nur im Einverständnis mit dem Kunden geschehen darf, so dass Sie nicht einfach Ihre Datei abgeben können.

- **Abmeldung**: Die Mitteilung über die Einstellung des Geschäftsbetriebs muss vorab an die zuständigen Behörden (Finanzamt, Gewerbeaufsichtsamt, Versicherungen etc.) verschickt werden. Bitte legen Sie sich hier auf ein konkretes Enddatum fest und halten Sie dieses ein.
  In diesen Zusammenhang gehört auch die Kündigung der sog. Dauerschuldverhältnisse, wie Miete und Leasing, sowie der Mitgliedschaften in Fitness-Studios, Vereinen etc.

Zahlungsunfähigkeit

In dieser Situation wird es ernst - im Fall der Zahlungsunfähigkeit haben Sie ab Kenntnis drei Wochen Zeit, einen formellen Insolvenzantrag beim zuständigen Amtsgericht zu stellen.

Für Einzelunternehmungen, wie sie normalerweise für Personal Trainer die beste Rechtsform ist (vgl. oben), besteht nur im Falle der Zahlungsunfähigkeit die Insolvenzantragspflicht. Bei juristischen Personen, wie der GmbH, kann auch die Überschuldung ein Rechtsgrund sein. Im Rechtssinne ist die Zahlungsunfähigkeit gegeben, wenn Sie nicht in der Lage sind, die fälligen Zahlungspflichten zu erfüllen. Nach der Insolvenzordnung ist die

Zahlungsunfähigkeit in der Regel anzunehmen, wenn der Schuldner seine Zahlungen eingestellt hat.

Aktiv gestalten können Sie die Situation noch, wenn bislang die Zahlungsunfähigkeit nur „droht" (also im Rechtssinne, wenn der Personal Trainer „....voraussichtlich nicht in der Lage sein wird, die bestehenden Zahlungspflichten im Zeitpunkt der Fälligkeit zu erfüllen" § 19 InsO) – eine Möglichkeit für Sie als Geschäftsinhaber der Einzelunternehmung wäre dann nämlich, die Eröffnung des Insolvenzverfahrens zu beantragen. Zum einen könnten Sie in einer solchen Situation noch härter mit den Gläubigern über eine ratenweise Tilgung oder einen Schuldnachlass verhandeln; zum anderen können Sie auf diese Weise die sog. Restschuldbefreiung erreichen. Dies bedeutet, dass Sie unter bestimmten Umständen, die in der Insolvenzordnung geregelt sind, nach spätestens sieben Jahren schuldenfrei sein werden, selbst wenn Sie bis dahin nicht alle Verbindlichkeiten bezahlen konnten. Sie sehen – es gibt auch hier einen kleinen Silberstreif am Horizont.

Autor:
Rechtsanwalt Dr. Hermann Falk
Königsallee 12
40212 Düsseldorf

Tel.: 0211- 864770
Fax: 0211- 8647740

hermann.falk@woedtke.de
www.woedtke.de

„Vor über zwei Jahren suchte ich im Internet nach einem Personal Trainer. Rational ist das gar nicht zu erklären, warum man einen Personal Trainer braucht. Schließlich könnte man alles auch alleine machen. Ich hatte jedoch nie die Disziplin, regelmäßig zu trainieren... Für mich als Unternehmer ist ein Personal Trainer eine wesentliche Investition, um meine Alltagsbelastungen positiv zu kompensieren."
Ingo Stolle, Geschäftsführer MeDiTA GmbH

Unternehmensberater Thomas M. Brandt

Risiko- und Vermögensmanagement des Personal Trainers

Personal Trainer unterliegen einer Reihe von Risiken und Fragen des Vermögensmanagements, die man gerne vor sich herschiebt, aber die es eigentlich nicht erlauben, unbetrachtet zu bleiben.

Das Fazit dieses Beitrages sei vorweggenommen: Die große Themenvielfalt, das notwendige Spezialwissen, die unübersichtlichen Angebotsmärkte und die Koordinationsnotwendigkeiten der verschiedenen Einzelthemen lassen Ihnen nur die Möglichkeit, sich mit einem fachkundigen Berater Ihres Vertrauens an die Klärung dieser Fragen zu begeben. Im besten Falle können Sie sich auf die Empfehlung eines erfahrenen Kollegen oder Ihres Berufsverbandes berufen.

Trotz der Komplexität des Themas soll kurz auf die wichtigsten Gebiete eingegangen werden, wobei die jeweiligen gesetzlichen und privaten Absicherungen gegenüber gestellt werden.

Berufsunfähigkeit/Erwerbsunfähigkeit

Die *Berufsunfähigkeit (BU)* und die *Erwerbsunfähigkeit (EU)* gehören zu den wesentlichsten Risiken Ihres Berufstandes. Wenn Sie wegen eines Unfalls, einer Krankheit oder eines sonstigen Kräfteverfalls für längere Zeit oder nie wieder arbeiten können, kommen Sie schnell in finanzielle Bedrängnis. Der wesentliche Unterschied zwischen Erwerbsunfähigkeit und Berufsunfähigkeit ist, dass Sie bei einer anerkannten Erwerbsunfähigkeit keinerlei Erwerbstätigkeit mehr nachgehen können, während Sie bei einer Berufsunfähigkeit Ihren zuletzt ausgeübten Beruf nicht mehr ausüben können, jedoch noch in der Lage sind, andere Erwerbstätigkeiten aufzunehmen.

Gesetzliche Absicherung

Selbständige haben in der Regel **keine** gesetzlichen Ansprüche wegen Erwerbsminderung.

Private Absicherung

Die zahlreichen Anbieter von privaten Berufsunfähigkeitsversicherungen schließen grundsätzlich die Erwerbsunfähigkeit mit ein, so dass hier mit einem Vertrag beide Risiken abgesichert sind.

Die zu wählende Form hängt ein wenig von Ihrer finanziellen Gesamtsituation ab. Wenn Sie es sich leisten können, sollten Sie von Beginn an die Berufsunfähigkeitsversicherung mit einem Sparprodukt koppeln, da Verwaltungs- und Vertriebskosten des Versicherers nur einmal anfallen. Hier bieten sich die verschiedenen Formen der Lebens- und Rentenversicherungen an. Sollten Sie sich die dafür hohen Beiträge, z. B. auf Grund der gerade vorgenommenen Existenzgründung, noch nicht leisten können, bieten die meisten Versicherer eine Koppelung mit einer Risikolebensversicherung an, die oftmals günstiger ist als die reine Berufsunfähigkeitsversicherung. Das Wesentlichste der privaten Berufsunfähigkeitsversicherung ist jedoch wie so oft nicht ihr Preis sondern ihr *Bedingungswerk*. Die wohl wichtigste Klausel ist die **Nichtverweisung auf andere Berufe**, die Ihnen die monatlich vereinbarte Rente zusichert, wenn Sie nicht mehr als Personal Trainer tätig seien können und Sie nicht einer anderen Tätigkeit, Ihrer Ausbildung und Erfahrung entsprechend, nachgehen müssen.

Zur Absicherung einer Monatsrente bei Berufs- und Erwerbsunfähigkeit von € 2.000 sollte ein 30-jähriger ohne Sparvorgang einen Risikobeitrag von ca. 100 € monatlich kalkulieren.

Krankheit

Gesetzliche Absicherung

Obwohl Selbständige vom Gesetzgeber nicht in die *Kranken-versicherungspflicht* einbezogen worden sind, haben Sie und Ihre Familienmitglieder dennoch die Möglichkeit, sich in der gesetzlichen Krankenversicherung (GKV) zu versichern.

Sind Sie schon bisher freiwillig versichert gewesen, z. B. weil Sie in einem Arbeitsverhältnis wegen der Höhe Ihres Gehaltes nicht mehr krankenversicherungspflichtig waren, können Sie diese gesetzliche Versicherung fortsetzen. Wollen Sie als Selbständiger die gesetzliche Krankenversicherung wechseln, dann müssen Sie in eine Kündigungsfrist von zwei Monaten einhalten.

Waren Sie bisher als Familienangehöriger versichert, z. B. beim Ehegatten oder über ein Elternteil, so ist eine bestimmte Vorversicherungszeit nicht erforderlich. In diesem Fall ist ein sofortiger Wechsel zu einer anderen Krankenversicherung möglich.

Die Versicherungsbeiträge für Selbständige werden grundsätzlich aus der *Beitragsbemessungsgrenze* berechnet. Im Jahr 2003 beträgt diese Grenze 3.450,-- € monatlich. Aus diesem Wert werden anhand des jeweiligen Beitragssatzes der verschiedenen Krankenversicherungen (ca. 13,0 – 16,0 %) die Beiträge berechnet. Der Beitragssatz richtet sich nach der ausgewählten Krankenversicherung, dem gewählten Krankengeldanspruch und der dafür vereinbarten Wartezeit, den so genannten *Karenztagen*. Hier werden meistens 21 oder 42 Tage angeboten.

Nun verfügen sicherlich nicht alle Selbständigen über ein entsprechendes Einkommen, insbesondere zu Beginn ihrer Tätigkeit. Daher ist auch eine einnahmeorientierte Beitragseinstufung möglich. Hierfür müssen Sie den Nachweis eines geringeren Einkommens als der *Beitragsbemessungsgrenze* erbringen. Dies geschieht in der Regel durch die Vorlage des Einkommensteuerbescheides. Wenn Sie Existenzgründer sind und daher noch keinen derartigen Einkommensnachweis erbringen können, genügt eine gewissenhafte Schätzung des Einkommens. Für die Beitragsbemessung von Selbständigen wurde allerdings im Gesetz eine Untergrenze von 75% der monatlichen Bezugsgröße festgelegt. Die allgemeine Bezugsgröße wird anhand der durchschnittlichen Einkommensentwicklung jährlich neu festgelegt. Im Jahr 2003 beträgt diese Grenze 2.380,-- € monatlich, so dass die angenommene Einkommensuntergrenze zur Berechnung der monatlichen Beiträge für Selbständige bei 1.785,-- € liegt. Diese gilt auch, wenn das tatsächliche Einkommen niedriger ist. In diesem Beitrag sind nicht erwerbstätige Familienangehörige mitversichert.

Für eine gesetzliche Krankenversicherung inklusive eines Krankentagegeldes in Höhe von ca. 50 € ab dem 22. Tag zahlt ein Selbständiger, unabhängig vom Alter, bei einer Krankenkasse mit 15,7% Beitragssatz folglich mindestens 280,25 € monatlich.

Die private Absicherung
Als Selbständiger sind Sie, wie eingangs schon erwähnt, nicht krankenversicherungspflichtig. Sie haben also die Möglichkeit zu wählen: Entweder die freiwillige Mitgliedschaft in der gesetzlichen Krankenversicherung oder, natürlich auch freiwillig, eine private Krankenversicherung (PKV). Auf jeden Fall sollten Sie sich vor Ihrer Entscheidung sorgfältig und individuell beraten lassen. Auch ist für freiwillig gesetzlich Krankenversicherte unbedingt zu prüfen, ob ein ausreichendes Krankentagegeld als Verdienstausfall eingeschlossen ist; andernfalls ist es ratsam, eine private Zusatzversicherung abzuschließen. Wer eine Privatbehandlung im Krankenhaus wünscht oder sich öfters im Ausland aufhält, sollte hierfür ebenfalls eine private Zusatzversicherung abschließen. Eine private Krankheitskostenvollversicherung bietet Ihnen auf Wunsch bedeutend mehr als die bloße Grundversorgung der

gesetzlichen Krankenversicherung und ist – unter Umständen – sogar noch preiswerter. Dies liegt an der unterschiedlichen Beitragskalkulation.

Die gesetzliche Krankenversicherung kalkuliert ihre Beiträge auf der Basis des *Umlageverfahrens*, so dass in Zukunft immer weniger junge Beitragszahler den immer größer werdenden Anteil an älteren Menschen subventionieren müssen.

Die private Krankenversicherung sieht hingegen vor, dass die einzelnen Altersgruppen ihre Aufwendungen selber finanzieren. Somit hat die sich abzeichnende Bevölkerungsentwicklung bezüglich des Altersaufbaus unserer Gesellschaft keinerlei Einfluss auf die Beitragsentwicklung. Damit der Beitrag der privaten Krankenversicherung im Alter nicht ins Unermessliche steigt, wird die zu erwartende höhere Inanspruchnahme der privaten Krankenversicherung von Anfang an in den Beitrag eingerechnet. Das bedeutet: In der ersten Phase des Vertrages zahlen Sie einen höheren Beitrag, als zur Risikoabdeckung notwendig wäre. Der darin enthaltene `Sparanteil´ wird in der *Altersrückstellung* verzinslich angelegt. Wenn Sie älter werden, wird diese Rückstellung wieder abgebaut.

Nicht kalkulierbar ist jedoch die Kostenentwicklung im Gesundheitswesen. Neue Krankheitsbilder, neue Behandlungsmethoden und neue Diagnosehilfen wie z. B. der Kernspintomograph führen zu Kostensteigerungen. In der Vergangenheit sind die Gesundheitskosten immer stärker gestiegen als die Einkommen. Dies betrifft die gesetzliche und die private Krankenversicherung gleichermaßen.

Wenn Sie sich teilweise oder ganz privat versichern, profitieren Sie von Leistungen, die Ihnen die GKV nicht bieten kann:

- Freie Wahl des Arztes oder des Heilpraktikers
- Individuelle Terminabsprache mit Ärzten, also keine langen Wartezeiten
- Freie Wahl des Krankenhauses und des behandelnden Arztes Ihres Vertrauens

- Weitgehend freie Besuchszeiten im Krankenhaus
- Komfort und persönlicher Service
- Weltweiter Versicherungsschutz ohne zeitliche Begrenzung
- Kostenübernahme aller medizinisch anerkannten Arznei- mittel und Hilfsmittel und Behandlungsmethoden

Abschließend sei noch einmal auf die Tatsache hingewiesen, dass die jeweilige Auswahl der vom privaten Krankenversicherungs- markt angebotenen Produkte immer nur das Ergebnis eines ausführlichen und individuellen Beratungsprozesses sein kann.

> Ein 30-jähriger sollte für die private Krankenversicherung inklusive Krankentagegeld einen Beitrag von € 150 bis € 250 monatlich veranschlagen.

Unfall

Gesetzliche Absicherung

Ein Unfall ist laut Definition ein „plötzlich von außen auf den Körper einwirkendes Ereignis, das unfreiwillig geschieht und eine Schädigung der Gesundheit verursacht".

Statistisch ereignen sich mehr als ein Drittel aller Unfälle bei der Arbeit. Für diese Arbeitsunfälle und auch für anerkannte Berufskrankheiten tritt für Mitglieder der Berufsgenossen- schaften (zum Beispiel Arbeitnehmer) die gesetzliche Unfallver- sicherung (GUV) ein, jedoch nur für Personenschäden, nicht für Sach- oder Vermögensschäden.

Selbständige sind, von wenigen Ausnahmen (zum Beispiel landwirtschaftliche Unternehmer) abgesehen, nicht versicher- ungspflichtig, haben jedoch je nach der Satzung ihrer zustän- digen Berufsgenossenschaft meistens die Möglichkeit, freiwillig der Versicherung beizutreten. Diese Versicherung ist natürlich sorgfältig mit den übrigen Versicherungen abzustimmen. Die

Höhe des Beitrages richtet sich nach der Satzung der jeweiligen Berufsgenossenschaft. Mit diesem Beitrag sichern Sie sich oftmals eine sehr preisgünstige und aktuell steuerfreie Unfallrente.

Auf jeden Fall müssen Sie Ihrer Berufsgenossenschaft als Selbständiger die Eröffnung Ihres Unternehmens binnen einer Woche mitteilen. Insbesondere im Hinblick auf die satzungsspezifischen Regelungen sollten Sie sich bei dem Entschluss zur selbständigen Tätigkeit von Ihrer Berufsgenossenschaft beraten lassen.

Private Absicherung

Wenn sich mehr als ein Drittel der Unfälle während der Arbeit ereignen, passieren fast zwei Drittel der Unfälle in der restlichen Zeit. Auch wenn diese Statistik Sie als selbständigen Personal Trainer nur unzureichend berücksichtigt und Sie allein aufgrund Ihrer höheren Arbeitszeit diese Werte relativieren sollten, kann man Ihnen nur empfehlen, sich zusätzlich privat gegen das Unfallrisiko und seine finanziellen Folgen abzusichern.

Die privaten Unfallversicherer bieten mit ihren Produkten weltweiten Versicherungsschutz rund um die Uhr. Der Schwerpunkt der Absicherung liegt bei der Invalidität, die mit einer Einmalsumme je nach Grad entschädigt wird. Der Grad der Invalidität misst sich hier nach der so genannten *Gliedertaxe*. Diese variiert von Anbieter zu Anbieter oft nur unbedeutend. Deshalb sei hier zur Verdeutlichung beispielhaft die Gliedertaxe eines Versicherers gezeigt, die bei Verlust oder Funktionsunfähigkeit von Sinnesorganen und Körperteilen folgende Invaliditätsgrade vorsieht:

- Auge
  beide Augen   100 %
  ein Auge   50 %
- Ohr
  Gehör auf beiden Ohren   60 %
  Gehör auf einem Ohr   30 %

- Geruchssinn   10 %
- Geschmackssinn   5 %
- Arm
  - im Schultergelenk   70 %
  - bis oberhalb des Ellenbogens   65 %
  - unterhalb des Ellenbogens   60 %
  - Hand im Handgelenk   55 %
  - Daumen   20 %
  - Zeigefinger   10 %
  - ein anderer Finger   5 %
- Bein
  - über Mitte des Oberschenkels   70 %
  - bis Mitte des Oberschenkels   60 %
  - bis unterhalb des Knies   50 %
  - bis Mitte des Unterschenkels   45 %
  - Fuß im Fußgelenk   40 %
  - große Zehe   5 %
  - andere Zehe   2 %

Anhand dieser Gliedertaxe wird deutlich, dass sich die Versicherer nicht auf eine vage Einschätzung eines Mediziners verlassen wollen, sondern klare Regeln für ihre Entschädigung aufgestellt haben. Die meisten Versicherer lassen eine Entschädigung über 100% der eigentlichen Versicherungssumme zu, so dass die Invaliditätssumme bei einem schweren Unfall die Versicherungssumme übersteigen kann.

Für diese Absicherung sollte ein 30-jähriger ca. € 20 bis 30 pro Monat kalkulieren.

Haftpflicht

Das Risiko

„Könnte mir nie passieren!" Wie häufig hat man das schon gesagt oder gedacht? Und dann passiert es doch! Ein Ungeschick und Sie haben jemandem einen Schaden zugefügt. Aus Versehen, unabsichtlich - klar, aber trotzdem: Ein anderer hat den Schaden und will Ersatz. Sie haften und müssen zahlen - wenn es sein muss, Ihr Leben lang. Somit ist die Haftpflicht ein existenzielles Risiko.

Denn so lautet das Gesetz: „Wer fahrlässig das Leben, den Körper, die Gesundheit, die Freiheit, das Eigentum oder ein sonstiges Recht eines anderen widerrechtlich verletzt, ist dem anderen zum Ersatz des daraus entstehenden Schadens verpflichtet." (§ 823 Abs. 1 BGB)

Absicherung

Die oben geschilderten Schäden gegenüber Dritten aufgrund Ihrer Tätigkeit als Personal Trainer werden durch die Betriebshaftpflichtversicherung abgedeckt. Eine Vielzahl von möglichen Schadensursachen droht in jedem Unternehmen. Haftungsansprüche gegenüber dem Betriebsinhaber können die Folge sein. Ein Unternehmer ist dabei ebenso für solche Schäden haftungspflichtig, die anderen durch seine Beschäftigten zugefügt werden. Und die gesetzliche Haftung kennt keinerlei Begrenzungen. Also machen Sie sich keine Gedanken über mögliche Haftungsrisiken, sondern sichern Sie diese **unbedingt** durch eine Betriebshaftpflichtversicherung inklusive Privathaftpflichtversicherung ab. Diese hat nicht nur zur Aufgabe, berechtigte Ansprüche zu befriedigen, sondern auch unberechtigte Ansprüche abzuwehren.

> Für diese Absicherung sollte man einen Jahresbetrag von € 100 - € 150 kalkulieren. Für Existenzgründer werden bei einigen Versicherern für die ersten Jahre Rabatte in Höhe von 10 bis 20 % angeboten.

Schädigung des Betriebsinhalts

Risiko
Auch wenn Sie keine externen Räumlichkeiten zur Ausübung Ihrer Tätigkeit angemietet haben, sondern die Organisation Ihrer Selbständigkeit von zu Hause aus darstellen, haben Sie so genannte Betriebsräume. Wenn innerhalb dieser Betriebsräume Ihre Betriebsausstattung durch Feuer, Leitungswasser, Sturm oder Einbruchdiebstahl in Mitleidenschaft gezogen wird, können Sie unter Umständen Ihre Tätigkeit nicht mehr ausüben und haben neben dem Sachschaden auch noch einen Verdienstausfall.

Absicherung
Dieses Risiko können Sie durch den Abschluss einer Betriebsinhaltsversicherung in Verbindung mit einer Betriebsunterbrechungsversicherung absichern. Zu Ihrem Betriebsinhalt gehören alle Gegenstände, die Sie zur Ausübung benötigen. So z. B. sämtliche Sportgeräte, auch solche, die Sie zum Kennen lernen für Ihre Klienten bereithalten, Geräte zur Gesundheitsanalyse ("Fettwaage", Pulsuhr usw.), die kompletten Gerätschaften zur Büroorganisation einschließlich PC und natürlich Ihre Büroausstattung.

Der zu entrichtende Beitrag orientiert sich an so genannten Schadenszonen und beläuft sich im Durchschnitt auf einen Jahresbeitrag von ca. 150 €. Auch hier werden oft Existenzgründerrabatte angeboten.

Rentenversicherung

Gesetzliche Absicherung

Als Selbständiger sind Sie grundsätzlich von der Versicherungspflicht befreit. Doch wie immer gibt es auch hier Ausnahmen. Als selbständiger Lehrer wären Sie nämlich pflichtversichert bei der Bundesversicherungsanstalt für Angestellte (BfA). Da Sie jedoch als Personal Trainer faktisch keinen Lehrerberuf ausüben, haben Sie gute Chancen, bei einer Überprüfung durch die Bundesversicherungsanstalt für Angestellte glaubhaft zu verdeutlichen, dass Ihre Hauptaufgaben aus Coaching und Motivation von Klienten sowie der eigenen Büroorganisation bestehen. Erfolgreiche Klagen von Personal Trainern gegen die Bundesversicherungsanstalt für Angestellte haben gezeigt, dass sich die Mühe der richtigen Vorbereitung und des gewissenhaften Nachweises über Ihre Tätigkeit lohnt. Dies gelingt zum Beispiel über die Formulierung von Rechnungen, aus denen einwandfrei hervorgeht, dass Sie Ihre Klienten gecoacht haben.

Nur der Vollständigkeit halber sei erwähnt, dass Selbständige die Möglichkeit zur *freiwilligen Pflichtversicherung* haben. Die freiwillige Pflichtversicherung endet beim Erreichen der Altersgrenzen oder bei Aufgabe der selbständigen Tätigkeit und ist vorher nicht kündbar.

Sie sollten dringend prüfen, ob nicht das Angebot der privaten Rentenversicherer Ihre Ansprüche in diesem Bereich besser befriedigen kann.

Der Höchstbeitrag zur gesetzlichen Rentenversicherung für Selbständige beträgt im Jahr 2003 monatlich 994,50 € und setzt sich aus der Beitragsbemessungsgrenze und dem jeweils gültigen Beitragssatz zusammen. Beide Faktoren sind variabel und können angepasst werden.

Private Absicherung

Für Selbständige hat die klassische Renten- oder auch Lebensversicherung einen besonderen Reiz – Ihre Beiträge sind bis zu bestimmten Höchstgrenzen als Vorsorgeaufwendungen absetzbar. Auch in allen anderen Fragestellungen zeigen sich die Produkte der privaten Anbieter deutlich flexibler. Ihre Entscheidung sollte immer das Ergebnis einer sorgfältigen Analyse mit dem Berater Ihres Vertrauens sein. Die Kombination mit einer Berufsunfähigkeitsversicherung, wie oben erwähnt, bietet sich hier besonders an. Auch ein primär auf Bankprodukte gestütztes Konzept kann den individuellen Bedürfnissen im Einzelfall Rechnung tragen.

Der erforderliche Beitrag zur Darstellung der Leistungen der gesetzlichen Rentenversicherung, die nur eine Grundabsicherung bieten kann, beträgt für einen 30-jährigen im Rahmen der privaten Absicherung sicher nicht mehr als € 300 monatlich. Es wird jedoch dringend empfohlen, mindestens den identischen Beitrag, also € 994,50 in die private Altersvorsorge zu investieren.

„Meinen Nutzen sehe ich im Personal Training hauptsächlich in der erreichten verbesserten Fitness. Ich wollte einfach endlich wieder etwas für mich tun, wollte mir auch im Alter eine gewisse Fitness erarbeiten und meinen Körper besser in den Griff bekommen. Bei der Auswahl meines Personal Trainers kam es mir vor allem auf die beruflichen Qualifikationen an. Mein Trainer versteht sein „Handwerk", was nach nunmehr einem halben Jahr zu erheblichen Erfolgen in meinem Training geführt hat."
Marlis Voss

Zusammenfassung

Risiko	Bedeutung für Personal Trainer	Mtl. Kosten gesetzliche Absicherung in € (ca.)	Mtl. Kosten private Ab-sicherung in € (ca.)
Rentenversicherung inklusive Berufs-/ Erwerbsunfähigkeit	sehr existenziell	0 bis 994,50	300,--
Krankheit	sehr existenziell	280,-- bis 490,--	150,-- bis 250,--
Unfall	existenziell	nicht möglich	25,--
Haftpflicht	sehr existenziell	nicht möglich	12,--
Schädigung der Betriebsausstattung	wenig existenziell	nicht möglich	15,--

Autor:
Thomas M. Brandt
Starenstraße 73
42389 Wuppertal

Tel.: 0172 - 218 78 79

t.brandt@maturitas.de

P E R S O N A L   T R A I N E R   N E T W O R K

Sie suchen einen Trainer, der Sie bei einem regelmäßigen Fitness-Programm und einer gesunden Ernährung unterstützt, Sie persönlich berät, der flexibel ist und sich auf Ihre Wünsche einstellt? Das maßgeschneiderte Gesundheits-Training steigert Motivation und Erfolg.

Wenden Sie sich an:

PERSONAL TRAINER NETWORK

Am Kümpchenshof 21, 50670 Köln

Tel.: 0221 - 1393501

Fax: 0221 - 1393601

www.personal-trainer-network.de

info@personal-trainer-network.de

Diplom-Sportlehrer Eginhard Kieß

Zielgruppen – Marketing - Akquise

Als ich vor nunmehr fast sechs Jahren meine Selbständigkeit als Personal Trainer startete, war für mich die wichtigste Frage bereits beantwortet: Wo finde ich meine Zielgruppe? Wer ist meine Zielklientel? Für mich war klar, meine Hauptzielgruppe liegt im Kölner Prominentenklientel der TV-Branche. Ich machte mir weder Gedanken, was einen Prominenten ausmacht, noch dachte ich darüber nach, wie viele andere Zielgruppen es im Personal Training außerdem noch geben könnte.

Weitere wichtige Fragen wie „Welche Marketinginstrumente benötige ich?", "Wie akquiriere ich mein Zielklientel?", oder „Was bedeutet überhaupt Selbständigkeit?" stellte ich mir zu Beginn nicht. Ein fataler Fehler! Dass ich viele Zielgruppen schlichtweg vergessen und daher nicht beachtet habe, zeigte sich nach knapp einem Jahr. Ich hatte immer noch keinen einzigen Klienten und von prominenten TV-Größen war weit und breit nichts zu sehen. In dieser Zeit habe ich viel probiert, doch nichts funktionierte, keine Erfolge bei der Akquise waren in Sicht. Um mich zu finanzieren, verdiente ich in dieser Zeit mein „Überlebensgeld" in einem Fitness-Studio.

Ich bekam sehr deutlich zu spüren, dass es zur Selbstän-digkeit als Personal Trainer mehr bedarf als zu glauben, es komme schon jemand, der mit mir trainieren möchte. Wie sagte eine von mir angeschriebene, recht bekannte RTL-Moderatorin am Telefon: „Herr Kieß, und warum soll ich gerade mit Ihnen trainieren?" Als ich darauf nicht prompt eine Antwort geben konnte, war das Gespräch bereits beendet.

Es war der Zeitpunkt gekommen, meine Berufsbasis als Personal Trainer deutlich zu überdenken. Mein erklärtes Ziel war es, mir eine Vollexistenz als Personal Trainer aufzubauen. Ich realisierte, dass viele Fragen noch beantwortet werden mussten und ging erstmalig systematisch an die einzelnen Themen heran.

Zielgruppen

Es gibt viele Zielgruppen im Personal Training! Da diese Dienstleistung ein sehr junges Geschäftsfeld ist, haben viele potenzielle Kunden von Personal Training noch nichts gehört.

In den letzten Jahren erkennt man eine für Berufseinsteiger interessante Tendenz: Immer mehr **gesundheitsbewusste Studiomitglieder und Freizeitsportler** „leisten" sich einen Personal Trainer. Wenn auch nicht 2- bis 3-mal in der Woche, so findet das Training dennoch in regelmäßigen Abständen von sechs bis acht Wochen statt: ein Training „an der langen Leine" sozusagen. Diese Zielgruppe stellt für den im Studio arbeitenden Fitnesstrainer und Sportlehrer eine optimale Einstiegsmöglichkeit dar. Mittlerweile gibt es mehrere Studios und Studioketten, die dieses Konzept des „Personal Fitness Trainings" erfolgreich umsetzen.

Wenn man glaubt, dass selbst erfahrene **Leistungssportler** keinen Trainer mehr benötigen, wird man schnell eines Besseren belehrt. Einer der bekanntesten Leistungssportler, der sogar zwei Personal Trainer engagiert hat, ist Michael Schumacher. Während der Renn-Wochenenden wird er von seinem indischen Physiotherapeuten betreut und zu Hause in der Schweiz von seinem ortsansässigen Trainer im Studio, der ihn auch an der Kletterwand auf Höchstleistungen trimmt.

Aber auch Fußballvereine oder einzelne Fußballprofis, Tennisspieler und Leichtathleten greifen auf die Unterstützung eines Personal Trainers zurück. Hier sind es oft Physiotherapeuten oder Diplomsportlehrer, die diese Sportler mit einer Vielfalt aus Rehabilitation, Massage, Entspannung und Sporttherapie coachen.

Der Boom des Personal Trainings setzte zu Beginn der Achtziger Jahre mit der Betreuung berühmter Hollywood-Schauspieler ein. Unterstützt durch ein neues Schlankheitsideal, verpflichteten immer mehr **Prominente** (u. a. Madonna, Thomas Gottschalk) aus dem Show- und Musik-Business einen Personal Trainer. Auch in Deutschland greifen zusehends mehr sog.

„Promis" auf einen eigenen Trainer zurück. Aber auch Politiker (u. a. Joschka Fischer, Bill Clinton) beauftragen für die Verwirklichung ihrer sportlichen und körperlichen Ziele einen Personal Trainer. Meine persönliche Erfahrung hat mir gezeigt, dass es sehr schwer ist, die Zielgruppe „Prominente" zu akquirieren. Bekannte Persönlichkeiten werden von vielen kontaktiert. Oftmals ziehen sie sich zurück und leben in „ihrer" Welt. Dort einzusteigen ist recht schwierig und erfordert eine gewisse Hartnäckigkeit.

Aus diesem Grunde wandte ich mich nach anfänglichen Schwierigkeiten der aus meiner Sicht interessantesten Zielgruppe - dem **Top-Management** - zu. Unternehmer und Manager arbeiten hart für ihr Geld, sind oft auf Geschäftsreisen, hetzen von Meeting zu Meeting, haben unregelmäßige Essenszeiten und tragen ein hohes Maß an Verantwortung für ein Unternehmen und deren Mitarbeiter. Außerdem lastet auf ihnen ein massiver Erfolgsdruck durch den „shareholder value". Nach dem oft typischen 12- bis 14-Stunden-Tag kommen sie abgespannt nach Hause. Die Vernachlässigung der körperlichen Belange ist die Folge und führt zu Verspannungen, Übergewicht, Bluthochdruck und mangelhafter Kondition. Hier ist der Personal Trainer für jeden Unternehmer und Manager der optimale Partner. Mit seiner ganzheitlichen Gesundheitsbetreuung bietet er ihm die Möglichkeit, diesen Belastungen auch in 10 bis 15 Jahren noch standzuhalten und erfolgreich zu sein.

Meine persönliche Erfahrung mit dieser Zielgruppe ist überaus positiv. Alle Unternehmer, die ich kenne und trainiere, sind motiviert, endlich wieder etwas für ihre körperliche Fitness zu tun. Sie arbeiten mit dem Personal Trainer zusammen, um durch eine gesunde Lebensführung wieder leistungsfähig zu werden oder zu bleiben. Es sind oft der innere „Schweinehund" und der volle Terminkalender, die sie davon abhalten, selbst aktiv zu werden. In einem hohen Maß an Motivation sowie an zeitlicher und räumlicher Flexibilität sehen viele Topmanager den für sie entscheiden Vorteil von Personal Training.

Ich persönlich sehe in der Zusammenarbeit mit dieser Zielgruppe ein „WIN-WIN-Prinzip". Der Unternehmer profitiert durch die Arbeit des Personal Trainers und hat oft mehr als nur einen Trainingspartner an seiner Seite. Der Personal Trainer profitiert von der Faszination, die diese Menschen begleitet, von ihren unternehmerischen Erfahrungen und von einer sehr angenehmen Form der Zusammenarbeit. Sie verfügen in der Regel über ein gutes Einkommen und dementsprechend wird meine Dienstleistung honoriert. Ich habe bis heute noch nie mit einem Unternehmer-Kunden über meinen Stundensatz diskutieren müssen. Denn machen wir uns nichts vor: Der Personal Trainer arbeitet, um Geld zu verdienen.

Besonders charakteristisch für diese Zielgruppe ist, dass der Trainer bei entsprechend guter Arbeit gerne an Unternehmerkollegen weiterempfohlen wird.

Eine sehr interessante Zielgruppe sind die so genannten „jungen Senioren" (Alter ca. zwischen 55 und 70). Die heutigen **Senioren** sind in einer Zeit groß geworden, von der man sagt, sie sei die Zeit des „Wirtschaftwunders" gewesen. Ein nicht unbeträchtlicher Teil dieser potenziellen Kunden verfügt über das nötige „Kleingeld", um einen Personal Trainer zu bezahlen. Auch wenn viele Senioren den gesellschaftlichen Aspekt eines Gruppentrainings bevorzugen, so gibt es immer mehr von ihnen, die auf die Arbeit eines Personal Trainers zurückgreifen. Vor allem die „gut Betuchten" trainieren gerne in ihrer häuslichen, privaten Atmosphäre. Oftmals gönnen sie sich den Luxus eines kleinen Privatstudios in den eigenen Vier-Wänden, selbstverständlich eingerichtet von ihrem Personal Trainer. Ich habe die Erfahrung gemacht, dass ältere Menschen sehr viel länger Zeit brauchen, um sich für ein Personal Training zu entscheiden. Sie wägen sehr genau ab; haben sie sich jedoch dafür entschieden, dann ist das Training mit ihnen von anhaltender Konstanz. Außerdem: Arbeitet der Trainer gut, dann wird er auch in diesen Kreisen gerne und schnell weiterempfohlen.

Vom Ansatz her ähnliche Zielgruppen sind die „**Generation 55+**" und „**Frauen über 40**". Aktiv, kontaktfreudig, unternehmungslustig, gesundheitsbewusst und mit Spaß am Geldausgeben präsentieren sich diese Zielgruppen. In neusten Studien geben 84 Prozent der 55-jährigen an, sich sportlich fit zu halten. Gesundheit hat in diesen Personenkreisen wesentlich an Bedeutung gewonnen. Bei den „Frauen über 40" spielt die hormonelle Umstellung des Körpers eine zusätzliche Rolle, sich intensiver mit der persönlichen Fitness auseinander zu setzen. Folge in nicht selten, dass ein Personal Trainer engagiert wird, der mittels gesunder Ernährung und optimalem Training zur persönlichen Zufriedenheit beiträgt.

Eine weitere Zielgruppe, die einen Personal Trainer in Anspruch nimmt, ist die große Zahl der **Patienten**. Es ist verständlich, wenn man bedenkt, dass Patienten durch die Gesundheitsreform, zum Beispiel nach Bandscheiben-OP's, oft keine Anschlussheilbehandlung verschrieben bekommen. Oder von Spritze zu Spritze und Arzt zu Arzt laufen, um ihre Schmerzen zu lindern. In der Physiotherapie-Praxis dauern Behandlungen meist nur noch 20 Minuten und an wirkliche Therapie ist kaum zu denken. Folglich trainieren manche Patienten ihre Rezepte häufig nicht mehr ab. Sie engagieren bereits zu Beginn einen Personal Trainer und erkennen, dass mit 90 Minuten Training viel mehr zu erreichen ist. Den durchaus erheblichen Aufpreis bezahlen sie lieber aus dem privaten Portemonnaie. Eine wesentlich schnellere Heilung und Schmerzlinderung und eine dadurch gewonnene höhere Lebensqualität sind die Ergebnisse des Personal Trainings. Bei dieser Art von Personal Training sind oft Physiotherapeuten und hoch qualifizierte Diplomsportlehrer oder Fitnesstrainer gefragt. Man muss sich auf jeden Fall mit den Krankheitsbildern seiner Kunden auskennen, bevor man mit ihnen trainiert. Ansonsten heißt es - kompetent weitervermitteln. Keine Angst, der Kunde geht dadurch nicht verloren. Im Gegenteil. Die Erfahrung zeigt, dass der Kunde dem Trainer durch spezifische Weitervermittlungen noch mehr

vertraut, da dieser seine Grenzen kennt und verantwortungsbewusst handelt. Beachten Sie, dass Sie als Personal Trainer
(Physiotherapeuten ausgenommen), Ihr Training nicht „Rehabilitationstraining" nennen sollten. Denn Personal Training ist de
jure eine Primär- und/oder Sekundärprävention, aber kein
Rehabilitationstraining.

Schließlich kann man sich auf eine letzte Zielgruppe
fokussieren: **Schwangere**. Es gibt Personal Trainer, die sich mit
einer perfekten Schwangerschafts- und Nachschwangerschafts-
betreuung einen Namen gemacht haben. Junge Frauen sind
davon oft so begeistert, dass sie diese Trainer direkt in ihrem
„Kolleginnen-Kreis" weiterempfehlen.

Viele Frauen haben Angst, dass eine Schwangerschaft ihre
Figur verändert. Die Furcht vor einer zu laschen Bauchmuskulatur,
insuffizienter Beckenbodenmuskulatur oder vor Inkontinenz ist
groß. Leider viel zu oft und zu Unrecht empfehlen Ärzte, ab dem
vierten Schwangerschaftsmonat keinen Sport mehr zu betreiben.
In der Regel spricht nichts gegen Bewegung - im Gegenteil. Mit
einem gezielten Kräftigungs- und Ausdauertraining kann diesen
Frauen die Angst genommen werden. Auch bei dieser Zielgruppe
ist ein hohes Maß an Fachkompetenz notwendig. Eine Personal
Trainerin, die selbst die Zeit der Schwangerschaft erlebt hat, wird
hier sicherlich gute Chancen bei der Akquise haben.

Zielgruppen im Personal Training

- Gesundheitsbewusster Freizeitsportler
- (Leistungs-) Sportler
- Prominente / Prestigepersonen
- Top-Management
- Senioren, „Frauen über 40", „55+"
- Patienten (akut / postrehabilitativ)
- Schmerzpatienten (v. a. Wirbelsäule)
- Patienten mit speziellen Erkrankungen
- Schwangere

Die Fülle an Zielgruppen und die Vielfalt der Ansprüche an den Personal Trainer bieten einen großen Markt an potenziellen Kunden. Hätte ich bereits in meiner Start-up Phase als Personal Trainer einige der genannten Personenkreise mehr in Augenschein genommen, so hätte es sicherlich nicht neun Monate gedauert, bis ich erfolgreich meinen ersten Kunden akquirieren konnte.

Es war übrigens eine Unternehmerin, die auf eine meiner Anzeigen in einer Wochenzeitung antwortete.

Marketing

Als Personal Trainer habe ich gelernt, dass ich nicht mehr nur Diplom-Sportlehrer bin, sondern Unternehmer werden muss. Zu lernen, unternehmerisch zu denken, ist der Schlüssel zum Erfolg. Sie bauen sich Ihr kleines Unternehmen auf und möchten selbstverständlich, dass es wächst und erfolgreich wird. Und ein wesentlicher Teil des unternehmerischen Erfolges ist unumstößlich von Ihrem Marketing abhängig.

„Marketing ist alles, was sie tun, um Ihr Geschäft zu fördern. Es beginnt in dem Moment, in dem Sie planen, bis zu dem Punkt, an dem Kunden Ihr Produkt oder Ihre Dienstleistung kaufen und beginnen, Stammkunde bei Ihnen zu werden. Die Schlüsselworte sind *alles* und *Stammkunde*."

Dieses Zitat stammt aus dem Buch „Guerilla Marketing" von J.-C Levinson", das mir sehr geholfen hat, meinen Marketingweg erfolgreich einzuschlagen. Ich kann es Ihnen sehr empfehlen.

Marketing ist ein sehr komplexer Prozess. Dabei ist jede Komponente, die Ihnen hilft, Ihre Dienstleistung zu verkaufen, von Bedeutung. Kein Detail ist zu unwichtig, um es zu vernachlässigen oder gar zu vergessen. Ein Kunde bat mich, ihm meine Präsentationsmappe zu geben, da er sie einem befreundeten Unternehmer überreichen wollte. Als ich sie ihm beim nächsten Treffen frisch ausgedruckt in die Hand gab, bemerkte er sofort, dass mein Foto in der Mappe fehlte. Er meinte darauf hin, dass dies für ihn ein wesentlicher Aspekt wäre, um einen ersten Eindruck zu bekommen.

Man muss lernen, seinem Marketing eine große Aufmerksamkeit zu widmen.
Marketing ist nichts, was man parallel zum eigentlichen Training aufbaut und betreibt. Es benötigt Zeit. Und: Man muss Geduld haben. Glauben Sie nicht, dass bereits nach kurzer Zeit Ihr Marketing Erfolge zeigt. Oftmals vergehen Wochen oder Monate, bis man im Internet wahrgenommen wird oder der eigene Flyer das erste Mal registriert wird. Das ist normal. Wichtig ist, dass Sie nicht aufgeben und die für Sie richtigen und wichtigen Marketinginstrumente herausfinden.

Es gibt hunderte. Ein großer Teil davon wird meist von der eigenen Konkurrenz nur schlecht oder gar nicht umgesetzt. Diese Marketinginstrumente können zum einen Ihr persönliches Auftreten (Briefpapier und Bekleidung), eine bestimmte Firmenfarbe, Flyer, Logo, Rundbriefe, Telefonate, Anzeigen, Autowerbung, Werbegeschenke, Öffentlichkeitsarbeit, Vorträge, Veröffentlichungen oder Rundfunkwerbung sein. Zum anderen gehören aber auch Ihre Öffnungszeiten, Ihre Arbeitstage, Ihr Standort, Ihr Service, Ihre Begeisterung, Ihre Motivation und Ihre Kundenpflege dazu. Erfolgreiche Marketingexperten erkennt man daran, dass sie aus der großen Anzahl von Marketinginstrumenten genau diejenigen auswählen, die ihnen für ihr Geschäft am besten erscheinen. Sie vergessen hierbei keines und wägen genau ab, welche sie einsetzen.

Der junge Personal Trainer hat in der Regel den Nachteil, dass er nicht über das Marketingbudget einer Großfirma verfügt. Aber betrachten Sie die oben genannten Elemente genau: Viele kosten keinen Euro. Ihr Vorteil als Einzelkämpfer liegt hingegen darin, dass Sie sehr viel schneller und flexibler als ein Großkonzern auf Veränderungen im Markt reagieren können.

Ziel des Marketings ist es, einen Kaufwunsch zu wecken: Der Klient entscheidet sich für Sie. Damit sich Ihre Investitionen und Ihre Arbeit auszahlen, muss der Kunde auf Sie aufmerksam werden. Das Marketing sollte entsprechend auf die potenzielle Kundschaft zugeschnitten sein. Der Kunde selbst muss anhand Ihres Auftrittes die Vorteile und den Nutzen von Personal Training erkennen und das, was Sie als Trainer einzigartig macht. Sie erreichen die genannten Zielgruppen zum Teil auf unterschiedliche Art und Weise. Der gesundheitsbewusste Freizeitsportler wird zum Beispiel eher auf einen besonderen Flyer in seinem Fitness-Studio aufmerksam und der Unternehmer sucht nach einer Personal Trainer Homepage. Jeder potenzielle Kunde entscheidet sich aber ganz sicher für den Trainer, dessen Auftritt professionell und ansprechend ist, der gut informiert und der bei Interesse schnell kontaktiert werden kann. Untersuchungen zeigen, dass die vier wichtigsten Dinge, die Kunden bewegen ein Produkt oder eine Dienstleistung zu kaufen, folgende sind. [6]

Kunden suchen Geschäfte mit einer großen Vielfalt.
Für Sie als Personal Trainer heißt das: Seien Sie vielseitig. Bieten Sie eine große Anzahl an Sportarten und Trainingsformen an. Wenn Sie unter Personal Training nur ein Training im Fitnessstudio mit Geräten und Gewichten verstehen, gewinnen Sie zum Beispiel all diejenigen potenziellen Kunden nicht, die sich nicht an die starren Zeiten eines Studios binden wollen oder viel lieber ein Ausdauertraining an der frischen Luft betreiben möchten. Bieten Sie hingegen neben einem Fitnesstraining im Studio auch Herz-Kreislauftraining, funktionelle Bewegungsgymnastik, Formen des Rehabilitations- und Präventionstrainings, Ernährungsberatung und Entspannungstraining an, so werden Sie eine breite Palette von Zielgruppen ansprechen können. Das ist ein wesentlicher Vorteil gegenüber der Konkurrenz, der allerdings umfangreichen

---

[6] Vgl. J.-C. Levinson : Guerilla Marketing (1990)

Fortbildungsmaßnahmen voraussetzt. Aber auch das ist Marketing.

Kunden suchen Geschäfte mit einem ausgezeichnetem Service.

Deutschland ist eine „Servicewüste". Es ist schon deshalb einfach, als Personal Trainer Erfolg zu haben. Bieten Sie Ihrem Kunden Service! Service ist zum Beispiel ein Netzwerk an Kooperationspartnern, das Angebot, für und mit einem Kunden die entsprechende Sportbekleidung einzukaufen, ihm Ernährungskonzepte und deren Umsetzung praktisch und verständlich anzubieten, in Zusammenarbeit mit Fachärzten einen erweiterten Gesundheits-Check-up zu organisieren, die Reservierung dafür zu übernehmen und ihn dorthin zu begleiten. Es gibt viele weitere Beispiele für guten Service.

Kunden suchen Geschäfte mit einer hohen Qualität.

Sie als Trainer wissen es am besten: Sie kaufen den Herzfrequenzmesser, der die beste Qualität bietet. Sie empfehlen Ihrem Kunden das Mountainbike, das qualitativ allen Ansprüchen genügt. Ihr Kunde hält es ebenso. Er bucht den Trainer, der erstklassige Arbeit leistet, ihn kompetent berät und mit dem er seine Ziele schneller und besser verwirklicht. Qualität ist es oft wert, mehr Geld auszugeben.

Kunden suchen Geschäfte, denen sie vertrauen können.

Vertrauen ist das wichtigste aller Argumente. Es entsteht allein schon dadurch, dass Kunden ihr unternehmerisches Engagement erkennen. Wichtiger ist allerdings, dass Ihr Kunde Ihnen als Mensch vertraut.

Der Personal Trainer ist oft mehr als nur der Sportpartner in der Überwindung der eigenen Trägheit und der Erreichung der eigenen Ziele. Viele Trainer berichten, dass ihnen Kunden während des Trainings Firmeninterna oder Familienprobleme schildern, mit ihnen über Gott und die Welt sprechen. Sicherlich tun sie dies nicht in der Erwartung, dass der Trainer sie darin berät. Vielmehr suchen sie einen Gesprächspartner außerhalb der üblichen beruflichen Bereiche, suchen jemanden, der zuhört, der diskret mit diesen Dingen umgeht, der vielleicht auch mal ein aufbauendes und motivierendes Wort für sie übrig hat.

Im Dezember 1999 bat ich alle meine Kunden, einen Feedbackbogen zu beantworten, in dem unter anderem nach den vier wichtigsten Kriterien meiner Dienstleistung und deren Rangfolge gefragt wurde. Sie entsprachen identisch der obigen Reihenfolge.

Corporate Idendity (CI)

Briefpapier, Visitenkarte, Schreibblöcke, Flyer, Präsentationsmappe und Beklei-dung. Alles trägt den gleichen Farbton, ist mit dem gleichen Layout versehen und trägt das gleiche Logo. Es macht meine Firma unverwechselbar. Denken Sie bei der Verwendung eines eigenen Logos daran, dass Sie sich dieses Logo schützen lassen sollten.

Dafür zuständig ist das „Deutsche Patent- und Markenamt" in München. Wie die Anmeldung genau gelingt, sagt Ihnen ein Markenanwalt, oder Sie laden sich die Anmeldeformulare aus dem Internet herunter (www.dpma.de).

Öffnungs- und Arbeitszeiten

Zu Beginn meiner Tätigkeit als Personal Trainer bot ich selbstverständlich täglich Trainings an. Meine ersten Kunden nahmen sehr gerne eine Trainingseinheit am Wochenende in Anspruch. Es war für sie oft die einzige Möglichkeit sich körperlich, an diesen beiden Tagen sportlich zu bewegen. Aufgrund des Mangels an Kunden blieb mir außerdem nichts anderes übrig. Heute vertrete ich einen anderen Standpunkt: Der

Sonntag ist für mich als Trainingstag tabu. Auch wenn der ein oder andere Kunde ihn gerne als Möglichkeit zur Auswahl hätte, so haben alle Kunden   Verständnis dafür, dass ich ihn als Regenerationstag benötige. Sie wissen selbst am besten, dass man Pausen braucht.

Ein typischer Tagesablauf eines Personal Trainers

06:15Uhr	Aufstehen
06:45 bis 08:15 Uhr	Personal Training (Jogging, Krafttraining am Klettergerüst und mit Theraband, Flexibilitätsübungen)
08:30 Uhr	Frühstück
10:30 bis 12:00 Uhr	Personal Training (Powerwalking, aktive und passive Gymnastik, Flexibilitätsübungen)
12:00 bis 15:30 Uhr	Büroarbeit, Mittag
16:00 bis 17:30 Uhr	Personal Training (Krafttraining im Studio)
17:30 bis 19:30 Uhr	Büroarbeit, Zwischenmahlzeit
19:30 bis 20:00 Uhr	Fahrt zum Training (40 km)
20:00 bis 21:30 Uhr	Personal Training (Jogging, Flexibilitätsübungen)
21:30 bis 22:00 Uhr	Fahrt zurück
22:00 bis 23:00 Uhr	Büroarbeit, Abendessen

Ich biete meinen Kunden zeitliche und räumliche Flexibilität zwischen 06:00 und 22:00 Uhr bzw. im Umkreis von bis zu 50 km an. Fahrtkosten fallen hierbei selbstverständlich an und werden berechnet. Ein Personal Training rund um die Uhr anzubieten, halte ich persönlich für unsinnig und unseriös.

Betreuung und Beratung

Personal Training ist eine komplexe, ganzheitliche Gesundheitsbetreuung. Der Kunde erwartet eine wesentlich intensivere Betreuung und einen umfangreicheren Service, als nur das eigentliche Training. Das macht gerade Personal Training aus.

Viele Kunden müssen in punkto Sportbekleidung und deren Einkauf beraten werden. Der ein oder andere benötigt physiotherapeutische Unterstützung. Der Partner eines Kunden möchte lernen, unter ernährungsphysiologischen Gesichtspunkten gesund zu kochen. Oder die arbeitsplatzergonomische Betreuung der Mitarbeiter soll übernommen werden. Dieses und vieles mehr kann zu den Aufgabenfeldern eines Personal Trainers gehören. Im Laufe der Jahre wuchs mein Dienstleistungsangebot. Höhepunkte dabei sind zum Beispiel die komplette Organisation und Betreuung eines „Ich-muss-mal-raus-und-entspannen-Wochenendes" auf einer europäischen Kleininsel.

Service ist auch, dem abgekämpften Kunden nach einer Trainingseinheit einen frisch gepressten Orangensaft zu „servieren". Diese kleinen „Dinge" unterscheiden Sie als Personal Trainer von der Konkurrenz und von der Betreuung in einem herkömmlichen Fitness-Studio. Es wird von Ihnen nicht erwartet, dass Sie alles selbst anbieten. Unter Service versteht man auch, dass Sie Ihrem Kunden einen kompetenten Ansprechpartner vermitteln.

Begeisterung und Glaubwürdigkeit

Begeisterung für die eigene Arbeit und Glaubwürdigkeit im Job als Personal Trainer sind Grundvoraussetzungen, um erfolgreich zu werden. Stellen Sie sich vor, Sie würden morgens zum Training mit Lustlosigkeit und hängender Miene kommen. Ihr Kunde merkt es sofort. Sie würden wenig motivierend wirken. Es wird Momente geben, in denen Sie mal nicht so gut gelaunt sind oder Ihnen die noch nicht aufgefüllten Energiespeicher aufgrund der vorabendlichen Joggingeinheit Probleme bereiten. Es geht nicht um „keep smiling", aber Sie sollten Ihren Beruf als Trainer gerne machen. Persönlich habe ich noch nie erlebt, auf ein Kundentraining keine Lust zu haben und lieber abzusagen, als zu trainieren. Auch das ist mein WIN-WIN-PRINZIP.

Glaubwürdig sollten Sie als Trainer immer sein. Sprechen Sie nur Empfehlungen aus, die Sie selber einhalten und leben. Man kann Kunden nicht mit der Wichtigkeit vollkorn- und gemüsereicher Ernährung konfrontieren und selber in Fast-Food-Ketten seine Hauptmahlzeiten einnehmen. Außerdem sollten Sie stets die sportliche Form wahren, die von Ihnen erwartet wird. Man muss nicht Marathon laufen, um einen Kunden dorthin zu trainieren. Aber man muss zumindest wissen, wie er es schafft und wie man „mithält".

Ein Lächeln
Ein Lächeln sagt mehr als tausend Worte. Eine positive Lebenseinstellung trägt nicht nur Ihren Kunden, sondern auch Sie von Trainingseinheit zu Trainingseinheit.

Internet
Einen meiner größten Marketingerfolge habe ich dem Internet zu verdanken. Ich habe konsequent von Beginn meiner Selbständigkeit auf das Internet gesetzt und meine Homepage entwickelt. Zu Beginn lagen die Besucherzahlen meiner Seiten bei ca. 20 bis 30 im Monat. Derzeit sind es zwischen 3.000 und 5.000. Über sie konnte ich eine beträchtliche Anzahl an Kunden akquirieren, so dass sich die zeitliche Investition allemal gelohnt hat. Finanziell hat mich die Homepage zum Glück nichts gekostet, da mich ein Freund bei der Realisierung unterstützt hat.

Viele Unternehmer und Manager sehen im Internet für sich das erste Informationsmedium. Sie schauen weder in der Tagespresse nach Anzeigen, noch warten sie im Wartezimmer beim Arzt, um einen Flyer zu lesen. Es ist daher unbedingt erforderlich, eine eigene Internetseite zu erstellen.

Nachfassen

Um den finanziellen Engpass zu Beginn meiner Personal Trainer Tätigkeit zu überbrücken, bestritt ich meinen Lebensunterhalt unter anderem mit Inlineskatekursen. Eines Tages war unter den acht Teilnehmern ein junges Ehepaar. Beide waren ein wenig korpulent und erwähnten des Öfteren, dass sie eigentlich endlich mal wieder Sport treiben müssten. Sie sind ehemalige Handballspieler und bedauerten es sehr, dass ihre derzeitige berufliche Situation dafür keinen Platz mehr ließ. Ich packte die Gelegenheit beim Schopfe und stellte ihnen mein Konzept bei einem gemeinsamen Treffen vor. Das Ergebnis: „Herr Kieß, das ist genau das Richtige für uns, aber leider können wir uns Ihre Dienstleistung in der momentanen Situation finanziell nicht leisten". Beide waren wie ich Existenzgründer.

Verständnisvoll aber niedergeschlagen verließ ich das Büro. Jeder Kundenkontakt war für mich wie ein großer Lichtblick am Ende des „Akquisetunnels". Ich ließ diesen Kontakt jedoch nicht „im Sande verlaufen". Durch Zufall erfuhr ich von der neuen Leidenschaft beider – dem Golf spielen. Außerdem kannte ich ihre Geburtstage. Beide bekamen fortan zu Weihnachten und zum Geburtstag eine Glückwunschkarte. Ich informierte Sie, was sich bei mir im Personal Training Neues ereignet, schickte Ihnen Informationen übers Golfspielen und die Wichtigkeit eines optimalen Ausgleichstrainings. Knappe anderthalb Jahre später kam die potenzielle Klientin auf mich zu und begann mit einem „Training an der langen Leine". Ein Studio in ihrer Nähe und ein regelmäßiger Trainings-Check alle sechs Wochen sollten den Einstieg erleichtern. Die berufliche Situation jedoch ließ ihr keinen Raum, sich selbst zu motivieren, so dass sie ein weiteres halbes Jahr später mit einem regelmäßigen Personal Training begann. Fortan zeigten sich rasche Erfolge. Das Gewicht ging runter, die Kondition rauf und der Abschlag beim Golfen wurde treffsicherer.

Halten Sie Kontakt zu akquirierten Kunden. Nachfassen ist Kundenpflege – ein viel zu oft vernachlässigter Aspekt der Kundenbetreuung.

Kooperationspartner

Wie bereits oben erwähnt ist es notwendig und sinnvoll, mit Kooperationspartnern zusammen zu arbeiten. Nur so kann der Personal Trainer eine komplexe, ganzheitliche Gesundheitsbetreuung anbieten. Außerdem empfiehlt es sich, bei Bedarf mit dem Hausarzt der Kunden Rücksprache zu halten.

Ich werde von folgenden Partnern in meiner Arbeit als Personal Trainer unterstützt:

- Ärzte (Orthopäden, Kardiologen, Internisten, Neurologen)
- Gesundheits-Check-up Institut
- Physiotherapeut
- Netzwerk „Mobile Büromassage"
- Ernährungsberatung
- Sportgeschäfte
- Orthopädiefachgeschäft incl. Laufbandanalyse
- Sportartikelindustrie (u. a. Herzfrequenzmessgeräte, Trainingsgeräte)

Netzwerke

Netzwerke sind oftmals Zusammenschlüsse Personen gleicher Interessen. Mehrere   Netzwerke unterstützen die Arbeit eines Personal Trainers. Zum einen der „Bundesverband Deutscher Personal Trainer e.V." (BDPT) und zum anderen die beiden größten Personal Trainer Netzwerke Deutschlands - das „PERSONAL TRAINER NETWORK" (PTN) und „personalfitness.de".

Der BDPT hat seinen Sitz in Münster und wurde 1999 gegründet. Gründungsidee war und ist der Zusammenschluss von Trainern, um die Personal Training qualitativ zu stärken und bundesweit bekannter zu machen. Der große Vorteil eines Bundesverbandes liegt darin, dass er schnell und erfolgreich

Kontakte zu den Medien knüpfen kann. So wurden innerhalb kurzer Zeit mehrere Beiträge über Personal Training in den einschlägigen Magazinen der Wirtschafts- und Gesundheitspresse veröffentlicht.

Ein weiterer Schwerpunkt des BDPT ist die Zertifizierung von Personal Trainern. Der „Personal Trainer" ist kein geschützter Berufsbegriff, daher darf sich jeder so nennen. Dies führt leider immer noch dazu, dass die sogenannten „schwarzen Schafe" dem seriös arbeitenden Trainer das Geschäft erschweren. Ebenso ist für den Kunden kein einheitlicher Wissens-Standard der Trainer ersichtlich. Grund genug für den BDPT, einen Kriterien-katalog zu erstellen, der die wesentlichen und wichtigen Inhalte einer Personal Training Ausbildung vorschreibt. Seit 2001 können Aus- und Fortbildungsinstitute diese Zertifizierung beantragen. Zwei renommierte Institute (Meridian Academie Hamburg, Safs & Beta Wiesbaden) erhielten 2001 dieses Gütesiegel. Ein Absolvent dieser Institute erhält eine Urkunde als „Zertifizierter Personal Trainer des BDPT".

Der Verband bietet dem selbständigen Trainer weiterhin eine Berufslobby und unterstützt ihn in Fragen der Existenzgründung. Außerdem organisiert er Aus- und Fortbildungen durch externe Institute (PERSONAL TRAINER NETWORK, Trainer College) und organisiert Fachveranstaltungen. Er ist Ansprechpartner in Fach-fragen, insbesondere zur Existenzgründung und Marketing.

Unterstützt wird der BDPT vom PERSONAL TRAINER NETWORK, das über seine Internetplattform "www.personal-trainer-network.de" Personal Trainer in einer Datenbank sammelt und an Klienten weitervermittelt.

Das PTN wurde im März 2000 gegründet und versteht sich als Internetdienstleister für Personal Trainer. Der erfolgreiche Inter-netauftritt basiert auf einer der größten Datenbanken an qualifi-zierten Personal Trainern im kompletten deutschsprachigem Raum. Mit einem breiten Spektrum an Dienstleistungen zum Per-sonal Training bietet das PTN jedem Personal Trainer für die Um-setzung seiner Geschäftsidee ein einzigartiges Know-how. Mit diesem ist es dem Trainer möglich, schnell und ohne großen Aufwand sein Business erfolgreich auf- und auszubauen. Zu seinen Kooperationspartnern, die alle Trainer nutzen können, zählt das PTN sowohl Gerätehersteller (z. B. Herzfrequenzmessgeräte und Trainingsequipment) als auch Firmen aus dem Beratungsbereich (z. B. Unternehmensberatung, Financial Planning, Internetberatung und Rechtsberatung).

Im August 2002 entwickelte das PTN das Label/Gütesiegel „Premium Personal Trainer". Der „Premium Personal Trainer" ist das derzeit höchste Gütesiegel in Deutschland. Ziel ist, die besten Personal Trainer im gesamten deutschsprachigen Raum zu poolen, um dem potenziellen Kunden einen kompetenten Fitnessexperten zu vermitteln. Die einheitlichen Qualitätsstandards sollen dies gewährleisten und zur Steigerung des Bekanntheitsgrades des Berufsbildes „Personal Trainer" beitragen.

Um diesem Club beizutreten, muss der Trainer folgende Kriterien erfüllen und einreichen:
• Präsentationsmappe inkl. Lebenslauf (alternativ Homepage)
• Darstellen des eigenen Unternehmenskonzeptes inkl. Check-up Bogen
• Qualifikationsnachweise
• Berufshaftpflicht
• Persönliche Vorstellung
• Teilnahme an dem jährlichen Premium Personal Trainer Club Treffen
• Vertrag mit dem PERSONAL TRAINER NETWORK

Folgende Vorteile bietet der „Premium Personal Trainer Club":
• Label „Premium Personal Trainer" als DIE Referenz im Personal Training
• Exklusivität
• Vermittlung von potenziellen Kunden, die einen Personal Trainer suchen
• Zentrales Marketing durch eine persönliche Darstellung auf den PTN-Seiten

- Einkaufsvorteile und intensive Beratung durch Kooperationspartner (Sportartikelindustrie, Versicherungen, Unternehmensberatung etc.)
- Spezielle Fortbildungen für Personal Trainer
- Diskussionsforum
- Vielzahl berufsbezogener Informationen rund um Personal Training

Der zufriedene Kunde

Wenn ein Kunde mit Ihrer Arbeit zufrieden ist, wäre es fatal, sich bequem zurückzulehnen. Dieses Ziel zu erreichen, ist schwierig aber wichtig. Erfolgreiche Personal Trainer können sich aufgrund ihrer Stammkundschaft im Marketing auf wenige Instrumente beschränken und erreichen oftmals mit nur ein, zwei oder drei Akquisewegen neue Kunden. Zufriedene Kunden werden von den positiven Erfahrungen mit ihrem Personal Trainer anderen berichten. Sie werden bei Bedarf gerne Empfehlungen aussprechen.

Der zufriedene Kunde ist das wichtigste Ziel des Personal Trainers.

Persönliche, erfolgreiche Marketinginstrumente im Personal Training

- Corporate Idendity (CI) +
- Öffnungs- und Arbeitszeiten ++
- Betreuung und Beratung +++
- Begeisterung und Glaubwürdigkeit ++
- Lächeln +
- Internet +++
- Nachfassen +
- Kooperationspartner ++
- Netzwerke +++
- Der zufriedene Kunde +++

Einer aussichtsreichen Kundenakquise liegt ein erfolgreiches Marketing zu Grunde.
Beide bauen aufeinander auf und ergänzen sich. Es empfiehlt sich, viele Akquisewege auszuprobieren. Auch hier zeigt sich, wer unternehmerisch erfolgreich handelt. In den letzten Jahren habe ich folgende Akquisewege getestet, die einen mehr, die anderen weniger erfolgreich.

Mailing

Jeder Marketingexperte wird Ihnen wahrscheinlich sagen, dass Mailings viel zu teuer und daher unrentabel sind. Außerdem liegt der Erfolg von Mailings im Promille-Bereich. Dem könnte man entgegnen, dass es bedeutende Unternehmer gibt, die mittels Mailings sehr erfolgreiche Firmen aufbauten. Allerdings verfügen diese auch über beträchtliche Summen an Geld.

Ein Mailing sollte immer „persönlich" geschrieben werden. Ein Anschreiben, wahllos an eine Person gerichtet, wird wenig Erfolg bringen. Das Schreiben jedoch gezielt mit Hintergründen zu dieser Person zu versehen, wird erfolgreicher sein. Die benötigten Informationen findet man im Internet, in der Tagespresse oder zum Beispiel in Managermagazinen. Das Anschreiben muss etwas Besonderes darstellen; in der Form, im Aussehen und im Inhalt. Nur so kann verhindert werden, dass es in der Fülle der täglichen Post untergeht und im Papierkorb landet.

Man sollte nach einem Mailing nicht erwarten, dass der angeschriebene Kunde anruft. Kontaktieren Sie ihn!

Unternehmertreffen, Kick-off-Veranstaltungen

Der Einladung eines Kunden zur Büroeröffnung oder zum Unternehmer-Stammtisch sollte man unbedingt folgen. Sie treffen dort Partner Ihres Klienten, die oft dieselben Interessen und Probleme zu bewältigen haben. Eine optimale Gelegenheit, neue potenzielle Kunden kennen zu lernen.

So genannte „Kick-off-Veranstaltungen" von Businessplan-Wettbewerben stellen ebenfalls eine sehr gute Akquisemöglichkeit dar. Man trifft auf diesen Veranstaltungen eine Vielzahl erfolgreicher und einflussreicher Unternehmer.

Anzeigen in Printmedien

Anzeigen sind sicherlich die klassische Form des Marketings und der Akquise. Anzeigen zu schalten ist jedoch teuer. Laut Studien müssen Anzeigen im Schnitt 27 Mal geschaltet werden, damit Sie vom Interessenten tatsächlich wahrgenommen werden („Guerilla Marketing", J.-C Levinson) - ein kaum finanzierbarer Weg für einen Existenzgründer oder Kleinunternehmer. Erfahrungsgemäß findet der potenzielle Kunde in der Vielzahl der Anzeigen die des Personal Trainers nicht. Der Erfolg wird dementsprechend verschwindend gering sein.

Flyer

Der Flyer gilt in der Personal Training Szene als obligatorisch. In vielen Personal Training Ausbildungen wird darüber berichtet, wie wichtig er sei. Interessant ist, dass man kaum einen findet: weder im Fitness-Studio, im Wartezimmer beim Arzt oder an der Theke im Golfclub. Somit müsste man vermuten, dass er nur in Anschreiben oder Präsentationsmappen zum Einsatz kommt. Dem Flyer wird zu viel Nutzen beigemessen, als das sich seine kostspielige Erstellung durch eine Marketingagentur und der professionelle Druck lohnen. Anders ausgedrückt, ein „Eyecatcher", der in seiner Herstellung nicht viel kostet, mit einem Bild versehen, den wichtigsten Informationen, Kontaktadresse versehen, reicht. Einem Mailing beigelegt, soll er die Würze eines Akquiseschreibens sein.

Die Präsentationsmappe oder Imagebroschüre sollte ebenfalls nicht zu professionell sein. Um den potenziellen Kunden von Ihrer Dienstleistung zu überzeugen, muss die Mappe Ihr Anschreiben, Ihre Kurzvita, Ihr Dienstleistungsspektrum, Ihre Referenzen und eventuell Ihren „Eyecatcher" beinhalten. Falls Sie keinen „Eyecatcher" erstellen, sollten Sie Ihrer Präsentationsmappe ein Portraitfoto beifügen. Diese Informationen druckt der heimische

Laserdrucker fast genauso professionell wie die Großdruckerei. Diese Unterlagen finden in einer ansprechenden und dezent auffälligen Mappe Platz.

Kooperation mit Sportgeschäften

Eine geschickte Idee: Serviceorientierte Sportgerätehersteller oder Gesundheitshäuser verkaufen zunehmend teure Trainingsgeräte (Laufbänder, Stepper, Crosstrainer etc.). Oftmals fehlt im Anschluss zur Erklärung der Geräte eine kompetente Beratung beim Kunden. Als Personal Trainer besteht die Möglichkeit, dem Hersteller oder Geschäft diese Beratung „abzunehmen". Der Trainer führt eine kostenlose Einführung in das Trainingsgerät durch. Das Fachgeschäft bietet dem Kunden, im Kaufpreis inbegriffen, diese fachkompetente Beratung an, ohne dafür selber Personal schulen oder abstellen zu müssen. Für Sie eine optimale Möglichkeit einer Kundenakquise.

Veröffentlichungen in Zeitschriften, Beiträge im Rundfunk oder TV

Einen Beitrag über das eigene Unternehmen in der einschlägigen Wirtschaftspresse oder in Fitness- und Gesundheitsmagazinen zu bekommen, macht durchaus eine große Leserschar auf sich aufmerksam. Es mag nicht unbedingt neue Kundschaft bringen, aber der Imagegewinn ist immens. Veröffentlichungen sind hervorragende Referenzen, unterstützen das Marketing. Und seien wir ehrlich: sie steigern das eigene Ego.

Internet

Angeblich verdient kaum eine Firma im Internet Geld. Bei Personal Trainern ist das durchaus anders. Erfahrungen zeigen, dass viele Trainer über die eigene Homepage oder über eine Darstellung in Trainernetzwerken großen Erfolg bei der Kundenakquise verzeichnen. Es gibt Trainer, die ihren gesamten Kundenstamm mittels dieser Netzwerke akquirieren konnten.

Vor allem potenzielle Kunden aus dem Management suchen täglich nach Personal Trainern im Internet. Der Erfolg der Interseite www.personal-trainer-network.de steht stellvertretend dafür. Die Vermittlungsquote liegt seit über 3 Jahren bei reichlich 30 % der Anfragen von Interessenten, was für ein anonymes Medium wie das Internet beachtlich ist.

Eine Investition in Höhe von etwa 1.000 bis 2.500 € für die professionelle Erstellung einer eigenen Seite und/oder der Eintrag in Personal Trainer Netzwerke unterstützen den Start in die Selbständigkeit.

Mund-zu-Mund-Propaganda

Die Vermutung über den größten Erfolg bei der Akquise liegt nahe. Sie haben erfahren, dass der zufriedene Kunde zu den wichtigsten Bestandteilen eines erfolgreichen Marketings gehört und dass dieser Sie gerne weiterempfiehlt. „Mund-zu-Mund-Propaganda" ist daher der beste und erfolgreichste Weg zu neuen Kunden. Erfahrene Trainer können somit oftmals ihre Akquise auf wenige Bestrebungen beschränken.

Akquisewege im Personal Training

- Mailing +
- Unternehmertreffen, Kick-off-Veranstaltungen +
- Anzeigen in Printmedien ---
- Flyer --
- Kooperation mit Sportgeschäften +
- Veröffentlichungen in Zeitschriften, Beiträge im Rundfunk oder TV +
- Internet +++
- Mund-zu-Mund-Propaganda +++

Die Intentionen, einen Personal Trainer zu engagieren, sind vielfältig. Der Manager oder Unternehmer sieht vielleicht in der Selbstüberwindung und der verbesserten Widerstandsfähigkeit das eigentliche Erfolgsrezept von Personal Training. Der Patient erreicht ein höheres Maß an Lebensqualität und der Senior genießt das agilere Rentenalter. Egal was es auch ist, Sie als Personal Trainer werden gebraucht.

Ich stelle immer noch fest, dass Personal Training in Deutschland in den „Kinderschuhen" steckt. Es gibt genügend potenzielle Kunden, die noch nichts von uns gehört haben. Außerdem scheuen viele Personal Trainer den Schritt in die Selbständigkeit. Das mag vielleicht an der Angst vor der Eigenverantwortung und dem unternehmerischen Risiko liegen, das jede Selbständigkeit mit sich bringt. Dem gegenüber stehen jedoch unternehmerische Chancen: Freiheit, eigenständiges Handeln ohne Vorgaben, Selbstverwirklichung und die Faszination, an gesellschaftlichen Prozessen mitwirken zu können.

Scheuen Sie sich nicht, mit Ihrer Idee „Personal Trainer" in die Selbständigkeit zu starten. Das Wichtigste dabei ist Ihre Begeisterung. Und falls Ihnen gegenüber einem potenziellen Kunden einmal ein Argument für Personal Training fehlen sollte, so antworten Sie ihm wie der 86-jährige Personal Trainer Jack Lalanne:

„Ich frage Sie: Wie viel investieren Sie jedes Jahr in Ihren Wagen? 5.000 Dollar? Verdoppeln Sie diese Summe, und heuern Sie einen Trainer an. Soviel sollte Ihnen Ihr Körper wert sein."

Autor:
Eginhard Kieß

info@personal-training.de
www.personal-training.de

Sportwissenschaftler Slatco Sterzenbach

Equipment eines Personal Trainers

Die nächste Dekade wird vom Thema Gesundheit immer mehr geprägt werden. Das Gesundheitssystem wird in ein paar Jahren nicht mehr so existieren, wie wir es momentan kennen. Immer mehr Firmen werden erkennen, wie wichtig die eigene Investition in Sachen Gesundheit für den Unternehmenserfolg ist. Ich habe die Freude, mit einigen Firmen jetzt schon zusammen zu arbeiten, die Seminare, aktive Pausengestaltung und Einzelcoaching für den Erhalt der Gesundheit und die Steigerung der Leistungsfähigkeit in Ihre Arbeitsprozesse integriert haben. Auch arbeite ich mit Vorständen und Geschäftsführern zusammen, die ein kleines Fitness-Studio für ihre Mitarbeiter eingerichtet haben.

Dabei fehlt es jedoch häufig noch an qualifizierten Trainern, die dort die Betreuung und Beratung übernehmen bzw. in den Trainingseinheiten mit entsprechendem Material ausgestattet sind. Genau aus diesem Grund ist neben der Qualifikation des Trainers auch sein Equipment von entscheidender Bedeutung für die Effizienz des Trainings.

Personal Training stellt für mich die höchste Stufe im Fitness – Angebot dar.

Der Personal Trainer sollte sich in vielen Spezialbereichen sowie Ernährung, Entspannung, Training, Funktionsdiagnostik, Leistungsdiagnostik (besser Energiezonen-Diagnostik), Technikanalyseverfahren in den einzelnen Sportarten und der optimalen Verwendung des geeigneten Equipments auskennen.

Die Auswahl des Equipments hängt dabei stark vom Anspruch des Personal Trainers ab. Welche Kunden und in welchem Umfeld möchten Sie Personal Training anbieten?

Ich gehe im folgenden Abschnitt von einem hoch professionellen Anspruch aus. Weniger geht dann immer noch.

Ich werde in den folgenden Abschnitten die einzelnen Equipmentgruppen vorstellen.

Um sich bei einem Neustart besser entscheiden zu können, werde ich die Equipmentgruppen nach hoher, mittlerer und geringer Priorität einteilen und ggf. die einzelnen Vor- und Nachteile der Mitbewerberprodukte darlegen.

Das Equipment lässt sich in sechs Hauptgruppen einteilen:
- Equipment für Ausdauertraining
- Equipment für Kraft- und Koordinationstraining
- Equipment für Entspannungs- und Beweglichkeitstraining
- Equipment für Diagnostik und Analyse
- Equipment für andere Sportarten und
- Equipment für organisatorische Zwecke (Büro, Kommunikation, Transport etc.)

Equipment für Ausdauertraining

„Für das Radfahren muss man entweder saublöd oder hochintelligent sein! Entweder blöd, damit man die Langeweile ertragen kann oder hochintelligent, damit man sich geistig während des langweiligen Ausdauertrainings beschäftigen kann!" So oder ähnlich lauten die Kommentare von Insidern.

Oder man hat einen Personal Trainer mit spannendem Zusatzequipment. Wow! Machen Sie aus dem Ausdauertraining ein Wow-Projekt (frei nach Tom Peters: „Projektmanagement – Machen Sie aus jeder Aufgabe ein Erlebnis").

Die bei der Own Zone gemessenen Herzfrequenzvariabilität (HRV) ist ein Trainingskontrollparameter, der immer mehr Interesse auf sich zieht. Auf dem Symposium der Deutschen Vereinigung für Sportwissenschaften am 8. Dezember 2001 in Marburg war „Herzfrequenzvariabilität im Sport" das zentrale Thema. Untersuchungen zum Verhalten der Herzfrequenz bei steigender Belastung zeigen einen abnehmenden Parasympathikotonus, „ ...so dass bei höheren Belastungsintensitäten kein Vaguseinfluss mehr nachweisbar ist" (Berbalk, A./Neumann, G.,

2001). Dabei wurden 46 leistungsstarke Ausdauersportler der Sportarten Triathlon und Radsport untersucht. Es kam bei zunehmender Leistung zu einer „Plateauphase", bei der Sympathikus und Vagus gleichstark die Herzschlagvarianz steuern. Der Beginn dieser Plateauphase lag bei den Sportlern „bei ca. 1,5 mmol/l Laktat, bei ca. 55% der maximalen Leistung (Pmax), 55% der maximalen Sauerstoffaufnahme (VO_2max) sowie 70% der maximalen Herzfrequenz (Hfmax)" (BERBALK, A./NEUMANN, G., 2001).

Für den Gesundheitssportler ist das primär aerob ausgeprägte Training interessant. Für den Leistungssportler jedoch ist auch das Wissen der anaeroben Schwelle von entscheidender Bedeutung, um ein so genanntes Schwellentraining, ein Intervalltraining an der anaeroben Schwelle oder ein Training im Entwicklungsbereich steuern zu können.

Bei dieser Untersuchung zeigte sich, dass die individuelle HRV-Schwelle knapp unter der Leistung der individuellen anaeroben Schwelle (IAS) nach DICKHUTH lag. Auch beim Vergleich der HRV-Schwelle zur ventilatorischen Schwelle (durch Messung der Atemgase analysiert) lag die HRV-Schwelle durchschnittlich 10% drunter. Somit eignet sich die Bestimmung der Herzschlagvarianz als nicht invasive Messmethode gut für Gesundheits- und Freizeitsportler.

M 51 von POLAR

Für leistungsorientierte Sportler ist eine Schwellendiagnostik des Stoffwechsels (Laktat) und der Atemgase (VO_2max) für die genaue Bestimmung der anaeroben Schwelle als zusätzliche Information notwendig.

Der Vorteil der Bestimmung der Trainingszonen für aerobes Training mit Hilfe der HRV bzw. über z. B. die OwnZone mit Hilfe einer Polar – Uhr liegt in der tagtäglichen Wiederholbarkeit und Aktualität, wobei das invasive Verfahren der Laktatmessung den Leistungszustand an dem Testtag darlegt, welche nur schwer täglich durchgeführt werden kann. Mit einer Kombination dieser beiden Testparameter ist der leistungsambitionierte Ausdauersportler bzw. der dokumentierende und zu Erfolg verpflichtete Personal Trainer auf der sicheren Seite.

Herzfrequenzmesser sind das notwendige Equipment für erfolgreiches Ausdauertraining. Ohne diese Kontrollmöglichkeit belasten sich nachweislich die meisten Fitness- und Gesundheitssportler zu hoch. Das subjektive Empfinden „Ich fühle mich ja wohl." steht leider nicht im Verhältnis zur messbarer Laktatanhäufung. COOPER stellte bei seinen Untersuchungen fest, dass die Laktat-Werte bei subjektivem Wohlbefinden häufig schon deutlich oberhalb der anaeroben Schwelle lagen. Dabei handelte es sich also um ein Training, das dem Ziel Gesundheit contraproduktiv entgegenstand.

Welchen Herzfrequenzmesser Sie sich anschaffen, hängt von der Zielsetzung und vom Einsatzgebiet ab.

Hohe Priorität:

Herzfrequenzmesser (Kosten ca. 50 – 400,00 €)
Ohne ihn ist kein effektives Training möglich. Das ist wissenschaftlich erwiesen! Welchen denn nun? Von Polar oder von Ciclosport, von Nike oder von Aldi? Hängt davon ab, was Sie damit machen wollen. Will sich Ihr Kunde beim Walking oder Jogging nicht selber ständig kontrollieren müssen, brauchen Sie

einen Hf-Messer mit digitaler Übertragung und somit bis zu 15 Meter Reichweite (z. Zt. nur der CP 29 von Ciclosport für ca. 99,00 €). Der Kunde trägt den Gurt, Sie als Personal Trainer tragen die Uhr, um den Kunden zu coachen („Ein bisschen langsamer... tiefer atmen ..."), während Sie z. B. hinter ihm laufen, um seine Technik zu beobachten. Alle anderen Uhren haben nur eine Reichweite von ca. einem Meter. Somit ist *dieses* Coachen nicht möglich. Sie gehen mit Ihrem Kunden Mountainbiken oder Skilanglaufen. Wie wollen Sie ihn kontrollieren, dass er sich nicht zu stark belastet? Wenn Sie Ihren Kunden alle zwei Minuten fragen: „Welche Herzfrequenz haben Sie?", wird Ihr Kunde garantiert genervt sein. Mit der CP 29 von Ciclosport sehen Sie an Ihrem Handgelenk seinen Wert und können darauf reagieren, indem Sie sich vor ihm platzieren und Stück für Stück unmerklich das Tempo rausnehmen. Ihr Kunde hat keinen Stress oder vielleicht sogar Schock („O Gott, ich habe eine Herzfrequenz von 170...") und Sie haben alles unter Kontrolle.

CP 11 von Ciclosport

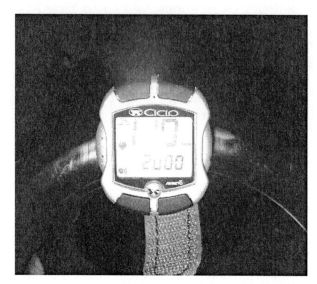

*HAK 4 Titan von
Ciclosport*

Sie wollen die Daten aufzeichnen und später für den Kunden die
Hf-Kurve ausdrucken? Dann brauchen Sie entweder den Hak 4
(ca. 200,00 €) von Cyclosport (Hr. Wilkens; Tel.: 089 - 89527020)
oder die oberen Modelle der S-Serie (ca. 230 – 400,00 €) von
Polar (Hr. Becker; Tel.: 06152 - 923614). Sie wollen den Kunden
für seine Energie – Zonen sensibilisieren? Die M-Serie von Polar
(ca. 130,00 – 250,00 €) hat die Own Zone, die den Eintritt für das
aerobe Training ermittelt, wobei die Herzschlagvarianz mit anderen Parametern eine Own Zone, also eine eigene Trainings-
zone, empfiehlt. Sie sensibilisiert den Kunden für seinen täglichen
Leistungszustand.

Überlegen Sie sich, was Sie mit einem Herzfrequenzmesser
alles anfangen wollen? Z. B. Mountainbiking mit Höhenangaben
mit Ausdruck für den „Faktenfreak – Kunden"?

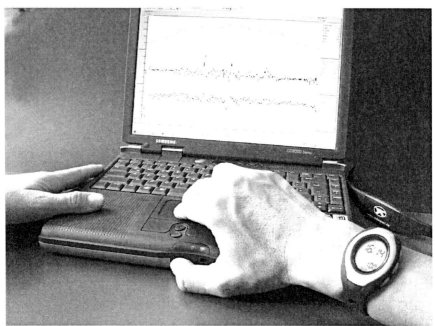

Laptop mit HACtronic – Software von Ciclosport

Dann treffen Sie mit den HAK-Modellen von Ciclosport eine gute Wahl. Sie wollen viele Zwischenzeiten für das Intervalltraining auf der Bahn? Entscheiden Sie sich für die S-Serie von Polar. Sie wollen die Uhr auch sonst tragen und sie soll „schick" sein? Die Titanium von Polar oder die CP 12 von Ciclosport könnte man auch zu Anzügen tragen. Alles andere ist Geschmacksfrage.

Herzfrequenzmesser: Prädikat „wertvoll".

S 810 von Polar mit Interface und Laptop:

Kilometerzähler für das Joggen oder Skilanglaufen (199,00 Euro; zu bestellen bei Ciclosport)
Das neueste und heißeste Equipment für die genaue Dokumentation bei unbekannter Strecke. Habe es selber letztens in der Loipe beim Skaten ausprobiert. Es motiviert ungemein, da ständig die Durchschnittsgeschwindigkeit angezeigt werden kann. Endlich weiß man, wo bzw. wie weit man steht. Die Firma TIMEX bietet seit kurzem auch eine GPS-Sportuhr an. Tempo, Geschwindigkeit und Strecke werden permanent angezeigt. Mehr Informationen dazu unter www.timex.at.

RDS von Ciclosport

Flaschengürtel (Kosten ca. 20 – 40,00 €)
Sie haben beim Joggen natürlich das Getränk für Ihren Kunden mit dabei! Wow!

Laufschuhe (ca. 100 – 150,00 €)
Laufen Sie Trails? Sie brauchen passende Schuhe! Lassen Sie sich von einem Spezialisten anhand einer Laufbandanalyse mit Videofeedback gut beraten und anschließend gewinnen Sie Ihn als Kooperationspartner für Ihr Netzwerk von Spezialisten, zu denen Sie dann Ihre Kunden schicken können.

Walkingschuhe (Kosten ca. 170,00 €)
Walking ist für die meisten Kunden besser als Jogging, da beim Jogging die Belastung des Herz-Kreislauf-Systems (Stichwort „hohe Laktatwerte") und der Gelenke zu hoch ist. Mittelfuß-laufen à la Dr. Strunz mag für einen 60- kg-Sportler interessant sein, für einen 95-kg-Manager, der sich seit Jahren nicht mehr bewegt hat, ist dies der sichere Weg zu chronischen Knochen-hautentzündungen. Für das Walking hervorragend geeignet sind die MBT-Schuhe der F. Ortema (Hr. Semsch; Tel.: 07145 - 912081) -„Ein kleines Fitness-Studio am Fuß!"

Walking-Schuh
von der F. Ortema

Mittlere Priorität:

Zwei Regenjacken (Kosten ca. 200,00 €)
ZWEI! Funktionell versteht sich. Eine für Sie und eine für Ihren Kunden! Oder was machen Sie sonst, wenn Sie sich zum Joggen verabredet haben und es fängt an zu regnen? Termin absagen? Nein! Service ist Trumpf! Denken Sie an den Wow-Effekt! Dieser Service rechtfertigt Ihren Preis. Erlebnisservice und somit emotionale Bindung sind die Erfolgsgaranten der Zukunft. Lesen Sie „Magnetmanagement" von Alexander Christiani[7] und Sie wissen, was ich meine.

Geringe Priorität:

**Zwei Indoorcycling- oder auch Spinning-Bikes
(Kosten ca. 750- 850,00/Stück €)**
Schon mal mit Indoorbikes outdoor gefahren? An einem wunderschönen Ort mit herrlichem Panorama? Wow! Seien Sie kreativ in der Verwendung Ihres Equipments. Ihr Kunde wird es Ihnen

---

[7] Alexander Christiani: „Magnetmanagement"

durch lange Treue danken. Hoher Motivationseffekt, leider gepaart mit hohem Kontosenkungseffekt; kaufen Sie gebrauchte Bikes oder Messebikes, dann wird es billiger (ca. 200 - 250 €).

Spinning–Bike

Equipment für Kraft- und Koordinationstraining

„In der Ruhe liegt die Kraft." Sie kennen dieses Sprichwort. Meine Antwort: „In der Kraft liegt die Ruhe, dem Alter ohne Angst vor Einschränkungen entgegenblicken zu können!"

Ohne Muskeln keine Lebensqualität. 70% der über 60-jährigen in den USA können laut einer Studie nicht mehr ihr 3 kg schweres Enkelkind hochheben! Was für eine Lebensqualität.

Ohne Muskeln keine Fettverbrennungsmaschine. Alle 10 Jahre verlieren unsere Kunden ca. 3 Kg Muskeln. Das kann eine Einsparung bis zu 700 Kcal /Tag bedeuten.

Unsere Kunden schreien nach „Bodybuilding", also Körperaufbautraining.

Welches Equipment sollten Sie sich anschaffen?

Hohe Priorität:

Theraband
(Kosten ca. 5 – 10,00 €; Hr. Artzt; Tel.: 06433 - 91650)
Ich nenne es gerne auch das Zauberband, da ich mit diesem Band bisher auch jeden Spitzensportler zum Schwitzen gebracht habe, und zwar höchst effektiv. Funktionell und physio–logisch. Logisch! Mehrdimensionales Krafttraining mit einem Gerät, was Sie sich in Ihre Hosentasche stecken können und beim Joggen im Wald später herauszaubern. Nach dem Motto: Klein aber fein!" Zusätzlich sollten Sie sich zum Theraband die passenden so genannten „Türanker" und zwei Griffe zulegen.
    Sie können sich natürlich auch hochmoderne mehrdimensional funktionierende Maschinen für mehrere zehntausend Mark ins Wohnzimmer stellen. Nur mit dem Mitnehmen beim Joggen wird es dann schwer.
    Theraband: Prädikat „wertvoll".

Propriomed (Kosten ca. 240,00 - 310,00 €; zu bestellen bei HAIDER BIOSWING; Tel. 09234 - 99220)
Das Propriomed ist ein flexibler, elastischer Schwungstab mit verstellbaren Frequenzreglern. Es wird sowohl in der therapeutischen und präventiven Koordinationsschulung, als auch im Sport- und Fitnessbereich eingesetzt.
    Das Propriomed verbindet verschiedene Trainingseffekte miteinander: Dosierte rhythmische Reize aktivieren die dynamisch arbeitenden synergistischen Muskelgruppen und die Reaktionszeit wird neben der Haltefunktion verbessert. Dabei dient es gleichzeitig der Kräftigung der Muskulatur in Armen, Schultern der Wirbelsäule und z. T. der Beine. Nach längerem Einsatz sind ebenso positive Langzeiteffekte auf die Elastizität des Bindegewebes sichtbar.
    Dank der neu entwickelten vier verstellbaren Regler kann die Frequenz der oszillierenden Bewegungen beliebig eingestellt werden. Dies ermöglicht eine dem Trainings-, Therapie- oder

Fitnesssziel angepasste Stimulation des neuromuskulären Systems.

Das Propriomed besteht aus High-Tech-Federstahl und ermöglicht mehrere Schwingebenen. Es gibt vier verschiedene Längen, so dass Frequenzen von 2,5 bis 7,5 Hz möglich sind.

Chronische Bewegungsarmut, monotone Körperhaltungen und damit verbundene Mängel an propriozeptiven Reizen führen zu Dysfunktionen der neuromuskulären Steuerung.

So entstehen Instabilitäten im Bereich der Wirbelsäule, der Kniegelenke, Fehlhaltungen, Haltungs- und Leistungsschwächen und postural bedingte Schmerzen. Das sind Indikationen für eine posturale Therapie.

Krankenkassen und Patienten erwarten rasche und nachhaltige Therapieerfolge, denn Zeit wird immer kostbarer – und teurer. Die Behandlungstechniken mit Therapiegeräten von HAIDER BIOSWING setzen an der Wurzel an: Während der neu konzipierten Übungen werden der neuromuskulären Steuerung die individuell notwendigen Mengen an propriozeptiven und vestibulären Informationen geliefert. Denn je mehr geeignete afferente Informationen aus der Peripherie das zentrale Nervensystem erreichen, desto besser kann das Gehirn wieder die erwünschten Haltungs- und Bewegungsprogramme generieren.

Bei Übungen mit herkömmlichen Therapiegeräten werden meist nur isolierte Muskelgruppen aktiviert (z. B. auf Geräten mit Widerstand etc.). Dabei wird immer eine Muskelgruppe aktiviert und die andere inhibiert (gehemmt).

Bei der posturalen Therapie nach Dr. Rasev stehen neben einer ausgeprägten, präzisen Diagnostik vor allem Übungen zur synergistischen Aktivierung der Muskelketten im Mittelpunkt. Diese Koaktivierung der Muskulatur mit variabler Intensität ist für die Besserung der Haltefunktion der Muskulatur von entscheidender Bedeutung.

Ziel ist die Ausarbeitung der funktionellen segmentalen Stabilität. Diese segmentale Koordination ist die Basis für alle

Tätigkeiten im Sitzen und im Stehen, wenn sie ohne schnelle Ermüdung und schmerzfrei durchgeführt werden sollen. Propriomed: Prädikat „wertvoll".

Posturomed (ca. 875,00 – 1.070,00 €; ebenfalls zu bestellen bei Haider Bioswing)

Das Posturomed ist ein Therapiegerät mit dosierbar instabiler Therapiefläche. Es findet eine breite Anwendung in der neuroorthopädischen Therapie, in der Prävention und im Spitzensport.

Die Therapiefläche für die aktive Therapie ist auf patentierten speziellen Schwingelementen befestigt, die gedämpfte Ausweichbewegungen in einem bestimmten Frequenzbereich und bis zu einer bestimmten Amplitude ermöglichen. Ein notwendiger Bestandteil der posturalen Therapie auf dem Posturomed ist die neuartige Übungstechnik nach Dr. Rasev. Durch die dosierte Erhöhung der propriozeptiven und vestibulären Afferenzen wird eine differenzierte Aktivierung der Muskelgruppen im Rumpf und Beinbereich erreicht. Dieses, der individuellen Adaptationsfähigkeiten ideal angepasste, Training dient der optimalen Stabilisierung der tragenden Gelenke und des Wirbelsäulenbereichs.

Das Posturomed beeinflusst ganzheitlich die Steuerung von Haltung und Bewegung, denn durch die Besserung der segmentalen Koordination des Anwenders wird ebenso die gesamte Leistungsfähigkeit bei monotonen Tätigkeiten gebessert.

Tubes (Kosten ca. 10 – 15,00 €)
Mit diesen Gummiseilen mit integrierten Griffen (Fitness Plus; Frau Donna Anton; Tel.: 07073 - 91770) können Sie jede Kraftübung an einer Maschine nachahmen.

Jedoch sind gezielte Rotationsübungen im Schulter- und Ellbogengelenk damit nur schwer auszuführen.

Langhantelset (Kosten ca. 75 – 100,00 €)
Ich liebe Kraftübungen, die funktionell sind. Kniebeugen machen Ihre Kunden den ganzen Tag. Sie heben etwas auf. Sie setzen sich auf einen Stuhl. Sie stehen vom Stuhl auf. Nur eben mühsam. Nur eben falsch. Mit einer Langhantel unter Ihrer Aufsicht trainieren Sie die Muskeln Ihres Kunden funktionell auf, so dass der Alltag leichter fällt. Ihr Kunde lernt die korrekte Technik und automatisiert sie und hat maximalen Nutzen. Dazu brauchen Sie ein Langhantel - Set. Mit Kunststoffüberzug! Oder wollen Sie, dass Ihr neuer Mini oder Ihr Kunde Kratzer abbekommen? Passt übrigens auch besser in den neuen Mini als die Beinpressmaschine.

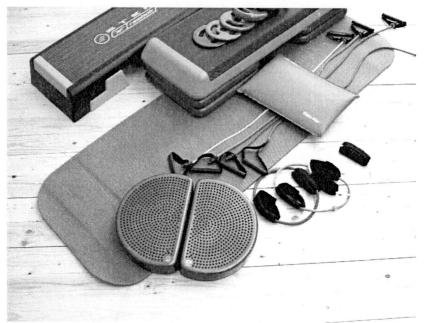

Matte, Aerostep, Pump – Gewichts – Scheiben, Lordosekissen,
Step und Tubes der Fa. Fitness Plus

Lordosekissen (Kosten ca. 20 – 50,00 €)
Bekommen Sie in jedem Sanitärgeschäft. Das kleine Extra unter
den Service–Erlebnissen. Wenn Sie wenig Geld haben, reicht auch
ein Handtuch, um die Vorspannung in der Bauchmuskulatur bei
den Crunches zu erhöhen.

Aber zu Ihrer Beratung könnte ein Arbeitsplatzergonomie–
Check gehören. Die Krankenkasse übernimmt die Kosten für eine
Lordosekissen–Integration im Autositz gerne ... übrigens nicht
nur bei Ihrem Kunden ... oder sitzen Sie nie im Auto? Ach so, sie
begnügen sich mit Fliegen ... na dann.

Pezzi - Ball (Kosten ca. 20 - 40,00 €)
I Love it. Rumpftraining der Extraklasse. Jedem Kunden bringe ich anfangs einen Ball mit, damit er zwischendurch im Büro selber etwas gegen seine akuten Rückenschmerzen machen kann. In jedem Sportgeschäft oder bei der Fa. DEHAG (Hr. Michael de Toja; Tel.: 02234 – 27693) erhältlich. Prädikat „wertvoll".

Mittlere Priorität:

Muskelstimulationsgerät
(Kosten ca. 400 - 800,00 €; Compex; Michael Hill; Tel.: 0611 - 6907451)
Es verdient Prädikat „wertvoll". Warum nur mittlere Priorität? Weil es zwar ein geniales Zusatzequipment darstellt, aber eben auch deswegen seinen Preis hat. Einige Kunden haben es sich selber gekauft, nachdem Sie es einmal bei mir ausprobieren konnten. Als Regenerationsmaßnahme kenne ich nichts Besseres.

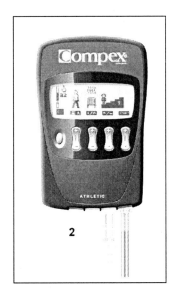

Muskel – Stimulationsgerät der Fa. Compex

Hier die Story: Einer meiner Kunden hatte einen Triathlon absolviert. Ich betreute ihn dabei, bereitete sein Rennrad vor, nahm seine Laufsachen mit zur Wechselzone, machte mentales Training mit ihm vor dem Start, fotografierte ihn beim Zieleinlauf, besorgte ihm die Regenerationsgetränke... anschließend im Ziel mit neuer Bestzeit habe ich ihn „verkabelt" und siehe da: kein Muskelkater am nächsten Tag. Zabel macht es, Drechsler macht es, Lothar Leder macht es und mein Manager macht es, ... nur das Fett wird Ihr Kunde nicht damit wegbekommen, auch wenn die TV-Werbung immer so durchtrainierte Sportler mit Waschbrettbauch zeigen.

Aber als Zusatzequipment ein Aha-Effekt mehr auf Ihrem Nutzenkonto.

Geringe Priorität:

Kurzhanteln
Sie haben doch bereits die Tubes und/oder die Therabänder. Also warum mit zusätzlichen Lasten rumplagen. Aber wem es gefällt, kann hier gerne noch zusätzliche Euro investieren. Außerdem können Sie das Pump-Set nutzen. Die Scheiben lassen sich auch als Kurzhanteln nutzen.

Equipment für Entspannungs- und Beweglichkeitstraining
Sie sorgen für Anspannung bei Ihrem Kunden. Dann sorgen Sie auch für Entspannung! Das ist nun einmal das Grundprinzip des Trainings. Mein Geheimrezept für lange Kundenbindung: am Ende des Trainings fünf Minuten Entspannung, passives Stretching und Massage. Der Kunde verlässt Sie nicht mit dem Gefühl, hart trainiert zu haben, sondern wie auf einer Wolke. Dazu können Sie zusätzliches Equipment verwenden.

Hohe Priorität:

Zwei Matten (Kosten ca. 20,00 €)
Eine Matte für Ihren Kunden, eine Matte für Sie. Oder wollen Sie auf dem harten und kalten Boden Platz nehmen, wo Sie Ihrem Hund einen kuscheligen Korb mit Fell gekauft haben?
Egal, ob Stretching, oben genannte Entspannung oder Krafttraining, Sie brauchen zwei Matten. Punkt!

Massage – Igelbälle (Kosten ca. 10 – 15,00 €)
Wenn Sie sich keine Handmassage zutrauen oder Sie etwas Distanz bewahren wollen, nutzen Sie die Wirkungen eines Igelballs. Er steigert die Durchblutung und wirkt ebenfalls entspannend.

Mittlere Priorität:

Brainlight (Herr Hufgard; Tel.: 06021 - 921638)
Sie haben einen chronisch gestressten Manager als Kunden? Brainlight wirkt. Auch hier senkt der Anschaffungspreis die Priorität. Hochwirksam ist es auf jeden Fall. Die Kombination von Lichtreizen, Musik und entspannter Position senkt bei jedem den Adrenalinspiegel. Prädikat: hoher Erlebniswert!

Brainlight–System

Duftöle oder -kerzen (Kosten ca. 13 – 15,00 €)
Nicht nur Licht beeinflusst unsere Gefühlswelt, auch Düfte
können einen guten Beitrag zur effektiven Entspannung beitragen. Wenn Sie Massagen mit anbieten wollen, sind diese Duft-
spender notwendiges Equipment.

Geringe Priorität:

Zwei Decken
Dann wird es richtig kuschelig. Unrealistisch. Ich gebe es zu, ich
habe bisher auch noch nie zwei Decken im Fitness–Studio genutzt. Deswegen nur geringe Priorität. Aber man weiß ja nie.

Equipment für Diagnostik und Analyse

Ohne Analyse kein effektives, individuell maßgeschneidertes Trainingsprogramm. Personal Training verpflichtet zu Erfolg. Schließlich zahlen Ihre Kunden ja auch erfolgreich auf Ihr Konto ein. Individuelles Training ist nur möglich, wenn ich meinen Kunden grundlegend analysiert habe. Das fängt mit der Anamnese an und hört mit der Zytometrie auf ... der zweite Teil der Aussage war ein Scherz. Sie müssen nicht die Zellgröße, Drüsenlänge usw. mit einem Messokular messen. Aber nutzen sollten Sie die neuesten Errungenschaften der Technik trotzdem. Welche?

Hohe Priorität:

Blutdruckmessgerät

Ob Sie ein manuelles oder automatische kaufen, überlasse ich Ihnen. Aber haben sollten Sie eines – mit Oberarmmanschette. Gibt es in jeder Apotheke.

Herzfrequenz-Interface (Kosten ca. 35 - 150,00 €)

Wenn Sie die Herzfrequenzdaten aufzeichnen und auswerten wollen, benötigen Sie ein Interface mit dazu passender Uhr. Interfacetauglich sind die Uhren HAK 3, 4 und Alpine 5 von Ciclosport und die Modelle S 410 – S 810 von Polar.

Laktat-Gerät (Kosten ca. 330,00 €; bestellbar unter: info@lebenskraft.com)

Mit Laktat-Messungen konnte ich bisher jeden ehrgeizigen Manager überzeugen, dass weniger mehr ist. Sie trainieren mit Ihrem Manager Ausdauer? Natürlich individuell und hochprofessionell! Und dann geben Sie sich mit solchen Formeln wie '160 minus Lebensalter' oder '65 - 85% der maximalen Herzfrequenz (max. Hf = 220 minus Lebensalter beim Mann oder 226 minus Lebensalter bei der Frau)' zufrieden? Ernsthaft? Oder noch besser

ein Zitat von Dr. Strunz: „Drei Schritte einatmen, drei Schritte ausatmen.."?????????
Das sind Allgemeinaussagen, das sind Aussagen von statistischen Untersuchungen. Ihr Kunde ist aber nicht ein statistisches Wesen, Ihr Kunde ist ein professionell eingestelltes Individuum. Handeln Sie bitte dementsprechend.

Ernsthaft. Ihr Kunde will Fett abbauen. Dann müssen Sie ihn auch in dieser Energiezone trainieren lassen, damit der Körper es wieder neu lernt. Ohne eine qualifizierte Energiezonen-Diagnostik funktioniert kein individuelles Training.

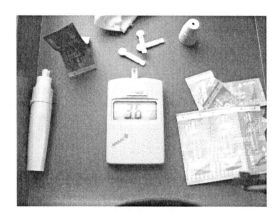

Laktat-Messung mit dem Gerät der Fa. Axon Lab

Achtung:

Bevor Sie invasive Verfahren wie die Laktatmessung vornehmen, informieren Sie sich unbedingt über die rechtliche Zulässigkeit und Ihre potenzielle Haftung!

Mittlere Priorität:

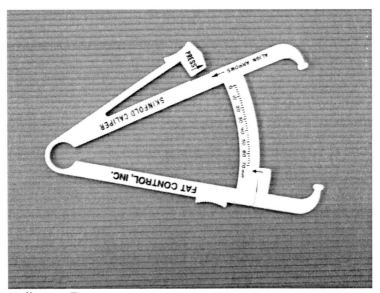

Kaliper – Zange

Fettmessgeräte

Die Gelehrten streiten sich, ob Sie nun mit der klassischen Kaliperzange oder der weit verbreiteten Tanita–Waage, oder mit der anspruchsvollen Impedanz–Methode oder mit der modernen Infrarotmessung messen sollten. Egal, für welches Equipment Sie sich entscheiden, alle haben Vor- und Nachteile. Kaliper sind billig und passen in jede Handtasche. Man muss es aber geübt haben. Tanita ist alltagstauglich, kann als Ersatz für die normale Waage ins Bad des Kunden gestellt werden, kann aber sehr starke Schwankungen anzeigen. Und das kann nach hinten losgehen. Oder was meinen Sie, wenn Ihr Kunde vor Ihrem Trainingsbeginn vor drei Monaten einen Körperfettanteil von 18% hatte und jetzt 20%? Da kommen Sie in einen Argumentationsengpass. Er hat Ihnen natürlich nicht gesagt, dass er heute andere Ausgangsbedingungen hatte, da er ausnahmsweise abends gemessen hat und wenig getrunken hat. Gönnen Sie sich den Spaß: messen Sie Ihren Körperfettanteil vor drei Gläsern Wasser und danach: die %-Angabe wird sich verändern. Versprochen! Die Ausgangsbedingungen müssen gleich sein, sonst fallen Sie ganz schnell auf die Nase. Und fragen Sie sich, warum Sie Ihren Kunden mit einer Zahl konfrontieren wollen, da er sowieso jeden Tag im Spiegel sehen kann und weiß, dass er etwas tun muss. Und wenn Sie mit ihm erfolgreich trainieren, wird er es an der Kleidergröße merken. Zu meiner Kleidergröße, die ich vor 10 Jahren hatte und nun wieder tragen kann, kann ich eine emotionale Bindung aufbauen (wie wäre es mit dem klassischen Zentimetermaßband?). Zu einer %-Angabe?

Eine Ausnahme: Sie nutzen die Infrarot- oder Intepedanzmessung, um aufzuzeigen, wie hoch der Wasseranteil im Körper ist. Unsere Kunden trinken häufig zu wenig und sind teilweise sehr dehydriert. Ohne Wasser aber keine Leistung. Das Gefühl der Leistungsfähigkeit ist sehr subjektiv, hier kann die „objektive Zahl" unterstützend in der Motivation helfen, damit der Kunde mehr Wasser und weniger Kaffee trinkt.

Medi - Maus
(Kosten ca. 3.300,00 € ; Fa. IDIAG; Tel.: +41 - (0)1 - 9085858)
Das Hightec–Gerät für Funktionsdiagnostiker. Sie benötigen einen Computer, die Software und diese Maus. Ein teurer Spaß. Aber höchst interessant. Sie fahren mit der Maus die Wirbelsäule entlang und danach zeigt Ihnen das Computerprogramm die Abweichungen der Winkelstellungen in der Wirbelsäule bzw. zwischen den einzelnen Wirbelkörpern und somit die Problemzonen auf. Das dazugehörige nützliche Trainingsprogramm können Sie dann auch gleich für Ihren Kunden ausdrucken lassen. Allein die grafischen Darstellungen sind sehr überzeugend für den Kunden. Man sollte sich aber mit der Funktionsdiagnostik auskennen, um nicht Fehlinterpretationen wahrscheinlich werden zu lassen.

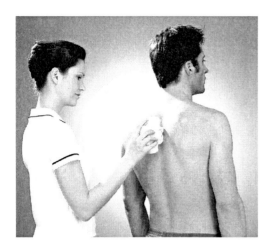

Funktionsdiagnostik mit der Medi-Maus.

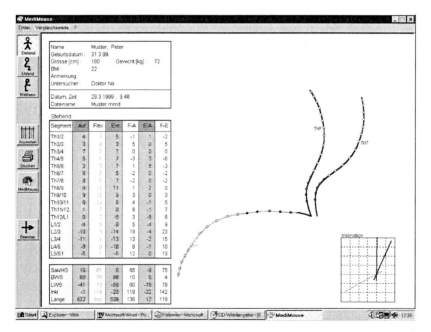

Grafische Darstellung der Wirbelsäule nach diagnostischer Untersuchung mit der Medi-Maus.

Massage- oder Diagnostikbank (Kosten ca. 500 - 750,00 €)
Natürlich sollte diese Bank tragbar sein. Wer vollkommen unabhängig und professionell sein möchte, Funktionsdiagnostik beherrscht und inklusive Massage anbietet, kommt um eine Bank nicht herum.

Video - Kamera (Kosten ca. 300 – 500,00 €)
Technikanalyse und -feedback ohne Kamera fällt schwer. Der Aha – Effekt für den Kunden ist immer noch am größten, wenn er sich endlich selber sehen kann. Egal, ob beim Joggen, beim Radfahren, beim Schwimmen oder bei einer anderen Sportart, dieses direkte „neutrale" Feedback ist sehr wertvoll für Ihren Kunden.

Geringe Priorität:

Videos (Kosten ca. 20 - 50,00 €)
Und zwar Videos über die Techniken von speziellen Sportarten. Kann man in Bibliotheken der Universitäten, die Sportwissenschaften lehren, angucken oder evtl. sogar ausleihen.

Equipment für andere Sportarten
Der Kunde erwartet viel! Je vielseitiger Ihr Angebot, desto größer die Wahrscheinlichkeit, Kunden zu gewinnen und zufrieden zu stellen.

Hohe Priorität:

Mountainbike (Kosten ca. 750 – 5.000,00 €)
Nehmen wir an, Sie hätten zwei Manager, die einen Marathon laufen wollen. Mit einem Mountainbike kein Problem. Sie haben die Getränke und Ersatzkleidung dabei, können Ihn motivieren, ohne dabei selber aus der Puste zu kommen. Denken Sie daran, Sie sind der Coach. Bei der Tour de France fährt der Coach auch nicht den Berg mit dem Bike hoch, sondern im Auto ... Oder

haben Sie schon mal gesehen, dass ein Basketball-Coach einen Drei-Punkte-Wurf im Spiel gezeigt hat? Nein!

<u>Mittlere Priorität:</u>

Inline – Skates (Kosten ca. 100 – 250,00 €)
Der ideale Ausgleich zum Joggen. Wer es kann, sollte es auch anbieten.

Schwimmequipment (Kosten ca. 150,00 €)
Dazu können gehören: Flossen, Schwimmbrille, Aquajoging – Gürtel, Schwimmbrett, Handbretter usw. Wenn Sie sich auf Schwimmtraining spezialisieren wollen, brauchen Sie dieses Equipment. Leicht zu bestellen der Fa. DEHAG, Michael de Toja; Tel.: 02234 – 27693.

Aquaflossen und Aquajogginggürtel.

Geringe Priorität:

Rennrad oder Skiausrüstung
Je nachdem, was Ihre Steckenpferde sind, werden Sie auch das entsprechende Equipment haben. Natürlich können es auch Tennis, Squash, Basketball oder andere Sportarten sein.

**Equipment für organisatorische Zwecke
(Büro, Kommunikation, Transport etc.)**
Als Personal Trainer von heute werden Sie mit vielen bürotechnischen Anforderungen konfrontiert. Je besser Sie ausgestattet sind, desto professioneller können Sie agieren.

Hohe Priorität:

Laptop (Kosten ca. 1.500 – 2.000,00 €)
Sie brauchen einen Computer. Und zwar einen tragbaren. Oder wie wollen Sie sonst die computerunterstützte Ernährungsanalyse („Vital & Activ" von Bayer Vital GmbH & Co KG) oder die Laktatdiagnostik oder die Herzfrequenzauswertung beim Kunden durchführen. Eine gekonnte Powerpoint-Präsentation Ihrer Angebote macht einen professionellen Eindruck beim Manager, bei dem Sie einen Termin bekommen konnten. Oder Sie nutzen sogar die Software „Bodyprogramm" (Hr. Dr. Schoenthaler; Tel.: 06897 - 778844), bei der Sie Ihren Kunden per E-Mail die Trainingsübungen zusammenstellen können und er sie sich dann als Videosequenzen angucken kann.

Visitenkarten, Flyer, Briefpapier, eigene Homepage: das normale Equipment einer Firma. Und Sie sind auch eine Firma, auch wenn nur eine Ein-Mann-Firma. Versuchen Sie nach dem Win–Win–Prinzip einen Grafiker zu gewinnen, so dass Sie nur die „Hardware", also die Druckkosten, bezahlen müssen. Ansonsten sind Sie ganz schnell mit 5.000 – 10.000,00 € dabei.

Kalender + Mobiltelefon (Kosten ca. 0 – 750,00 €)
Die billige Variante ist ein Gratis-Handy als Geschenk vom
Provider bei Vertragsabschluss + einen Kalender von der
Apotheke. Die teure Variante ist der neue Communicator 9210
von NOKIA. Ich arbeite mit der zweiten Variante, da dies viel Zeit
spart. Alle Adressen, Termine und wichtigsten Word-, Exel-, und
Powerpoint-Dokumente habe ich somit in einem Gerät. Auch
Internet-Anschluss und das Versenden von E-Mails ist mit diesem
Gerät kein Problem. Des Weiteren können Sie Faxe verschicken
und empfangen. Wenn Sie viel unterwegs sind, ist dies der
perfekte Büroersatz. Eine Kombination von Handy und Handheld
macht es auch. Aber beim Communicator habe ich alle Adressen
in einem Gerät und sehe sofort bei einem Anruf, ob vielleicht
mein Kunde am anderen Ende der Leitung ist. Wenn Sie mit einer
Digitalkamera ein Bild von Ihrem Kunden gemacht haben und es
im Communicator speichern, erscheint sogar das Bild des
Anrufenden. für alle, die ein schlechtes Namensgedächtnis haben. Dementsprechend kann ich ihn speziell begrüßen. Magic
Moment par exellence. Wenn Sie einmal damit gearbeitet haben,
wollen Sie es nie wieder missen. Versprochen.

*Der neue 9210 i
mit komfortabler
Ausstattung*

Auto
Oder wie wollen Sie sonst Ihr Trainingsequipment zum Kunden bringen?

Mobile Stereo-Anlage (Kosten ca. 90,00 €)
Ein portabler CD-Player und Mini-Boxen reichen aus. Gerade bei der Entspannung während Ihrer Arbeit; Spaß beiseite, Sie brauchen Ihn sowieso bei der Entspannung Ihres Kunden. Oder beim Spinning im Wald.

Literatur (unbegrenzte Kosten...) Ohne Fachkompetenz keine Professionalität. Bitte überlegen Sie, dass Sie mit einem Buch das Wissen eines Lebenswerkes und somit viel Erfahrungen „inhalieren" können. Was sind schon 50,00 €, wenn Sie evtl. dadurch Spezialist in einem Service-Segment werden können? Wenn Sie sich für Personal Training entscheiden, wird ein Leben nach dem L^3-Prinzip unvermeidlich (= „lebenslanges Lernen"). Hier an dieser Stelle ein Tipp: Könnte es sein, dass Sie zu den absoluten Top-Spezialisten gehörten könnten, wenn Sie alle 14 Tage ein Fachbuch lesen würden? Dann hätten Sie nämlich in fünf Jahren satte 120 Bücher gelesen. Und bei diesem Wissen werden Sie bestimmt einen Expertenstatus erworben haben, der Sie in Zukunft erfolgreich werden lässt.

In diesem Sinne wünsche ich Ihnen Viel Erfolg beim Personal Training! Überlegen Sie genau, was Sie anbieten wollen und bedenken Sie, dass es nur wenige Berufe gibt, die mit so geringer Anfangsinvestition ein gutes selbständiges Einkommen und so viel Potenzial zur eigenen Weiterentwicklung geben.

Autor:
Slatco Sterzenbach

www.lebenskraft.com

Fitnessfachwirt/-lehrer Ralf Lützner

Betreuungs- und Trainingskonzepte im Personal Training

Als ich vor drei Jahren aus meiner damaligen Tätigkeit (Studioleiter und Trainer) in die Selbständigkeit eines Personal Trainers wechselte, war mir bewusst, dass es nicht leicht werden würde.

Wie sollte ich es schaffen, Klienten zu akquirieren, diese umfassend zu betreuen und vor allem über eine längere Zeit zu binden?

Um als freiberuflicher Personal Trainer Fuß zu fassen, benötigte ich ein durchdachtes Konzept, um von Anfang an einen direkten Weg einzuschlagen.

Ich machte mir klar, welche Zielgruppen sich mit meiner Dienstleistung angesprochen fühlen könnten und nicht zuletzt, welches Entgelt mir dafür fair und dennoch angemessen erschien. Mein Ziel war es nicht, mich zusätzlich durch Kurse in einem Fitness-Studio über Wasser zu halten. Ich suchte ein klares Berufsbild.

„Business for Business" – diese Aussage erklärt in meinen Augen das Wesentliche:

Wer Businessklienten betreuen möchte, sollte Business bieten können, um auch zahlungskräftiges Klientel anzusprechen.

Die Firma sollte eine eigene Philosophie haben, eine Marketingstrategie sowie ein Betreuungs- und Trainingskonzept beinhalten, auf das ich im Folgenden näher eingehen möchte. Im Personal Training ist es wichtig, flexibel auf die individuellen Bedürfnisse der Klienten einzugehen.

Was rechtfertigt den Aufwand, ein solches Konzept für die Betreuung eines Klienten zu fixieren, wo letzteres doch beim ersten Hinschauen das Leichteste am Personal Training zu sein scheint?

Das Wissen um Training & Trainingsplanung sowie Methodik und Didaktik desselben, kann man sich schließlich bei einem Fernstudium zum Fitnesstrainer aneignen. Wir wissen, dass die Trainingssteuerung aus folgenden vier Punkten besteht:

- Analyse zur Erfassung der Ausgangssituation mittels Anamnese und Check-up
- Zielsetzung mit realistischer Erfolgsprognose
- Trainingsplanung mittels Erstellung von lang-, mittel- und kurzfristigen Trainingsplänen
- Trainingskontrolle/Trainingsverlaufskontrolle

Sicherlich habe ich bei der Umsetzung in einem Fitness-Studio damit keine Probleme. Aber wie sieht es beim Personal Training aus?

Welche Motivation besitzen unsere Klienten, um einen persönlichen Trainer zu engagieren, bei dem eine Trainingeinheit so viel kostet, wie die Nutzung einer Fitnessanlage für den ganzen Monat?

Unsere Kunden suchen einen Spezialisten für das schnellstmögliche Erreichen sportlicher und gesundheitlicher Ziele. Er sollte eine flexible Terminvereinbarung und auch feste Termine zulassen, auf mancherlei Problem eine Lösung haben bzw. einen anderen Experten kennen, der sich dieser Fragen annehmen kann. Vielseitigkeit, Motivation und dennoch diskretes Auftreten sind ebenfalls Charaktereigenschaften, die einerseits erhofft und andererseits erwartet werden können.

Die eben angeführten Gründe sind sicherlich nur einige, welche dabei helfen, das Ziel eines eigenen Klientenstamms in die Realität umzusetzen.

Möglichst vielen Klienten ein abwechslungsreiches Training zu bieten, sollte uns auf Dauer ebenso wichtig sein. Ersparen wir uns doch dadurch eine aufwendige und kostenintensive Gewinnung neuer Klienten, indem wir bereits bestehende Partner fester an uns binden, intensiver betreuen oder ihnen durch interessante Zielsetzungen ungeahnte sportliche Horizonte öffnen.

Beim Begriff Klientenbindung möchte ich jetzt nicht auf vertragliche Regelungen im Personal Training eingehen. Verträge sind in meinen Augen keinesfalls ein nützliches Instrument, um Klienten über längere Zeiträume zu binden. Auch wenn sie, wie in der Fitnessbranche üblich, als Mitgliedschaft umschrieben werden, lösen vertragliche Langzeitvereinbarungen bei Interessenten immer wieder berechtigte Skepsis aus. Hierzu kann ich aus meiner Erfahrung anmerken, dass Verträge und deren Laufzeiten sowie die dazugehörigen Honorarstaffelungen im Personal Training nur hinderlich sind und von mir nicht eingesetzt werden.

Vielmehr sollten wir uns an dieser Stelle Gedanken machen, unsere Klienten durch Leistung zu überzeugen. Etwa durch die Präsentation eines umfangreichen und flexiblen Konzepts, das perspektivische Lösungen aufzeigen kann. Eine Langzeitbindung birgt viele Vorteile und schafft nicht nur finanzielle Entlastung.

Es lassen sich Kosten für die Werbung neuer Interessenten sparen.

Durch einen geringeren Zeitaufwand werden Ausgaben reduziert und Honorare im Voraus kalkulierbar.

Eine gewisse berufliche Sicherheit lässt mehr Raum für umfangreichere Möglichkeiten, das Qualitätsniveau des Trainings zu erhöhen, Angebote zu testen und gerade in die Betreuung von Neukunden deutlich mehr Zeit zu investieren.

Die Einteilung von Zielgruppen lässt das eigene Marketing darauf ausrichten.

Sicherlich sind dies nicht alle Gründe, die ein gutes Unternehmenskonzept rechtfertigen. Zur besseren Verständlichkeit werde ich im Folgenden noch auf einige praktische Erfahrungen meiner täglichen Arbeit als Personal Trainer zurückgreifen:

Nach einem Jahr Intensivbetreuung und über 40 kg Gewichtsverlust kam kürzlich ein Klient zu mir, bedankte sich für das Training, welches ihm zu einem neuen Lebensgefühl verholfen hätte und bat darum, seine sportlichen Aktivitäten in Zukunft alleine weiter zu betreiben. Er habe durch die professionelle

Betreuung vieles gelernt und sei mittlerweile motiviert genug, in Eigenregie an sich zu arbeiten.

Einerseits war ich stolz auf die gemeinsam erreichten Erfolge, andererseits ärgerte mich natürlich der plötzliche Weggang dieses Kunden.

An solchen Beispielen verdeutlicht sich allerdings, dass unsere Klienten mit den unterschiedlichsten Ansprüchen zu uns kommen, auf die wir uns – auch mit einer gewissen Portion Weitsicht und Menschenkenntnis – einstellen müssen.

Ich habe in diesem Fall eine Fernbetreuung angeboten, die dankend angenommen wurde. Wir treffen uns in regelmäßigen Abständen und erstellen einen neuen Trainingsplan, nach dem der Klient auf eigenen Wunsch allein trainiert. Wöchentlich erhalte ich ein Update seiner erbrachten Leistungen. Dies macht mir ein kurzfristiges Eingreifen bzw. eine Korrektur nach wie vor möglich.

Aus heutiger Sicht würde ich diesem Klienten die Möglichkeit einer Fernbetreuung frühzeitiger eröffnen. Denn auch für mich ist ein wesentlicher positiver Effekt eingetreten. Ich habe eine Kostenersparnis und einen Honoraranstieg erzielt, der durchaus berechtigt ist. So liegt eine Trainingsstunde mit Unterweisung an Geräten und neuen Übungen preislich höher als eine normal betreute Trainingseinheit.

Dazu kommen wöchentliche Updates, die ich bequem aus dem Büro versenden, aber gesondert abrechnen kann.

Sicher entsteht jetzt folgende Frage: Hat das denn noch etwas mit Personal Training zu tun? Meine Antwort ist ja.

Der Klient wird jederzeit optimal und nach seinen eigenen Wünschen betreut.

Nach einem Jahr Intensivbetreuung kennt er sich ohnehin oft besser an den Geräten oder den Anforderungen an ein Lauftraining aus, als so mancher Trainer in einem Fitness-Studio. Erfolg ist bekanntlich die beste Motivation. Warum soll das beim Training anders sein? Das Erlernen einer Fremdsprache baut schließlich auch auf den Grundlagen auf, um weiterführende Anwendung zu finden.

In einem Gespräch, das ich kürzlich mit einer Kollegin aus Köln führte, zweifelte sie daran, dass Klienten im Training immer nur den Erfolg vor Augen haben. Ich bin da anderer Meinung und habe es schon oft erlebt, dass meine Kunden sich anfangs das Ausmaß ihrer sportlichen Leistungen nicht vorstellen konnten und später glücklich darüber waren, wenn Sie sich wieder gesund fühlten bzw. nicht mehr nach jedem Treppenaufstieg außer Atem kamen.

Seit einem Jahr trainiere ich einen Klienten, der auch mit den oft verbreiteten Standardwünschen nach Gewichtsverlust und Fitnessverbesserung zu mir kam. Nach einem halben Jahr unregelmäßigen Trainings waren wir seinen Zielen nicht ein Stück näher gekommen. Durch beruflichen Stress, inkonsequenter Ernährung und der zusätzlich unregelmäßigen sportlichen Belastung hatte er sogar 4 kg zugenommen.

Fortan fing der Klient an, meine Trainingsempfehlungen zu befolgen. Wir verabredeten uns zum Training, trainierten nicht mehr so hart, aber dafür regelmäßig und stellten seine Essgewohnheiten um. Erste Lauferfolge stellten sich ein, die Pfunde purzelten und während eben dieser junge Mann vor einem Jahr einen Halbmarathon nie in Erwägung gezogen hätte, teilte er mir nun mit, an einem ebensolchen teilnehmen zu wollen. Die sportlichen Ziele hatten sich aufgrund seiner gestiegenen Leistungsfähigkeit geändert.

An dieser Stelle erleichtert ein Betreuungs- oder Trainingskonzept meine Arbeit. Denn wenn ich diesen Fall konzeptionell bedacht hätte, bliebe mir der Klient auf lange Zeit erhalten. Sicher wird auch dieser irgendwann durch seine sportlichen Leistungen motiviert genug sein, um die „Betreuung an der langen Leine" zu bevorzugen. Das ist sein gutes Recht. Wichtig ist für mich, ihn auf diesem Weg ein Stück begleitet zu haben, Freude am Sport vermitteln zu können und ein gesundes Körperbewusstsein auf lange Sicht auszuprägen.

Ein anderes Klientel dagegen wünscht dauerhafte und regelmäßige Betreuung über längere Zeiträume, setzt neue Ziele, probiert sich aus, aber braucht die Motivation und den Antrieb des Personal Trainers. In diesen Fällen hat vor allem ein gut funktionierendes Zeitmanagement oberste Priorität.

Wie kann man ein Konzept erstellen?
Der 1. Schritt: die Analyse des Ist-Zustandes
Nehmen Sie sich die Zeit und reflektieren Sie Ihre Ausgangssituation. Schon hier stellen sich die Weichen für spätere Erfolge. In dieser Analyse stellen Sie ihre Idee „Personal Training" auf den Prüfstand. Erzählen Sie Freunden von Ihrem Vorhaben, beantworten Sie deren Fragen, und Sie werden staunen, wie viele davon in Ihrer praktischen Arbeit wiederkehren.
Folgende Schwerpunkte sollten Sie beachten:
- Fragen, die Ihre Ausbildung betreffen
- Fragen, die Ihre Fähigkeiten betreffen
- Fragen, die Ihre charakterlichen Eigenschaften betreffen

Weiter sollten Sie den Markt analysieren:
- Gibt es genügend Interessenten für Ihr Angebot?
- Gibt es schon ähnliche Anbieter am Markt?
- Welchen Zulauf haben diese und warum?
- Welche direkten oder indirekten Mitbewerber gibt es bereits in Ihrer Umgebung?
- Mit welchem Preis/Leistungsverhältnis arbeiten Ihre Konkurrenten?
- Welches Preis/Leistungsverhältnis benötigen Sie, um wirtschaftlich zu agieren?

Sie werden bemerken, dass sich beim Erarbeiten eines Konzeptes eine unbeantwortete Frage zur anderen gesellen wird. Im Geschäftsalltag bleibt dafür wenig Zeit. Daher ist eine hinreichende Vorbereitung mit gründlich durchdachter Planung unerlässlich.

Zielformulierung – „Der Weg ist das Ziel!"
Die Festlegung Ihrer Ziele ist genau so wichtig wie die Analyse Ihrer Ausgangssituation. Hier sollten Sie, wie auch später bei der Arbeit mit Ihren Klienten, genaue Formulierungen anstreben.

So kann ein mögliches Ziel nicht lauten: „Ich möchte Personal Training anbieten!"

Eine Zielvorgabe sollte jeder hinterfragen: „Was möchte ich, auf welchem Weg, wie, bis wann und mit welchen Mitteln erreichen?" Wer in ein Taxi steigt und dem Fahrer nicht eindeutig sagt, wohin er möchte, wird es auch schwer haben, am gewünschten Ort anzukommen.

Ein konkretes Ziel könnte vielmehr lauten: Ich möchte in den nächsten zwölf Monaten zehn Klienten privat betreuen.

Als nächstes sollten Sie sich über den Weg dahin, also das WIE Gedanken machen. Vorstellbar wäre, in den ersten zwei Monaten 5 Klienten zu akquirieren. Aus meiner Erfahrung weiß ich, dass aus dem Umfeld eines zufriedenen Kunden nach vier bis sechs Monaten durchaus ein neuer Klient geworben werden kann. Dieses Schneeballprinzip entsteht, wenn Sie Ihre Arbeit perfekt machen und dem Klienten zum Erreichen seiner Ziele verhelfen.

Am Rande sei erwähnt, dass ich nicht mit Empfehlungsprämien arbeite und mein Klientel auch zu keiner Zeit auf Empfehlungen anspreche, da ich beide Varianten unter anderem von Vertretern im Alltag erlebe und als unangenehm empfinde. Für eine exklusive Serviceleistung wie das Personal Training halte ich diese Mechanismen für unangebracht und versuche, bei der Betreuung meiner Kunden alle störenden Einflüsse zu vermeiden. Positive Reaktionen aus dem Umfeld eines Klienten geschehen nicht selten von ganz allein. Anfangs beobachten Freunde und Bekannte oft zu Recht eher skeptisch das Wirken des Personal Trainers. Aber genau diese Neugier erzeugt eine gewisse Spannung, die von zunehmendem Interesse begleitet wird. Das Umfeld verfolgt Fortschritte oder Veränderungen durch das Training, ob der Personal Trainer dem Klienten wirklich zu seinen Zielen verhelfen kann und vor allem wie.

Ich verspreche keinem schon im ersten Monat einen erheblichen Gewichtsverlust oder wecke die Hoffnung einer Ausdauerverbesserung, um einen Marathon in einer 3:30h Zeit zu laufen. Solche Vorhaben benötigen Zeit, regelmäßiges Training und einen durchdachten Trainingsplan.

Und mal ehrlich: Welcher Top-Manager kommt mit dem Ziel zu uns, einen Marathon zu laufen? Unsere Klienten sind in der Regel nicht an Höchstleistungen orientiert, sondern wollen vielmehr ein paar überflüssige Pfunde los werden, ihren Körper in eine straffe Form bringen oder das Herz-Kreislauf-System stärken, um einem Herzinfarkt vorzubeugen. Es geht darum, Stress abzubauen bzw. den Blutdruck zu senken.

Ziele wie Marathon, Muskelaufbau oder die Teilnahme an einem Triathlon entwickeln sich aus meiner Erfahrung erst später mit steigender Leistungsfähigkeit.

Wenn die ersten sichtbaren Pfunde verschwunden sind und neue, für den Klienten und seinen bisherigen Lebenswandel vielleicht sogar ungewöhnliche Ziele entstehen, reagiert das Umfeld auf den Erfolg. Der Klient wird auf körperliche Veränderungen angesprochen und berichtet selbständig über seine Fortschritte.

Diese Zeit müssen wir abwarten, aber natürlich auch erst einmal erreichen, denn hier entstehen uns ohne großartiges Zutun neue Wirkungskreise. Denken Sie aber auch an die Vielzahl derer, die zwar gern etwas für sich und ihre Gesundheit tun möchten, aber nicht bereit sind, Einschränkungen wie die Umstellung von Essgewohnheiten und das regelmäßige Training umzusetzen.

Hier gilt ein weiterer Ratschlag: Arbeiten Sie in erster Linie mit Klienten, die regelmäßig zu abgesprochenen Terminen erscheinen und gern trainieren. Kunden, welche ständig zum Training überredet werden müssen oder Termine mehrfach kurzfristig absagen, sollten in der Minderheit bleiben. Verhelfen Sie denjenigen zu Erfolg und Gesundheit, die sich helfen lassen wollen und diszipliniert mit ihrem Körper umgehen. Nur bei regelmäßigem und bewusstem Training werden sich auch Erfolge einstellen.

Selbstverständlich sollte ein Personal Trainer in der Lage sein, Klienten mit schlechter Trainingsmoral zu motivieren, allerdings teile ich diese in zwei Gruppen:

In der ersten Gruppe befinden sich jene, die beschlossen haben, etwas für ihr Wohlbefinden zu tun, aber beruflich nur unregelmäßig Zeit für Trainingseinheiten finden. Diese Gruppe will trainieren, wird aber ständig durch äußere Umstände davon abgehalten.

Bei der zweiten Gruppe wäre durch etwas Organisationsgeschick die nötige Zeit vorhanden, leider hat aber der Denkprozess für ein neues Körperbewusstsein noch nicht eingesetzt. Hier kommt es häufig zu kurzfristigen Terminabsagen oder gar zu Ausfällen. Oftmals hilft nur eine gewisse Distanz bzw. besagte Geduld, bis auch bei diesen Klienten die Erkenntnis zur Notwendigkeit sportlicher Betätigung eintritt.

In der Anfangsphase als Personal Trainer neigt mancher dazu, dieser zweiten Gruppe zu viel Aufmerksamkeit zu widmen. Das kann mit Enttäuschungen enden.

Möglichkeiten der Einteilung eines Betreuungskonzeptes können wie folgt aussehen:
- Einteilung nach der Anzahl der im Training betreuten Klienten
- Unterscheidung nach der Form der Betreuung
- Unterscheidung nach der Art der Terminvereinbarung
- Einteilung nach der Leistungsfähigkeit der Klienten

Einteilung nach der Anzahl der im Training betreuten Klienten

Die Anzahl der Klienten an einer Trainingseinheit ist sehr wichtig, da sie über Individualität, Intensität und das Klima während des Trainings entscheidet. So können folgende Einteilung vorgenommen werden:

- Betreuung von Einzelpersonen
- Betreuung von kleinen Gruppen (Geschäftspartner, Manager einer Firma usw.)
- Betreuung von größeren Gruppen (Firmenfitness, Laufgruppen, Kurse in Fitness-Studios o. ä.)
- Betreuung von Ehepartnern

Betreuung von Einzelpersonen

Diese Form ist die wohl häufigste, um Klienten im Personal Training zu betreuen.

Vorteilhaft ist das 1:1-Coaching - das individuelle Abstimmen des Trainings auf den Klienten. Der Klient kann mit höchster Konzentration trainieren und empfindet durch die permanente Motivation und Anwesenheit des Trainers selbst ein schweres Training als angenehm.

Als nachteilig kann hier nur die Wirtschaftlichkeit angeführt werden, was aber durch einen angemessen Stundenpreis ausgeglichen wird.

Betreuung von kleinen Gruppen

Diese Form eignet sich für Trainer, die in größeren Unternehmen arbeiten und leistungsgleiche Geschäftspartner oder Manager einer Firma zusammen betreuen können.

Vorteilhaft erscheint die Arbeit in kleinen Gruppen von zwei bis vier Klienten. Wichtig ist die Harmonie unter den Teilnehmern. Der Trainer sollte allerdings darauf achten, dass genügend Ernsthaftigkeit beim Training gewahrt bleibt. Für eine solche Einheit können Sie das Honorar ruhig verdoppeln, da sich der Preis für die 4 Teilnehmer ja ohnehin halbiert. Sollte ein

Teilnehmer verhindert sein, findet das Training mit den übrigen Klienten statt. Die Motivation unter den Teilnehmern ist bei dieser Betreuungsform sehr hoch und bedarf nur selten Überzeugungsarbeit. Als nachteilig kann die Individualität des Trainings und deren Umsetzbarkeit gewertet werden, da es schwierig ist, vier Klienten mit den gleichen Leistungsansprüchen und Interessen zu finden.

Betreuung von größeren Gruppen

Diese Form wird vor allem bei Firmenfitnessprogrammen oder in Fitness-Studios eingesetzt. Ich kann auf diese Art weniger zahlungskräftige Klienten, zum Beispiel in Laufgruppen, betreuen. Im Personal Training findet diese Form selten Anwendung.

Vorteilhaft ist die Arbeit in Gruppen von bis zu zwölf Personen. Wichtig ist – wie bereits oben erwähnt – auch hier die Harmonie unter den Teilnehmern, wodurch dem Trainer auch die Motivationsarbeit erleichtert wird. Der Kosten/Nutzenfaktor ist je nach Veranstaltung mit Einzelbetreuung zu vergleichen. Die Termine gelten auch als sehr sicher, da in der Regel genügend Teilnehmer am Training teilnehmen.

Nachteilig wirken sich oft die großen Leistungsunterschiede der einzelnen Teilnehmer aus, die vom Trainer ein Höchstmaß an Kompetenz, Erfahrung und Improvisationsgeschick abverlangen. Die Intensität des Trainings für den Einzelnen hängt daher stark von dessen Leistungsstand ab.

Betreuung von Lebenspartnern

Diese Form ist der Betreuung von kleinen Gruppen sehr ähnlich und unterscheidet sich lediglich durch die Art der Beziehung, welche die Klienten untereinander verbindet.

Vorteilhaft ist, dass ein Lebenspartner, der einem Klienten motivierend zur Seite steht, sehr hilfreich sein kann. Nehmen dann noch beide Partner gemeinsam am Training teil, zeugt das von einer sehr harmonischen Beziehung. In diesem Fall ist es sogar ratsam, den Partner mit ins Training einzubeziehen. Gemein-

sames Leid ist geteiltes Leid – gemeinsamer Erfolg ist doppelter Erfolg!
Nachteilig wirken sich unharmonische Beziehungen aus bzw. Partner, die ständiges Kräftemessen forcieren, wobei ein erfolgreiches Training stark gebremst wird. Streitigkeiten können sogar Terminabsagen zur Folge haben. Hier sollte man am besten eine Einzelbetreuung für beide Partner anbieten.

Unterscheidung nach der Form der Betreuung
Jeder Klient ist individuell zu betrachten und aus diesem Grund auch so individuell, wie möglich zu betreuen. Nachfolgend habe ich die gängigsten Betreuungsformen etwas näher betrachtet.
- All-inclusive-Betreuung
- Intensiv-Betreuung
- Update-Betreuung

All-inclusive-Betreuung
Diese Form ist die am häufigsten genutzte Art des Personal Trainings. Hier begleitet der Trainer einen Großteil der Trainingseinheiten persönlich. Die All-Inclusive-Betreuung ist besonders für Neueinsteiger oder Stress belastete Menschen zu empfehlen.
Vorteilhaft ist die individuelle Abstimmung jeder Trainingseinheit vor Ort und die permanente Motivation durch den Trainer. Der Klient kann mit höchster Konzentration trainieren und durch den Trainer jederzeit korrigiert werden.
Als nachteilig kann hier wiederum nur die Wirtschaftlichkeit angeführt werden, was aber durch einen angemessen Stundenpreis ausgeglichen wird.

Intensiv-Betreuung
Mit dieser Bezeichnung fasse ich Tages-Seminare und Events zusammen. Hier wird versucht, dem Klienten in einem Crashkurs alle notwendigen Informationen zu vermitteln, Check-ups durchzuführen und eine Trainingsempfehlung zu erarbeiten.

Vorteilhaft kann man hier nur die entsprechende Wirtschaftlichkeit hervorheben, denn ein Tag, der das Leben nachhaltig verändern soll, hat natürlich seinen Preis und ist für den Trainer mit geringeren Kosten verbunden als fünf Einzelbetreuungen. Diese Art von Personal Training möchte ich allerdings nur Klienten empfehlen, die bereits längere Zeit sportlich aktiv sind, außerhalb wohnen bzw. denen eine permanente Betreuung zu preisintensiv ist.

Als nachteilig ist die Professionalität und Effektivität zu bewerten, da so ein Crashkurs zwar umfangreiches Know-how vermittelt, aber Wirkung und Motivation einen längeren Zeitraum nicht überdauern. Wenn es nicht dringend erforderlich ist, würde ich von dieser Form abraten.

Update - Betreuung

Diese Form der Betreuung ist auch als „Training an der langen Leine" bekannt und funktioniert wie ein Computerprogramm. Der Klient bekommt nach einem Check-up einen Trainingsplan erstellt, wird in diesen eingewiesen, Fehler werden analysiert und neue Ziele vereinbart. Ist der Trainingsplan beendet, bekommt der Klient ein Update. Die Leistungsfähigkeit wird erneut getestet und der Trainingsplan aktualisiert bzw. Übungen auf Fehler kontrolliert. Es können auch Zwischen–Updates pro Trainingseinheit oder Trainingswoche abgesprochen werden. So hat der Trainer die Möglichkeit, seine Leistungsvorgaben individueller zu gestalten. Vorteilhaft ist diese Form für Klienten, die schon länger betreut werden und die nötige Motivation besitzen, allein zu trainieren. Als nachteilig kann ich hier nur die mangelnde Kontrolle anführen. Der Trainer ist nicht mehr in der Lage, direkt ins Training einzugreifen, Korrekturen vorzunehmen, den Klienten zu motivieren oder Überlastungen zu vermeiden.

Unterscheidung nach der Art der Terminvereinbarung

Die Terminvereinbarung ist eine der wichtigsten und flexibelsten Serviceleistungen im Personal Training

- Exklusivbetreuung (Stand-by)
- Flexible Terminvereinbarung
- Terminreservierung

Exklusivbetreuung
Exklusivbetreuung ist die in unseren Breiten am wenigsten ge-nutzte Art des Personal Trainings. Hier wird der Trainer für einen gewissen Zeitraum ausschließlich für die sportliche Betreuung einer einzelnen Person gebucht. Diese Form wird in den Medien oft publiziert, ist aber natürlich nur in einigen Kreisen finanziell durchführbar.

Es ist aber auch möglich, dass ein gut betuchter Klient anruft und einen Trainer für den gesamten Tag buchen möchte. Meist sind dies Personen des öffentlichen Lebens, die zwischen zeitlich noch unkoordinierten Terminen bestimmen wollen, wann sie ihr Fitnesstraining absolvieren bzw. eine Massage veranlassen. Diese Form der Betreuung ist ebenfalls äußerst selten.

Vorteilhaft sind für den Trainer das sichere Honorar und die nicht zu aufwendigen Trainingstermine, so dass auch ein beson-ders exklusives Training möglich wird.

Nachteilig ist die ausschließliche Verfügbarkeit für eine einzel-ne Person. Nach Beendigung dieser Exklusivvereinbarung muss erst wieder ein neuer Klientenstamm akquiriert werden.

Flexible Terminvereinbarung
Diese Art der Terminvereinbarung kommt am häufigsten im Per-sonal Training vor. Der Klient ruft kurzfristig an und stimmt mit dem Trainer seinen Terminkalender ab. Der Trainer empfiehlt, unter Beachtung von Trainingspausen, mögliche Trainingstage. Dabei ist Flexibilität und kurzfristiges Agieren gefragt. Empfehlenswert ist, Nicht-Personal-Training-Termine einzupla-nen, so dass sich für diese Art Klientel Freiräume ergeben.

Vorteilhaft ist die Klientenfreundlichkeit für diese Art der Ter-minvereinbarung.

Nachteilig dagegen erscheint eine hohe Flexibilitätsbereitschaft des Trainers, welche nur durch ein gut durchdachtes Zeitsystem gesteuert werden kann.

Terminreservierung
Dabei vereinbaren Klient und Trainer feste Termine, die regelmäßig am gleichen Wochentag und zur gleichen Zeit stattfinden.

Als vorteilhaft ist die gute und langfristige Planung anzusehen, die eine regelmäßige Umsetzung des Trainings ermöglicht und zu optimalen Erfolgen führt.

Nachteilig ist allerdings, dass Sie nur wenige Klienten finden werden, die eine derart feste Terminplanung realisieren können. Oft werden zwei bis drei Termine pro Woche reserviert und am Ende doch verschoben, was Flexibilität und Improvisationsgeschick des Trainers voraussetzt.

Einteilung nach der Leistungsfähigkeit der Klienten
Die Einteilung in Leistungsstufen sollte flexibel geschehen und wir müssen uns bewusst sein, dass regelmäßig trainierende Klienten von Leistungsstufe zu Leistungsstufe Verbesserungen erzielen. Selbstverständlich ist es auch ratsam, das Leistungs-niveau eines neuen Klienten mittels Leistungstest zu bestimmen, da es gerade im Breitensport oft Sportler gibt, die sich häufig überschätzen.
* Orientierungsstufe
* Fitnessstufe/Grundlagentraining
* Gesundheits- und Präventionsstufe
* Leistungsstufe

Orientierungsstufe
Die Orientierungsstufe dauert ca. zwei bis sechs Wochen. Hier sollten Eigenschaften wie Köperwahrnehmung, Bewegungsabläufe und Koordination geschult werden. Man könnte diese Phase auch mit Gewöhnungstraining umschreiben. Die Dauer hängt ausschließlich von der körperlichen Leistungsfähigkeit und deren

Einschränkungen ab. Weiteren Einfluss, neben der sportlichen Vorgeschichte des Klienten, hat das Ergebnis des Check-up. Außer einer Anpassung des Organismus an vermehrte sportliche Betätigung (z. B. Verbesserung des Stoffwechsels) sollten wir in dieser Zeit keine Wunder erwarten. Deutliche Gewichtsreduzierungen bleiben mit Sicherheit aus.

Fitnessstufe/Grundlagentraining
Je nach Leistungsfähigkeit des Klienten kann die Fitnessstufe bis zu einem halben Jahr andauern. Sie bietet vor allem ehemaligen Breiten- und Leistungssportlern mit bis zu 10-jähriger Bewegungspause einen idealen Einstieg. Ausschlaggebend ist auch hier das Ergebnis der Leistungsdiagnostik. Wir sollten vorwiegend Grundlagenausdauer trainieren, geschwächte Muskulatur aufbauen bzw. die Dehnfähigkeit verbessern, bis wieder eine gewisse Grundfitness erreicht ist.

Gesundheits- und Präventionsstufe
Für die meisten unserer Klienten stellt diese Stufe ein erklärtes Ziel dar. Nach der Grundlagenbildung können wir nun mit der gezielten Gewichtsreduktion beginnen, die Muskulatur der Problemzonen weiter festigen bzw. neu bilden sowie die Ausdauerfähigkeit verbessern. Auch auf den Erhalt und die Verbesserung der Dehnfähigkeit sollte unsere Aufmerksamkeit gerichtet sein.

Leistungsstufe
Diese Stufe eignet sich für alle, die ihre persönlichen Grenzen ausloten möchten. Sie richtet sich aber nur an Klienten mit entsprechender sportlicher Vorgeschichte und der dazugehörigen Leistungsfähigkeit. Das Training findet hier nach den Regeln des Leistungssports statt, was eine regelmäßige gesundheitliche Untersuchung zur Bedingung macht. Wir sollten allerdings vermeiden, aus unseren Klienten aus eigenem Ehrgeiz heraus Leistungssportler werden zu lassen. Die Grenze dahin ist fließend und sollte mit Augenmerk auf die Gesundheit gezogen werden.

Für die meisten fängt Leistungssport schon bei einem Halbmarathon an, wobei ich persönlich erst bei einer Marathondistanz von einem Grenzbereich spreche.

Diese Übersicht soll Sie bei der Erstellung eines eigenen Konzeptes zur Betreuung von Klienten beratend unterstützen. Reagieren Sie flexibel und verbinden Sie Ihre Erfahrungen mit deren Wünschen.

Kombinieren Sie einzelne Möglichkeiten miteinander und beachten Sie, dass sich erste zaghafte Wünsche in klar nachvollziehbare Ziele wandeln. So wird aus dem klassischen Vorhaben, Gewicht zu verlieren, eine klar definierte Gewichtsreduktion mit einem auf die Bedürfnisse der bestimmten Person festgelegten Weg. Beraten Sie den Klienten und geben Sie wichtige Eckpunkte, wie viel Gewicht er in welcher Zeit abbauen kann, welche Sportarten sich besonders dafür eignen.

Schenken Sie Ihren Klienten die volle Beachtung, damit sich verändernde Zielsetzungen rechtzeitig erkannt und sensibel darauf reagiert werden kann. Eröffnen Sie Ihren Klienten bereits im Informations- und Kontaktgespräch die ganze Bandbreite ihres Betreuungskonzeptes und suchen Sie mit ihnen die passenden Formen heraus. So entscheidet sich ein Klient vielleicht doch lieber für eine sportliche Betätigung mit seinem Lebenspartner, statt einer Einzelbetreuung. Eventuell möchten beide das Training durch Intensivbetreuung in Form eines Sport- und Wellnesstages bereichern oder Ihrer fundierten Ernährungsberatung folgen. Daran anknüpfend buchen sie aus Überzeugung eine All-Inclusiv-Betreuung und für die Zeit danach ziehen sie ein Update-Training in Erwägung.

Bei Terminvereinbarungen entscheidet sich der Klient für Terminreservierung mit flexibler Option. Seine Leistungsfähigkeit stuft er als niedrig ein, was in einem Leistungstest geprüft wird. Er beginnt sein Training in der Orientierungsstufe und hat sich als trainingsbegleitende Maßnahmen Yoga und Massage ausgewählt. Perspektivisch möchte der Klient 15 kg abnehmen, wobei ihm der effektive Fettabbau erst in der Gesundheits- und Präventionsstufe empfohlen wird.

Weitere Trainingsziele werden sich mit steigender Leistungsfähigkeit entwickeln, jedoch wurden perspektivisch bereits von Anfang an Möglichkeiten eröffnet, die Betreuung durch einen Personal Trainer zu einem Lebensbestandteil werden zu lassen.

Nach einem solchen Gespräch geht jeder Trainer mit höchster Motivation an seine Arbeit. In diesem Falle hat sich neben der Freude am eignen Beruf auch der Umsatz verdoppelt und es konnte ein Fitness- und Wellnesstag für zwei Personen zusätzlich gebucht werden.

Um Ihren Kundenstamm zu pflegen und zu erhalten, rate ich Ihnen, Ihrem Konzept einen Eventkalender beizufügen. Durch diese Zugabe eröffnet sich den Klienten einmal mehr die Gelegenheit, sich gegenseitig kennen zu lernen, Geschäftskontakte zu knüpfen oder sogar kleinere Trainingsgemeinschaften mit gemeinsamen Interessen zu entwickeln. Weiterhin verschaffen ihnen Events wie Wanderungen, Kletter- oder Bootstouren nicht nur einen zufriedenen Klientenstamm, sondern auch eine zusätzliche Einnahmequelle.

Ist das Vertrauen einmal hergestellt, entwickelt sich der Personal Trainer schnell zu einem kompetenten und geschätzten Partner, der immer öfter auch in Anschaffungsfragen zu Rate gezogen wird. So zum Beispiel beim Kauf neuer Trainingsgeräte oder sogar der Einrichtung eines eigenen Fitnessraums. Natürlich setzt das nicht nur Allrounderfähigkeiten bzw. ein hohes Maß an Qualität und Professionalität voraus, sondern auch ein funktionales Netzwerk sowie gute Kooperationspartner.

Autor: Ralf M. Lützner
Personal Trainer und Fitnessfachwirt (IHK)
Active & Personal Fitness
Tel.: 035204 – 26810
Fax: 035204 – 26811

luetzner.r@ap-fitness.com
www.ap-fitness.com

Physiotherapeut/Sportlehrer Dirk Scharler

Programmdesign des Personal Trainings

Personal Training stellt eine komplexe Dienstleistung rund um die Themen Gesundheit – Wellness – Lebensqualität dar. Die Tätigkeit als Personal Trainer lässt sich auch mit dem Begriff Gesundheitsmanagement oder `health management´ beschreiben. Gesundheit und Lebensqualität stehen hierbei verständlicherweise in einem engen Zusammenhang. Durch die Berücksichtigung der Trainingslehre allein kann eine Steigerung der Lebensqualität nicht automatisch erreicht werden!

Im Folgenden möchte ich das komplexe Programmdesign des Personal Trainings unter Berücksichtigung verschiedener Einflussfaktoren darstellen. Ich erhebe natürlich keinen Anspruch auf allgemeine Gültigkeit. Dass es sich dabei um meine persönliche Sichtweise handelt, werde ich nicht wiederholt erwähnen. Die Darstellungen entsprechen meiner Auffassung von `lifestyle management´ und meiner Philosophie von Lebensqualität und Gesundheit. Sie sollen die Basis für konstruktive Diskussionen bieten und der interessierten Leserschaft als Inspiration dienen.

Grundlagen für ein erfolgreiches Programmdesign

Als Grundlage für eine erfolgreiche und langfristige Zusammenarbeit mit dem Klienten gilt es, folgende Faktoren zu kombinieren:

- Strukturierte Kommunikation unter Berücksichtigung motivationaler Aspekte
- Permanentes Feedback
- Trainingsspezifische Inhalte (das eigentliche Gesundheitsprogramm)

Strukturierte Kommunikation und motivationale Aspekte
Der Klient ist, zumindest am Anfang, eine `feste Größe´, d. h. er ist so, wie er ist! Der Trainer hingegen ist die `variable Größe´! Er muss erkennen, welche Persönlichkeitsmerkmale seinen Klienten ausmachen und wie er kommunikativ am besten auf ihn einwirken kann. Auf den hierbei gewonnenen Informationen gestaltet sich das Programmdesign.

Interessiert sein und nicht interessant sein wollen! Zuhören!

Anstatt als Trainer die Initiative zu ergreifen und den eigenen Leistungskatalog `herunterzubeten´, kann es durchaus sinnvoll sein, durch gezielte Fragen zunächst etwas über die Interessen, Bedürfnisse und Motivationen des Klienten zu erfahren: Wer fragt, der führt! Das spart nicht nur Zeit, sondern ist dem Klienten gegenüber wesentlich aufmerksamer, da dessen Bedürfnisse im Vordergrund stehen - eigentlich eine bekannte Tatsache. Aber in der Praxis geht diese Erkenntnis oft allzu schnell verloren. Auch muss man sich als Trainer auf diese Weise nicht unnötig unter Druck setzen und den unangenehmen Eindruck hinterlassen, man müsse etwas verkaufen!

Zugegebenermaßen kostet es einiges an Mut, einen Klienten, der sich mit der Anfrage nach einem Personal Training an uns wendet, nach seinem Grund zu fragen, d. h., das `Warum?´ seiner Anfrage zu klären. Es scheint doch eher nahe zu liegen, das `Wann?´, `Wo?´ und `Wie viel?´ abzuklären. An einem Beispiel möchte ich deshalb zeigen, dass es für eine langfristige Planung durchaus Sinn machen kann, zuerst nach dem `Warum?´ zu fragen, auch wenn es scheinbar klar ist.

Ein Klient wendet sich mit der Anfrage nach einem Personal Training an den Trainer. Die Frage nach dem `Warum?´ beantwortet der Klient mit: „Ich sollte mal ein paar Kilo abnehmen... meine Frau findet, dass mir das gut tun würde... ich will mich auch besser fühlen." Hier können wir sehen, wie eng Kommunikation und motivationale Aspekte zusammenhängen. In der Aussage des Klienten fehlt das `Ich will...!´ Ob er wirklich abnehmen muss, um sich besser zu fühlen, ist die Frage. Wenn das geplante Personal Training nicht zum Erfolg führt, weil der Klient eigentlich fremd motiviert ist (durch die Aufforderung seiner Frau) stellt sich die Frage, wie er seinen Misserfolg nach außen darstellt. Seiner Frau gegenüber wird er wohl eher nicht von seinem Versagen sprechen, sondern davon, dass das Personal Training nichts gebracht habe. Selbiges gilt wohl auch für Aussagen gegenüber Freunden und Bekannten. Unabhängig davon, wie gut das Programmdesign nun wirklich war! Es ist nicht anzunehmen, dass es auf dieser Basis zu einer langfristigen Zusammenarbeit kommt oder dass sich so ein erfolgreiches Marketing realisieren lässt. Denn die Mund-zu-Mund-Propaganda steht nach wie vor als beste Marketingmaßnahme für das Personal Training im Vordergrund.

Wenn man es also mit Klienten zu tun hat, die die Frage nach dem `Warum?´ nicht selbstmotiviert beantworten, kann es durchaus sinnvoll sein, diese Klienten ziehen zu lassen. Deshalb gilt:

Kläre das `Warum´ und alles wird klar!

Ein weiterer wichtiger Gesichtspunkt im Rahmen einer strukturierten Kommunikation ist die Typologisierung des Klienten. Wie viel Abwechslung in ein Programmdesign gehört und auf welche Weise der Klient am Besten lernt, kann dadurch eingegrenzt werden. Auch dies soll anhand eines Beispiels erläutert werden: Es gibt Klienten, unabhängig vom Alter, die nach jeder Übung, Bewegungssequenz oder Ansage sofort nach dem nächsten Schritt fragen (I-Typ: Interaktiv-Typ) - dies unter Umständen unabhängig von der produzierten Qualität der Übungsausführung. Andererseits gibt es Klienten, die von ihrem Lernverhalten her lieber eine Übung ganz bewusst mehrfach machen wollen, um eine möglichst perfekte Ausführung zu erzielen (S-Typ: Steady-Typ), auch wenn ihre Ausführung schon gut ist.

Genauso gibt es Trainer, die ihre Aufgabe darin sehen, jede Trainingseinheit mit neuen Inhalten zu füllen oder eben auch solche, die weniger auf Abwechslung und mehr auf Konstanz setzen.

Eine Wertung, welcher Weg nun der richtige ist, macht keinen Sinn! Der Trainer muss vielmehr in der Lage sein, das lerntypische Verhalten des Klienten zu erkennen, um seinen individuellen Bedürfnissen optimal gerecht zu werden. Spannend wird das Ganze, wenn ein I-Typ Klient auf einen S-Typ Trainer trifft oder umgekehrt - nicht unbedingt die optimale Ausgangssituation für eine langfristige Zusammenarbeit. Merke: Man sollte sich das Leben als Trainer nicht unnötig schwer machen. Es gibt genügend Klienten – und Trainer.

Das lerntypische Verhalten des Klienten zu erkennen, bedeutet auch zwischen Ansage und Vormachen/Nachmachen das optimale Maß zu finden. Pauschalitäten wie `Kinder lernen über Vor-/Nachmachen, Erwachsene über die exakte Beschreibung einer Bewegung´ sind überholt und schon längst durch brauchbare Lern- und Trainingsformen ersetzt worden. Die bewährten Klassiker der Methodik und Didaktik wie `vom Einfachen zum Schweren´, `vom Bekannten zum Unbekannten´ und besonders `für den Bewegungsanfänger eine Information pro Zeiteinheit´ (...und nicht alle Informationen pro Zeiteinheit!) behalten jedoch ihre berechtigte Gültigkeit.[8]

---

[8] In diesem Zusammenhang darf ich auf aktuelle spezifische Literatur zum Thema `motorisches und kognitives Lernen´ verweisen sowie auf aktuelle Veröffentlichen und Literatur zum Thema Hirnforschung und menschliche Lernmodelle.

Permanentes Feedback

Um eine langfristig erfolgreiche Zusammenarbeit zu erreichen, ist es wichtig, Feedback vom Klienten zu erhalten.

Zum einen ist es für den Trainer wichtig, um den Bedürfnissen seines Klienten optimal gerecht zu werden. Wie vorstehend beschrieben muss der Trainer das richtige Maß an Abwechslung treffen. Deshalb nochmals: Wer fragt, der führt - so einfach! Kein vernünftiger Klient wird von seinem Trainer verlangen, dass er seine Wünsche von der Stirn abliest. Um dem Klienten aber die Beurteilung seiner Zufriedenheit oder seiner Befindlichkeit zu erleichtern, haben sich verschiedene Beurteilungsskalen in der Praxis bewährt. Meist handelt es sich dabei um Zahlen-skalierungen wie z. B. 1 (sehr gute Befindlichkeit) bis 6 (...no comment!) oder Stufe 0 (wenig anstrengend) bis Stufe 9 (...atmet er noch??). Aber auch die alt bekannten Smilies ☺ sind als Beurteilungssystem in Gebrauch.

Zum anderen kann ein permanentes Feedback auch für den Klienten wichtig sein. So habe ich es oft erlebt, dass sich der Klient erst durch die Beurteilung der erlebten Situation oder des Trainings der Verbesserung seiner Situation überhaupt bewusst wurde.

Feedback bedeutet, dass der Klient die Möglichkeit hat, seine subjektive Wahrnehmung zu beurteilen und einzustufen. Dadurch werden Veränderungen deutlicher wahrgenommen.

Eine interessante Information erhält der Trainer z. B. mit folgender Frage an den Klienten: „Was erzählen Sie Ihren Freunden, wenn Sie gefragt werden, was Ihnen Ihr Personal Training bringt?" Auf Überraschungen gefasst sein! Und keine Panik, wenn die Antwort des Klienten wie folgt lautet: „Das habe ich mich auch schon gefragt!" Ist alles schon einmal da gewesen. ☺

Trainingsspezifische Inhalte – oder `Was muss ich denn alles können?´ (Frage eines Seminarteilnehmers)
Eine Auflistung der modernen Trainingslehre, wie wir sie von den Sportwissenschaften her kennen, soll an dieser Stelle bewusst nicht stattfinden! Zum einen gibt es zu diesem Thema bereits ausreichend spezielle Literatur, zum anderen würde es der Komplexität der Trainings- oder besser Programmgestaltung des Personal Trainings nur ungenügend gerecht werden.

Prinzipiell gilt: Je größer und breiter die Fachkompetenz des Trainers, desto besser kann man der komplexen Aufgabe eines Gesundheitsmanagements gerecht werden. Sicherlich ist vom Trainer nicht zu erwarten, dass er in allen Bereichen qualifiziert ist. Der Trainer muss aber immer motiviert sein, jede Frage des Klienten zur Zufriedenheit zu beantworten und fachkompetent zu behandeln. Dabei gilt es abzuwägen, ob die Trainings- oder Gesundheitsmaßnahme selber durchgeführt wird oder man an Spezialisten weitervermittelt.

Es ist immer besser, einen Klienten an Spezialisten weiter zu vermitteln, als ihn durch inkompetentes Handeln zu behindern oder gar zu schädigen!

Grundlegende Fachkompetenzen und -qualifikationen
Grundlegende Inhalte des Personal Trainings müssen vom Trainer selber gesteuert, durchgeführt oder angeleitet werden.

Zur besseren Übersicht werden zwei Kategorien definiert. Anhand dieser Kategorien kann jeder Trainer seinen Standort bestimmen und sich gegebenenfalls weiterbilden und qualifizieren. Inwiefern autodidaktisch angeeignetes Fachwissen oder zertifizierte Fortbildungen in Betracht gezogen werden, muss jeder Trainer selbst entscheiden. Zum aktuellen Zeitpunkt gibt es keinerlei gesetzliche Vorgaben bezüglich der Qualifikation oder Zertifikation für Personal Training.

Kategorie A: `Muss sein...´: Ein inhaltlicher Bereich dieser Kategorie muss vom Trainer selbst gesteuert, durchgeführt oder angeleitet werden. Hierfür sind tiefergehende Fachkenntnisse die zwingende Voraussetzung. Der Trainer muss also die notwendige Fachkompetenz besitzen und sollte für diesen Bereich zertifiziert sein. Es handelt sich hierbei um grundlegende Tätigkeiten eines Personal Trainers. Eine Weitervermittlung kommt primär nicht in Frage.

Kategorie B: `Kann sein...´: Ein inhaltlicher Bereich dieser Kategorie kann vom Trainer selbst gesteuert, durchgeführt oder angeleitet werden, muss aber nicht. Eine kompetente Weitervermittlung stellt eine gleichwertige Leistung dar. Hier sind mindestens grundlegende Fachkenntnisse die zwingende Voraussetzung, denn auch im Falle einer Weitervermittlung zeigt sich die Kompetenz in der Auswahl des Kooperationspartners.

Zum besseren Verständnis hier ein Beispiel aus der Praxis: Es ist ein HKL- (Herz-Kreislauf)-Training (Ausdauertraining) mit dem Klienten geplant. Als Sportart wird Laufen/Jogging gewählt. Hieraus ergeben sich folgende Anforderungen an die Fachkompetenz des Trainers:

HKL-Training entspricht der Kategorie A. Der Trainer muss das Training selbst anleiten und steuern, eine Weitervermittlung an einen Kollegen kommt nicht in Frage. Für die Ermittlung der notwendigen diagnostischen Parameter ergeben sich jedoch zwei Möglichkeiten:

- Der Trainer erhebt die notwendigen Parameter selbst.
- Der Trainer lässt die notwendigen Parameter, z. B. im Falle eines Laktatstufentests, von einem professionellen Institut für Leistungsdiagnostik ermitteln.

Mit der Durchführung des Trainings allein ist es aber nicht getan. Ein professioneller Trainer verfügt über spezifische Kenntnisse in Bezug auf das Sportgerät. Im genannten Beispiel wären das die

Laufschuhe und die Laufbekleidung. Natürlich ist es vom Trainer nicht zu erwarten, dass er den Verkäufer ersetzt. Die Kompetenz des Trainers zeigt sich hier u. a. in der Weitervermittlung an eine Einrichtung, die eine videogestützte Laufanalyse durchführen kann und aufgrund der Ergebnisse einen Laufschuh empfiehlt.

Fünf Säulen des Personal Trainings
Das Personal Training steht auf fünf Säulen, die eine gleichwertige Bedeutung haben. Für alle Aktivitäten, Inhalte und Sportarten gilt das vorstehend beschriebene Schema.
- HKL-/Ausdauertraining
- Krafttraining
- Beweglichkeitstraining
- Entspannung/Relaxation
- Ernährung

Aktivität: HKL-/Ausdauertraining
Inhalt/Sportarten: Walking, Laufen/Jogging, Radfahren, Schwimmen, Inlineskating
Kategorie: A

Das HKL-/Ausdauertraining gehört zu den Grundlagen des Personal Trainings. Der Trainer muss in der Lage sein, dieses Training professionell in allen Bereichen (rekom, GA1/2 etc.) zu steuern und anzuleiten. Erfahrungsgemäß stellt die Steuerung des so genannten `fatburner-trainings´ ein Problem dar. Selbst zurückhaltende Trainingsempfehlungen für den Bereich der maximalen Energiebereitstellung durch die Fette liegen bei Untrainierten oft in zu hohen Intensitätsbereichen. Eine professionelle Steuerung des Trainings mittels Herzfrequenzmessung sollte selbstverständlich sein.

Prinzipiell gilt sowohl für das HKL- als auch für das Krafttraining: Gesundheit bedeutet zunächst Bewegung und nicht leistungsorientierten Sport!

Aktivität: Krafttraining
Inhalt: Gerätetraining, freie Gewichte, funktionelle Kräftigungs-
gymnastik
Kategorie: A

Auch das Krafttraining gehört zu den Grundlagen des Personal
Trainings. Der Trainer muss die verschiedenen Bereiche anleiten
können. Im Vordergrund hierbei steht ein gesundheitsorien-
tiertes Krafttraining, das unter funktionsanatomischen Gesichtspunkten und unter Berücksichtigung von orthopädischen Befunden (siehe Gesundheits-Check-up) durchgeführt wird. Bio-
mechanische Aspekte des menschlichen Bewegungsapparates
und Kenntnisse der medizinischen Trainingstherapie stellen eine
Grundvoraussetzung hierfür dar.

Aktivität: Beweglichkeitstraining
Inhalt: funktionelles Dehnen, aktives/passives Stretching
Kategorie: A

Als dritte Hauptaktivität des Personal Trainings gehört das
Beweglichkeitstraining ebenfalls zu den Grundlagen. Dieser
Trainingsbereich wird seit mehreren Jahren in Bezug auf die zu
erwartenden Trainingseffekte der einzelnen Techniken heftig
diskutiert. Um eine inhaltliche Diskussion, die nicht hierher
gehört, zu vermeiden, werden an dieser Stelle nur aktive und
passive Maßnahmen genannt. Ob die Verbesserung der
Beweglichkeit nun über ein exakt gesteuertes Agonisten-
Antagonisten-Training erzielt wird oder mittels Stretching in
aktiver oder passiver Form stattfindet, muss der Trainer in
Zusammenarbeit mit seinem Klienten herausarbeiten.

Aktivität: Entspannung/Relaxation
Inhalt: diverse Entspannungstechniken auf mentaler- und muskulärer Ebene
Kategorie: A

Neben klassischen Techniken wie autogenem Training, progressiver Muskelrelaxation, Yoga oder Massagen gibt es mittlerweile ein kaum noch überschaubares Angebot auf dem Wellness-Markt. Ob nun `peruanische Lama-Massage´, `afrikanisches Rhythmusatmen´ oder `amerikanische Taichi-qigong-robics´, Tatsache bleibt, dass der Bereich der Entspannung von einer vertrauten Person und Atmosphäre abhängig ist und deshalb nicht an Dritte weitervermittelt wird! Also ganz klar Kategorie A.

Aktivität: Ernährung
Inhalt: diverse Ernährungsphilosophien
Kategorie: B

Mit den Theorien zu einer gesunden Ernährung verhält es sich ähnlich wie mit den Entspannungstechniken. Von der amerikanischen `Vitamin- und Substitutionseuphorie´ bis hin zur chinesischen `Koch-alles-bis-zur-Unkenntlichkeit´-Philosophie herrscht große Verwirrung. Der Trainer wird an dieser Stelle ausdrücklich vor gut gemeinten `Tipps aus der eigenen Erfahrung´ gewarnt. In keinem anderen Bereich der fünf Säulen kommen interindividuelle Unterschiede des menschlichen Organismus so zum Tragen wie bei der Ernährung. Entweder qualifiziert sich der Trainer im Bereich der Ernährung oder er vermittelt kompetent wieter, was erfahrungsgemäß vom Klienten gut akzeptiert wird.

Programmdesign in der Praxis

> Ein gutes Programm berücksichtigt gleichzeitig,
> was der Klient möchte und was er braucht!

Dies bedeutet, dass die vom Klienten angestrebten Ziele vielleicht nicht unbedingt die sind, die er z. B. aus orthopädischer Sicht anstreben sollte. Um herauszufinden, was der Klient möchte und braucht, werden neben einem Interview eine Anamnese (Befragung) und ein Gesundheits-Check-up durchgeführt. Aus rechtlicher Sicht rate ich dringend zu einer ärztlichen Abklärung der Belastbarkeit des Bewegungsapparates und des HKL-Systems!

Anamnese/Klienteninterview

Die Anamnese wird mittels eines Fragebogens gemeinsam mit dem Klienten durchgeführt. An dieser Stelle weise ich ausdrücklich auf Folgendes hin:

> Stelle niemals Fragen zu Fakten oder Daten, deren Inhalt oder
> Interpretation Dir selber nicht klar sind oder die
> Du nicht verstehst.

Ein Beispiel aus der Praxis: Der Trainer erfragte bei seiner Klientin (diesmal sind nur die Frauen angesprochen), ob sie `die Pille´ nehme, weil er diese Frage von einem anderen Anamnesebogen unreflektiert übernommen hat. Daraufhin wollte die Klientin vom Trainer wissen, wozu er denn diese Information benötige. Der Trainer konnte seinen Wissensdurst nicht begründen und die Klientin fühlte sich zu Recht eher belästigt anstatt gut betreut! Auch scheinbar weniger intime Fragen wie „Trinken Sie Alkohol?" müssen begründet werden. Ganz allgemein rate ich dazu, sich neben all den Defiziten wie etwa Übergewicht, orthopädische, gastrointestinale oder Herz-Kreislaufbeschwerden, auch nach den positiven Dingen zu erkundigen.

Anamnese/Kundeninterview: Prioritäten setzen, Probleme eingrenzen und klare Ziele definieren (schriftlich auf dem Fragebogen fixieren), motivationale Struktur klären, d. h. auch nach den Stärken und Bedürfnissen fragen: „Was machen Sie gerne, was gefällt Ihnen...?".

Zusammenfassung Programmdesign in der Praxis

- Informationen sammeln
  (Interview, Anamnese, Gesundheits-Check-up)
- Verbinde, was der Klient will und braucht
- Inhalte der fünf Säulen aufeinander abstimmen
- Variationen immer im Sinne des Klienten
- Permanentes Feedback für eine langfristige Zusammenarbeit

Vernetztes Denken ist eine grundlegende Voraussetzung, um in Sachen Programmdesign kompetent zu agieren. Um auf die individuellen Bedürfnisse der Klienten eingehen zu können, ist ein hohes Maß an sozialer Kompetenz, die entsprechende Wahrnehmungsfähigkeit sowie die Fähigkeit zur Perspektivenübernahme erforderlich. Das `Sich-Anpassen´ des Trainers an die Bedürfnisse des Klienten hat nichts mit einer Aufgabe der eigenen Identität zu tun, auch nicht kurzfristig über den Zeitraum einer Trainingseinheit. Authentizität bleibt das wichtigste Merkmal des Personal Trainers!

"Wahrheit wird gelebt und nicht doziert!" (Hermann Hesse)

In diesem Sinne wünsche ich der interessierten Leserschaft viel Erfolg! ☺☺☺ Ich freue mich über konstruktive Kommentare via E-Mail.

Autor:
Dirk Scharler
personal-trainer@gmxpro.de

Diplom-Sportwissenschaftler Lars Brouwers

Gesundheits-/Eingangs-Check im Personal Training

Dieser Beitrag liefert eine Übersicht über die verschiedenen Inhalte eines Gesundheits-Checks für das Personal Training und deren Anwendungsmöglichkeiten.

Durch eine gewissenhafte Voruntersuchung kann der Personal Trainer seinen Klienten auf bestehende Risiken aufmerksam machen. Auch wenn die gesammelten Informationen aus dem Kennenlern- und Beratungsgespräch schon einen ersten Eindruck über den Klienten vermittelt haben, sollte der Eingangs-Check unbedingte Grundlage für das bevorstehende Trainingsprogramm sein.

Sieben gute Gründe für einen umfassenden Check-up
- Individualität
- Exklusivität
- Professionalität
- Flexibilität
- Komplexität
- Intensität
- Service

Individualität
Die nicht zu unterschätzende Individualität des Klienten mit seinen eigenen Voraussetzungen, Fähigkeiten, Bedürfnissen, mit seiner spezifischen Konstitution und seinen Beschwerden bzw. Problemen verlangt einen gründlichen Eingangs-Check.

Exklusivität
Der Personal Trainier beschäftigt sich eingehend und umfassend mit seinem Klienten und sucht exklusiv für ihn nach Lösungsstrategien für seine Bedürfnisse. Er überwacht die Durchführung der Tests und des Trainings. Der Eingangs-/Re-Test hilft bei der Festlegung seiner Ziele und Perspektiven.

Professionalität
Einschlägige Qualifikationen (Aus-/Fort-/Weiterbildungen) bringen das Know-how für einen professionell durchgeführten Check-up mit sich. Dafür ist das richtige Equipment unverzichtbar. Fehlendes Fachwissen sollte durch die Vermittlung an einen kompetenten Kooperationspartner (Arzt oder/und Physiotherapeuten) ersetzt werden.

Flexibilität
Räumliche Flexibilität, d. h. Check-up vor Ort oder in geeigneten Institutionen, z. B. in Instituten für Präventionsdiagnostik/ Leistungsdiagnostik. Zeitliche Flexibilität, d. h. Service-Zeiten, wie sie im Dienstleistungssektor in Deutschland nicht selbstverständlich sind.

Komplexität
Der Personal Trainer erhält ein Gesamtbild seines Klienten aus vielen einzelnen Befunden. Der heutzutage vielerorts erhobene ganzheitliche Anspruch wird hierbei tatsächlich umgesetzt - beispielsweise in Form eines Fragebogens über Ernährung, Stress, Risikofaktoren und diverser Tests bzgl. Kraft, Flexibilität, Koordination etc.: Der Klient erlebt eine Auseinandersetzung mit Körper, Geist und Seele. Er erfährt wie Training, Gesundheit, Fitness und Wellness unweigerlich miteinander verknüpft sind.

Intensität
Auf Basis von Ausdauer-, Kraft-, Beweglichkeits- und Koordinationstests kann der Personal Trainer realistische Trainingsziele

ermitteln und seine Trainingspläne in ihrer Umsetzbarkeit und Intensität beurteilen. So wird die Bewertung der Belastung und der Belastbarkeit des Klienten optimiert. Der Anamnesebogen ergänzt diese messbaren Faktoren in erster Linie durch das Einschätzen von Risikofaktoren.

Service
Nicht zuletzt unterstreicht die Tatsache, dass der Personal Trainer sich ausgiebig und umfassend mit seinem Klienten auseinandersetzt – häufig länger als eine Stunde – den besonderen Anspruch dieser Dienstleistung. Selbst Physiotherapeuten, die im Durchschnitt 20-30 Minuten Behandlungs-/Untersuchungszeit für Ihre Patienten haben, konzentrieren sich entsprechend ihrer Fachrichtung i. d. R. auf ein spezifisches Problem. Von dem straffen Zeitbudget vieler Ärzte soll hier gar nicht erst die Rede sein.

Motivation für den gründlichen Eingangs-Check
Personal Training versteht sich vielerorts als modernes Gesundheitsmanagement. Durch den Check-up bekommen wir ein entsprechendes Feedback, um wichtige Informationen zu sammeln, die für eine professionelle und langfristige Betreuung unserer Klienten von Bedeutung sind. Der Personal Trainer kann dadurch auf die Bedürfnisse des Klienten direkt eingehen, d. h., er erfährt auf direktem Wege, was der Klient möchte bzw. braucht. Durch die einfachen Fragen „Was macht Ihnen Spaß am Sport? Was gefällt Ihnen an körperlicher Aktivität bzw. an Bewegung?" findet man eine gute Möglichkeit, um die Aufmerksamkeit weg von den Problemen unserer häufig chronisch überlasteten Klienten zu lenken. Auf Basis des eingangs erstellten Fragebogens können wir Prioritäten setzen und laufen nicht Gefahr, durch die durchaus auch unrealistischen Vorstellungen unserer Klienten die Übersicht zu verlieren. Durch eine permanente Rückmeldung, beispielsweise im Wochen-, Monats- oder Quartalsrhythmus, bauen wir eine langfristig und effektiv gesteuerte Trainingsbetreuung auf.

Bestimmte einfache Untersuchungen, z. B. Muskelfunktionstests, geben gezielte Informationen, die durch andere Verfahren häufig nur mit einem beträchtlichen apparativen und zeitlichen Mehraufwand ermittelt werden könnten. Die Notwendigkeit für derart spezifische Tests ergibt sich beispielsweise aus einseitigen Beanspruchungen in Beruf und Freizeit (z. B. sitzende Tätigkeit), die zu einem gestörten Muskelgleichgewicht mit den bekannten Folgen (z. B. Haltungsschwäche) beitragen. Die Verlässlichkeit dieser Tests hängt wiederum vom Fachwissen, Geschick und der praktischen Erfahrung des Trainers ab. Ausweichbewegungen geben Aufschluss über Körpergefühl, Haltungs-, Bewegungskontrolle und Kompensationsmechanismen des Klienten.

Allerdings bleibt die Auswertung mancher Tests in gewissem Maße subjektiv. Da unsere Einzelbetreuung ein subjektives, emotionales Erleben mit einschließt, kann auch die Bewertung der Leistungen des Klienten durchaus subjektiv sein. Wird die Analyse des Ist-Zustandes mit diversen Normwerten verglichen, bleibt beispielsweise zu fragen: Was ist die Norm und wodurch werden die Leitwerte bestimmt? Glücklicherweise haben wir es ja mit Menschen und ihren individuellen Voraussetzungen zu tun!

Meines Erachtens kann erst im zweiten Test-Termin/Re-Test zur Erfolgskontrolle, beispielsweise nach drei Monaten, der Vergleich mit entsprechenden Soll-Werten in Betracht gezogen werden. Hier führen eine Besprechung der dokumentierten Ergebnisse und die eventuelle Festlegung neuer Trainingsziele zu einer objektiveren Bewertung des Trainings unseres Klienten einerseits und die unserer Arbeit andererseits.

Allgemeine Charakteristik von sport-/trainingsmotorischen Tests

Fitnesstests dienen primär der Überprüfung physischer und psychischer Eigenschaften unseres Klienten. Sie zeigen den leistungsbezogenen Ist-Zustand, die Motivation und die Entwicklung der Leistung im Vergleich zum Soll-Zustand. Die Tests sollten individuell auf den Klienten zugeschnitten sein, d. h., nicht jeder

Klient muss zwangsläufig jeden Testteil durchlaufen. Es wäre wenig professionell, einen Klienten, der sich als Trainingsinhalt ein rein passives Entspannungsprogramm zum Stressabbau wünscht, gleich in seinem Eingangs-Check mit einen Ausdauertest zu belasten, gemäß dem Motto: Viel hilft viel.

Hauptgütekriterien von Tests

- **Objektivität:** Grad der Unabhängigkeit – optimal durch die Standardisierung der Testbedingungen, z. B. Messung zur gleichen Tageszeit mit den gleichen Umgebungsbedingungen
- **Validität:** Aussagegültigkeit – misst der Test das, was er messen soll?
- **Reliabilität:** Grad der Zuverlässigkeit – sagt etwas über die Reproduzierbarkeit der Ergebnisse aus, z. B. Re-Test-Methode zur Erfolgskontrolle

Nebengütekriterien

- Nutzen
- Durchführbarkeit
- Normierung (Bezugs-/Leitwerte)

Zweck/Aufgabe von Tests

- Erfassen des Trainingszustandes
- Ökonomisierung/Optimalisierung des Trainings
- zweckmäßige/spezifische Belastung des Klienten

Planung

Berücksichtigung des biologischen Alters, Geschlechts, Trainingszustands, sowie der Bedürfnisse/Trainingsziele

Auswertung

Hat der Klient sein Trainingsziel erreicht? Welche Ursachen gibt es für seine positive bzw. negative Entwicklung? War beispielsweise die Beibehaltung seiner bisherigen Lebensgewohnheiten stärker als seine durch uns geförderte Trainingsmotivation? Hat unser Klient womöglich nicht intensiv und regelmäßig genug trainiert? Ziel der langfristig ausgelegten Trainingsplanung ist es, eine Verhaltensänderung zu bewirken und den Klienten zu einem bewussten, regelmäßigen und selbständig ausgeführten Trainingsprogramm hinzuführen.

Was sollte der Gesundheits-/Eingangs-Check-up umfassen?

Die folgende Auswahl stellt einen Überblick aus trainingswissenschaftlicher Literatur und meinen persönlichen Erfahrungen dar. Je nach Ausbildungsgrad und Berufserfahrung wird der Personal Trainer den Check-up individuell erweitern oder sogar reduzieren. Die Inhalte sind mit relativ geringem Geräteaufwand sofort umsetzbar.

Eingangsfragebogen

- Biometrische Daten (alle messbaren Werte s. u.)
- Trainingserfahrung (Neueinsteiger/Wiedereinsteiger, Häufigkeit)
- Trainingsziele (max. drei sonst unklar – überprüfen ob realistisch!)
- Trainingsangebote (konkret – z. B. Ausdauer=Laufen als Fettstoffwechseltraining)
- Sonstige Interessen/Beratungen
- Ernährungsgewohnheiten
- Hobbies
- Stressfaktoren (z. B. Arbeitsbelastung, Schlafqualität, Schlafdauer, Erholung)
- Gesundheitsangaben
  - o Raucher
  - o Operationen
  - o Allergien
  - o Stoffwechselerkrankungen

   o   Herz-/Kreislauferkrankungen
   o   Orthopädische Beschwerden (von Kopf bis Fuß)
   o   sonstige Beschwerden
   o   Medikamenteneinnahme
   o   letzter medizinischer Check-up

Gesundheitsfragen

Die Gesundheitsfragen sollten vom Klienten wahrheitsgemäß beantwortet und durch uns vertraulich behandelt werden. Die Abfrage von persönlichen Risikofaktoren, Verletzungen/Operationen und die Einnahme von Medikamenten sollte eine Relevanz für unsere Trainingsbetreuung haben. Gerne zitiere ich hier einen Kollegen „Wer fragt, der führt" - aber bitte mit Bezug zum Training!

Bei Neueinsteigern – Beispielfall: Klient ist über 35 und „Fernsehsportler", darüber hinaus liegt der letzte Arztbesuch Jahre zurück - ist es immer ratsam, einen Kooperationsarzt hinzuzuziehen oder den Klienten an seinen entsprechend zuständigen Arzt zu verweisen. Genau so verhält es sich bei orthopädischen oder/und kardiologischen Problemfällen. Zu schnell begibt man sich mit eventuell angehäuftem Halbwissen auf ein unbekanntes und gefährliches Terrain.

Diese Vorsichtsmaßnahme begrenzt nicht nur unser eigenes unternehmerisches Risiko, sondern zeugt auch von einer professionellen Einstellung hinsichtlich unserer Dienstleistung, da wir unsere Klienten vor trainingsbedingten Problemen schützen.

Messungen

* Gewicht, Größe, BMI, Ruheherzfrequenz, Ruheblutdruck
* Körperzusammensetzung (optional: Körperfett, Magermasse, Körperwasser) – sehr gute Möglichkeit der Erfolgskontrolle
* Umfänge (Oberarm, Brust, Taille, Hüfte, Oberschenkel, Unterschenkel)

Statusbefund
- Haltungsbefund (frontal, lateral, dorsal – von Kopf bis Fuß, möglichst weitgehend textilfrei)
- Besonderheiten vermerken, z. B. Schulterhochstand, ausgeprägte Wirbelsäulenkrümmungen, Beckenschiefstand, Beinachsenfehlstellungen, Patellaposition etc.

Beweglichkeitstests

Bei jedem Beweglichkeitstest sollte hinterfragt werden, ob dieser Test bspw. bei Beschwerden sinnvoll ist und welche Aussage das Ergebnis liefert. Die Bewegungen erst aktiv durchführen lassen und eventuell passiv prüfen, beispielsweise bei Ausweichbewegungen.

- **Wirbelsäulenbeweglichkeit:**
  - o Extension/Flexion (z. B. Fingerspitzen-Bodenabstand vermerken)
  - o Lateralflexion - rechts-links Vergleich
  - o Rotation - rechts-links Vergleich
- **Gelenkbeweglichkeit** (optional: nach Operation/Reha)
- **Muskelfunktionstests**
  - o Dehnung/Verkürzung - z. B. Mm. Ischiocrurales, M. Rectus Femoris
  - o grobe Kraft - z. B. vordere und hintere Rumpfwand mittels eigenem Körpergewicht
  - o Maximalkrafttest (ein Wiederholungsmaximum) - über Try-out mittels Intensitäts-Skala bei 1-20 Wiederholungen
- **Nervendehnungstests** (optional: therapeut. Hintergrund)
  - o Laségue/Bragard für N. ischiadicus
  - o Slump-Test

(Quellen: Kendall/McCreary: Muskeln, Funktionen und Tests, Gustav Fischer Verlag)

Belastungstests

- **Ausdauertests**
  - o **geräteabhängig** (Fahrradergometer und Herzfrequenz-Messer)
    - ▪ Stufentest nach WHO (Belastung 25 Watt alle zwei Min. bis Herzfrequenzobergrenze)
  - o **relativ geräteunabhängig** (Herzfrequenz-Messer)
    - ▪ UKK-Walkingtest (2000m-Strecke auf Zeit, nach Herzfrequenzformel)
    - ▪ Harvard-Step-Test (40cm hohe Stufe auf Zeit, nach Herzfrequenzformel)
    - ▪ Own-Zone-Test (Tempo alle zwei Min. um zehn Schläge steigern, nach Herzfrequenzformel)

(Quellen: Strunz, U.: Das Leicht-Lauf-Programm, GU 2000)

Hier stellt sich die Frage, ob ein Ausdauerbelastungstest zwingend erforderlicher Inhalt eines Eingangs-Check sein muss. Für eine optimale Trainingsbetreuung bedarf es aus meiner Erfahrung nicht unbedingt eines solchen Tests. Vielmehr ergibt sich aus unserer intensiven Betreuung eine kontinuierliche und maßgeschneiderte Trainingssteuerung für unsere Klienten.

Der Vollständigkeit halber sollen Ausdauerbelastungstests hier jedoch zumindest vorgestellt werden.

Koordination/Sensumotorik

- **untere Extremitäten** (Augen offen/geschlossen)
  - o Einbeinstand
  - o Standwaage
  - o Gehen/Balancieren über Linie
- **obere Extremitäten** (Augen offen/geschlossen)
  - o Zeigefinger-Nase-Versuch
  - o Zeigefinger-Zeigefinger-Versuch

- **Reflexe** (optional s.o.)
  - o   Quadricepssehnen-Reflex (Sitz)
  - o   Achillessehnen-Reflex (Bauchlage)

Das notwendige Equipment für Diagnostik und Analyse

Folgende Ausrüstungsgegenstände sollten zum Handwerkzeug eines jeden Personal Trainers gehören, will er einen möglichst umfassenden Check-up machen. Hierbei handelt es sich natürlich wiederum nur um eine Auswahl, die in absolut notwendiges und weniger notwendiges Equipment eingeteilt wird.

absolut notwendig:
- mobile Behandlungs-/Untersuchungsbank
- Waage
- Blutdruckmessgerät
- Herzfrequenzmessgerät
- Maßband

weniger notwendig:
- Gymnastikmatte
- Winkelmesser
- Reflexhammer
- Stoppuhr
- Fettmesszange
- Körperanalysegerät
- Laktatmessgerät (invasives Verfahren - Rechtslage zuvor klären!)
- Step, Cardio-Stepper, Fahrradergometer, Laufband (Herz-Kreislauf-Belastungstests/Feldstufentests)
- Foto-/Videokamera (Haltungs-/Gang-/Laufanalyse etc.)

Problemfelder des Eingangs-Check-ups
Die Qualität der Ausführung unseres Eingangs-Checks steht und fällt mit dem Handling durch den Personal Trainer. Die Intimzone zwischen Personal Trainer und Klient von weniger als einem Meter wird hierbei häufig unterschritten. Sollte den Klient das Gefühl beschleichen, dass wir unsicher in unserem Tun sind, dann laufen wir Gefahr, dass er selbst unsicher in der Entscheidung über die Fortsetzung unserer Arbeit wird. Der erste bzw. zweite Eindruck ist von entscheidender Bedeutung!

Berufsanfänger und weniger Geübte sollten gerade die Inhalte des Gesundheits-Checks zumindest an ihren Bekannten bzw. Verwandten getestet haben, um sicher im Umgang mit ihren Klienten zu werden. Die diversen Fortbildungsinstitute bieten eine Vielzahl von Seminaren hinsichtlich dieser Themen an, z. B. Palpationskurse, Medizinische Eingangs-Checks etc. Darüber hinaus sollte das Schamgefühl des zu testenden Klienten nicht allzu sehr strapaziert werden. Typische Situation: Wir in unserem figurbetonten Trainingsdress auf der einen und unser nicht selten übergewichtige Klient in seiner Unterwäsche auf der anderen Seite. Hier gilt es, zügig zu untersuchen und den Klienten vollständig über den Befund aufzuklären. Meines Erachtens ist es auch sehr hilfreich die Befundprotokolle mit dem Klienten durchzusprechen und nach gründlicher Auswertung anschließend als Kopie zu überlassen.

In der Praxis hat es sich ferner als schwierig erwiesen, wenn der Klient zwar hochmotiviert ist, mit seinem Training sofort zu beginnen, aber sich aus dem Gesundheitsfragebogen doch der ein oder andere Risikofaktor als Problem darstellt. Wie bereits erwähnt ist es hier erste Überlegung, den Klienten auf seinen Hausarzt bzw. auf unseren Kooperationsarzt zu verweisen. Doch leider stößt man hierbei auch auf Widerstand. Zum einen erscheint der zeitliche Mehraufwand für manchen Klienten in Terminnot beträchtlich. Zum anderen treten in der Praxis bisweilen Fälle auf, dass der Klient das Risiko scheut, bei einer spezifischen ärztlichen Untersuchung mit einem eventuell positiven Befund und den daraus folgenden Konsequenzen konfrontiert zu werden.

Welche Aufgabe ergibt sich daraus für den Personal Trainer? Im ersten Fall kann der Personal Trainer durch einen engen Kontakt zum Kooperationsarzt dafür sorgen, dass der Zeitaufwand für unseren Klienten so gering wie möglich gehalten wird. So beispielsweise durch die Wahl einer wohnortnahen Praxis, mit kurzen Wartezeiten und reibungslosen Untersuchungs-/Behandlungsabläufen. Sollte der Besuch beim zuständigen Hausarzt längst überfällig gewesen sein, dann liegt es in unserer Funktion als Gesundheitsberater, den Klienten über die Notwendigkeit seiner medizinischen Vorsorge offen und direkt zu informieren. Ist der Klient darüber hinaus gar nicht einsichtig, bzw. schiebt er diese Notwendigkeit vor sich her, sollten wir es uns sehr gut überlegen, welches persönliche unternehmerische Risiko wir hierbei eingehen. Selbständiges Arbeiten verlangt auch eigenverantwortliches Handeln – also Finger weg von diesen Klienten und Interessenten!

Natürlich birgt ein umfassender Gesundheits-Check mit entsprechenden Ergebnissen Konfliktpotenzial, da wir es ja mit Menschen und Ihren individuellen Problemen zu tun haben. Doch gerade das Anbieten von Lösungsstrategien ist meines Erachtens eine der herausforderndsten Aufgaben im Berufsfeld Personal Training! Ständig Informationen über unseren Klienten zu sammeln und zu dokumentieren, fördert ein positives Feedback für unser Training und dient einer erfolgreichen und langfristigen Trainingsbetreuung.

Autor:
Lars Brouwers - personal training

www.trainingsexperte.de
info@trainingsexperte.de

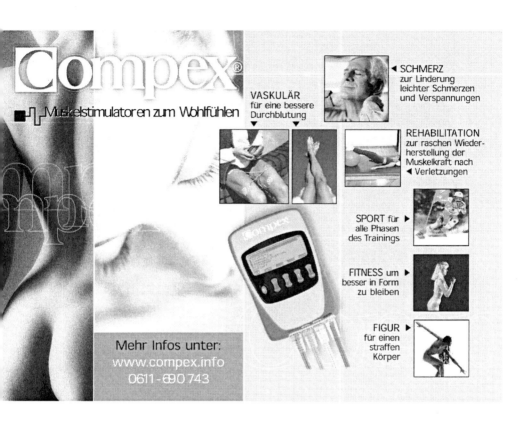

„Auch ich als ehemaliger Sportmuffel kann nur bestätigen, dass mein Personal Trainer durch seine Kompetenz, sein Einfühlungsvermögen, sprich seine nie ermüdende Motivation es schafft, dass Sport plötzlich Spaß macht. Er bewirkt, dass man seine Grenzen auslotet, man hat absolut positive Aha-Momente, er achtet aber auch sehr darauf, dass man diese Grenzen nie überschreitet, um keinen Negativeffekt zu erzielen. Durch ihn habe ich erreicht, dass das Fehlverhalten von zu wenig Bewegung, falscher Ernährung etc. in andere Bahnen gelenkt wurde und dies sehr nachhaltig."
Cornelia Krause, HV & Grundstücksverwaltung GmbH

„Eher durch Zufall bin ich im Rahmen einer Unternehmensveranstaltung für unsere leitenden Mitarbeiter auf Personal Training gestoßen (worden).... Ein Check Up und darauf basierend ein individuelles Trainingsprogramm bringen sehr gute Trainingsergebnisse. Nicht zu vergessen in Zeiten voller Terminkalender der Vorteil des festen Termins mit dem Trainer, der nicht so leicht abgesagt wird wie ein normales Training. Aus Sicht des Unternehmens führt die verbesserte Fitness zu erhöhter Leistungsfähigkeit und geringeren Ausfallzeiten, was gerade in schlanken Strukturen besonders wichtig ist. Personal Training ist daher für Schlüsselmitarbeiter ein ebenso sinnvolles Investment wie die heute bereits verbreiteten Gesundheitstage oder Massageangebote für alle Mitarbeiter."

Thomas Wargalla, Geschäftsführer im Postbank-Konzern

Dr. med. Stefan Preis

Der Arzt im Personal Training: More than a doctor

Welche Rolle nimmt der Arzt im Verhältnis zum Klienten und zum Personal Trainer ein? Klar, er sorgt durch eine gewissenhafte Voruntersuchung für die `Unbedenklichkeitsbescheinigung´ und kann auf Risiken und bekannte gesundheitliche Störungen hinweisen – diese Leistung gibt es jedoch durch den hohen Konkurrenzdruck im Fitnessmarkt auch `von der Stange´. Die Ansprüche an einen Arzt, der seine Rolle innerhalb des Personal Trainings ernst nimmt, gehen jedoch weit über ein medizinisches Abnicken des vorgesehenen Trainingsplans hinaus. `More than a doctor´, darunter verstehen die Amerikaner eine ganze Denk- und Handlungsweise, die sich dem Dienstleistungsgedanken nicht verschließt.

Das Wichtigste zuerst: Die Wahl des richtigen Arztes
Einen geeigneten Arzt zu finden, mit dem man optimal zusammenarbeiten kann, scheint zunächst nicht schwer: Meist ist man geneigt, aus bestehender Sympathie und eigener Erfahrung heraus einen Mediziner zu empfehlen, dem man eine solche Betreuungsaufgabe zutraut – in den meisten Fällen wird dies natürlich ein Sportmediziner und/oder Orthopäde sein. Damit erschöpft sich in den allermeisten Fällen die `Zusammenarbeit´ aber auch schon. Der richtige Arzt sollte aber nicht nur eine Back-up-Funktion haben, sondern zu einer echten Zusammenarbeit bereit sein, die auch vorher besprochen werden muss. Das ist wichtig, denn die Aufgabe des Arztes wird – wenn sie denn nicht nur Makulatur sein soll – nicht nur daraus bestehen, eventuell auftretende Beschwerden zu kurieren. Auch der Arzt muss es wollen.

Deshalb gilt als Voraussetzung Nr. 1: Alle Bemühungen um eine sinnvolle Begleitung eines Personal Trainings sind zum Scheitern verurteilt, wenn der Arzt dies nicht wirklich will oder nicht neben seiner täglichen Sprechzeit die dafür notwendige Zeit opfern kann. Dabei sollte er nach Möglichkeit auch noch flexibel sein, denn derjenige, der Gesundheit und Wohlbefinden durch einen Personal Trainer sicherstellen will, ist es in der Regel nicht. Zumindest nicht zeitlich: Oft ergeben sich kurzfristig Termin-lücken, oder eine Mittagspause bietet sich für einen schnellen Check-Up an. Wer seinem Klienten hier einen Arzt zumutet, der ihn im Wartezimmer bei Wochen alten Gazetten Zeit vertrödeln lässt, der macht schnell Minuspunkte.

Infrastruktur muss stimmen
Aber auch der flexibelste und beste Arzt nützt nichts, wenn die Infrastruktur nicht stimmt. Wenn der Arzt schon nicht in unmittelbarer Nähe des Klienten beheimatet ist, so sollten sich seine Praxisräume in einigermaßen zentraler Lage befinden. Dies ist insbesondere deshalb wichtig, weil möglicherweise nicht immer alle notwendigen Untersuchungen und Behandlungen von dem einen Arzt durchgeführt werden müssen. Spezielle rönt-genologische (CT) oder serologische Untersuchungen sollten auf keinen Fall weite zusätzliche Wege beanspruchen. Ideal ist daher der fachlich versierte Arzt, der innerhalb einer inter-disziplinären Struktur agieren kann. Viele Arztpraxen werden inzwischen als fachlich diversifizierte Medizinzentren gegründet – so können heute an fast jedem Standort durch die Wahl einer solchen fachübergreifend arbeitenden Praxisklinik lange Wege vermieden und Untersuchungen und Behandlung möglicht zeitnah erfolgen. Viele dieser Zentren sind durch den immer stärker werdenden Kosten- und Konkurrenzdruck gezwungen, sich technologisch und medizintechnisch hohen Standards zu unterwerfen. Was aber dem Kassenpatienten häufig unerschwinglicher Luxus ist, kommt dem Personal Trainer gerade recht, denn hier zählt in aller Regel nicht der Aufwand, sondern das Ergebnis.

Keine Auseinandersetzungen mit dem Hausarzt!
Oft wird der Personal Trainer mit der Tatsache konfrontiert werden, dass es bereits einen Arzt des Vertrauens gibt, der in einer langjährig gewachsenen Arzt/Patientenbeziehung eine mächtige und von außen unantastbare Rolle eingenommen hat. Dies muss keine Schwierigkeiten aufwerfen, kann aber bei Meinungsverschiedenheiten schnell zu einer ungewollten Pattsituation zwischen Personal Trainer und Hausarzt führen. Wann immer möglich, sollte daher auf eine kritische Betrachtung der Aussagen des Hausarztes verzichtet werden: Der Klient kann sich auf Grund fehlender medizinischer Kenntnisse ohnehin nur der Meinung seiner Vertrauensperson anschließen! Der einzig gangbare Weg führt hier über die `second opinion´: Wer wird sich schon jemandem verschließen, der es so gut mit ihm meint, dass er die Meinung nicht nur eines, sondern zweier Spezialisten einholen möchte?

Die amerikanische Art, einen guten Arzt herauszufinden
Eine in den USA häufig anzutreffende Checkliste für die richtige Wahl des Arztes kann zwar dessen Fachkompetenz nicht bestimmen, aber sie sagt viel darüber aus, wie viel mehr Wert jenseits des Atlantik auf die `Chemie´ zwischen Arzt und Patient gelegt wird. Auch ein Personal Trainer kann sich unter Umständen viel unnötige (Überzeugungs-)Arbeit ersparen, wenn er sie für sich beantwortet, bevor sein Klient dort vorstellig wird. Die fünf Fragen arbeiten nach dem Ausschlussprinzip – wird nur eine Frage mit `Nein´ beantwortet, sind ernsthafte Zweifel angebracht; zweimal `Nein´ heißt, dass man sich dringend nach einem anderen Arzt umsehen sollte.

- Glauben Sie, dass man ihnen zuhört und versucht, Sie zu verstehen?
- Fühlen Sie sich wohl dabei, etwas zu fragen oder um weitere Erläuterungen zu bitten?

- Haben Sie jederzeit das Gefühl, dass man Ihnen die Wahl lässt – Sie also zu einem Behandlungsvorschlag auch `nein´ sagen könnten?
- Haben Sie jederzeit das Gefühl, dass Ihnen detailliert erklärt wird, warum eine Behandlung so und nicht anders erfolgt?
- Vertrauen Sie ihrem Arzt?

Ärztliche Qualifikation ist nicht einfach zu erkennen
Einen Gradmesser für die medizinische Kompetenz eines Arztes gibt es nach wie vor nicht. Ob sich mit den akribischen Abzählungen, die ein absolutes Ranking aus der Summe von Veröffentlichungen und Kollegenempfehlungen errechnen, die Qualifikation für eine bestimmte Fachrichtung objektiv bestimmen lässt, ist mehr als fraglich. Interessant ist im Hinblick auf das Personal Training aber sicherlich die Meinung von Leistungs- und Spitzensportlern, welche oft aus wirtschaftlichen Gründen auf die Erhaltung ihrer Leistungsfähigkeit angewiesen sind. Schnell kommt man so dahinter, dass es immer die gleichen Namen sind, die überproportional häufig genannt werden. Trotzdem muss der Arzt, dessen Name auch Wirtschaftskapitäne zusammenzucken lässt, weil er in irgendeiner Liste einen vorderen Platz besetzt, nicht die beste Wahl sein: Schließlich soll er – und da schließt sich der Kreis – willens und in der Lage sein, den Klienten notfalls auch zur Unzeit und ohne lange Voranmeldung zu empfangen; eine Bereitschaft, die man sicherlich häufiger bei jungen, gerade niedergelassenen Kollegen antrifft, die noch ohne den Klang eines großen Namens auskommen müssen.

Maximalbetreuung = Maximalmedizin?

Der Begriff `Maximalmedizin´ hat in den letzten Jahren durch die Gesundheitsdebatten sicherlich einen Bedeutungswandel erfahren, zumindest in der Wertung: `Maximalmedizin´ steht heute zumeist nicht mehr für etwas erstrebenswertes, sondern für eine unsinnige Belastung der Krankenkassen mit Ausgaben für teure, aber nicht notwendige Untersuchungen. Um nicht offen von einer Zwei- oder gar Dreiklassenmedizin sprechen zu müssen, haben Gesetzgeber und Krankenkassen sich auf eine euphemistische Sprachregelung eingelassen – danach gibt es neben den medizinisch notwendigen Leistungen die medizinisch sinnvollen. Innovationen im Rahmen der medizinischen Grundversorgung zu suchen, ist daher heute verfehlt. Für den Bereich des Personal Trainings gilt dies jedoch nicht, und darf es auch nicht gelten. Dennoch ist die Bezeichnung `Maximal´ in Verbindung mit (privat-)ärztlicher Versorgung irreführend, denn sie suggeriert eine unkritische Anwendung aller zur Verfügung stehenden Mittel. Besser ist hier, von einer individuellen Optimalmedizin zu reden. Dazu kann auch gehören, einmal eine Computertomographie anzufertigen, wo sonst aus Kostengründen nur ein Röntgenbild angefertigt wird, oder eine Kernspintomographie durchzuführen, um auch feinste Veränderungen in den Weichteilen sichtbar zu machen, die auf andere Art und Weise nicht bildlich dargestellt werden können.

Die Eingangsuntersuchung: Nicht nur Belastungs-EKG

Während den meisten Fitness-Studios die Eingangsuntersuchung nur als Haftungsausschluss dient, sollte sie beim Personal Training unbedingte Grundlage für das Trainingsprogramm sein. Insbesondere bei über 40jährigen gehört daher neben einer umfassenden kardiologischen Untersuchung auch eine internistische und ggf. urologische genauso dazu wie die gewissenhafte allgemeinmedizinische und natürlich orthopädische Untersuchung nach sportwissenschaftlichen Standards. Ganz wichtig ist, dass spezifische Probleme des Klienten nicht erst nach einem begonnenen Training erkannt werden, sondern bereits mit diesen ersten Untersuchungen. Körperliche Defizite sollten hier ebenso sicher bemerkt werden wie Vorerkrankungen, die zum Ausschluss bestimmter Sportarten führen.

Kontrolluntersuchung

Ebenso wichtig wie die anfängliche Untersuchung sind regelmäßige Kontrolluntersuchungen, auch wenn scheinbar `nichts anliegt´. Zum einen sind die medizinisch festgestellten `Erfolgsnachweise´ hoch motivierend, zum anderen müssen falsche Belastungen frühzeitig erkannt und vermieden werden: Wer erst einmal in einen Schmerz oder eine Erkrankung hineintrainiert hat, wird nur schwer das Tempo eines zeitlich komprimierten Personal Trainings durchhalten und sich schlimmstenfalls davon zurückziehen.

Zuhören können – der Arzt als Mittler und Autorität

Die wichtigste Kommunikationsform unserer Zivilisation ist trotz SMS und E-Mail das persönliche Gespräch, bei dem man seinem Gegenüber in die Augen schauen kann. Essentiell dabei – und das betrifft einen Arzt noch mehr als andere – ist das Zuhören können. Vielleicht liegt im mangelnden Zuhören das größte Problem der Arzt-Patienten-Beziehung überhaupt. Man sollte nie den Fehler machen, den Eindruck zu vermitteln, bereits vor der Frage die Antwort zu kennen. Auf beiden Seiten sollte immer solange nachgefragt werden, bis das Problem genau verstanden ist. Der betreuende Arzt beim Personal Training sollte sich immer dessen bewusst sein, dass er es in den meisten Fällen mit Führungskräften zu tun hat, die ihrerseits die Kommunikation mit anderen meisterhaft beherrschen.

Respekt vor den Grenzen anderer
Zum Zuhören können gehört untrennbar auch die Fähigkeit, die Botschaft hinter der Aussage zu erkennen und zu interpretieren. Dabei muss auch der Arzt im Hinterkopf behalten, dass eine der Hauptaufgaben des Personal Trainings ist, Motivationsschwächen bis zum Erreichen eines gesteckten Ziels zu überwinden. Diese sind jedoch dadurch nicht beseitigt. Unterbewusst wird der Klient daher oft versuchen, ihm unliebsame Aspekte des Trainings anders einzukleiden. Ein Beispiel: Bei der Kontrolluntersuchung klagt der Klient über ausgeprägte Knieschmerzen, die er dem Jogging zuschreibt – andererseits kann er jedoch stundenlang Tennis oder Squash spielen, ohne dass gleiche oder ähnliche Symptome auftreten. Hier muss der Arzt mithelfen, aus der Überwindung der Motivationsschwäche keinen falschen Drill werden zu lassen. Zur Autorität zählt eben immer auch der Respekt vor den Grenzen anderer; Versuche der Manipulation sind von vornherein zum Scheitern verurteilt. Trotzdem heißt `Zuhören´ und `jemanden ernst nehmen´ auch und gerade, ihm das Unangenehme zu sagen – im täglichen Leben tun dies möglicherweise nur wenige Personen.

Die Optimierung der Abläufe – für größtmögliche Effizienz: Wie Klient, Arzt, Personal Trainer und Physiotherapeut zum individuellen `olympischen Team´ werden

Wer ein Personal Training in Anspruch nimmt, den interessiert neben seiner Fitness und Gesundheit vor allem der `Ease of use´ dieser Methode. Dazu gehört, dass der Personal Trainer im Idealfall einziger Ansprechpartner des Klienten ist, wenn es um Terminabsprachen mit Ärzten und Physiotherapeuten geht. Diese Dienstleistung der reibungslosen Koordination ist neben einem qualifizierten und effizienten Übungsprogramm wahrscheinlich der größte `Einzelposten´ der Einrichtung des Personal Trainings schlechthin.

Warten sollte in jeder Hinsicht tabu sein

Wie eingangs bereits erwähnt, sollte zwischen Personal Trainer und Arzt eine echte Zusammenarbeit bestehen, nicht bloß eine lockere beiderseitige Empfehlung. Termine sollten keine `Richtzeiten´ sein, sondern eingehalten werden. Auch sollte der Arzt nicht erst vom Klienten darüber informiert werden, worum es eigentlich geht: Wenn dies so ist, so zeigt sich daran, dass Arzt oder Personal Trainer offenbar keine Lust haben, sich ernsthaft mit dem Thema auseinander zusetzen. Dem Arzt sollte im Voraus bekannt sein:

- Wer zu ihm kommt,
- warum er kommt,
- wann er kommt,
- wo seine Defizite liegen.

Falls der Klient keine Einwände hat, sollte der Arzt die vorangegangene Krankengeschichte so weit wie möglich kennen. Auch das spart wichtige Zeit, und der Klient wird angenehm überrascht sein.

Gleiches gilt natürlich auch für Physiotherapeuten, Orthopädietechniker und alle, die in irgendeiner Form beteiligt sind: Alle sollten gleich gut informiert sein, gleich engagiert und gleichermaßen hoch qualifiziert sein. Die Aufgabe ist nur dann wirklich erfüllt, wenn sich der Klient selbst als Teil des brillanten Teams fühlen kann, welches ihn zum Erfolg führt. Unerlässlich ist dabei eine hohe Transparenz der Entscheidungen bezüglich des Trainings und eventuell begleitender Maßnahmen oder Therapien: Ob Physiotherapie, Massage, Krankengymnastik, oder auch das Optimieren der Sportschuhs durch speziell angefertigte Einlagen: Er muss verstehen, was passiert. Ebenso muss er selbst in die Entscheidungen mit eingebunden werden: Er ist der Teamchef, wenn er diese Rolle übernimmt. Wie ein Staatsmann, der sich mit den besten Beratern umgibt, um seiner Aufgabe gerecht zu werden, muss er stets das Gefühl haben, dass zielorientiert an seiner persönlichen Fitness gearbeitet wird.

Akute Probleme haben absoluten Vorrang
Besonders deutlich wird dies natürlich immer dann, wenn auf Grund eines akuten Problems sofortiger Handlungsbedarf besteht und nicht lange im Voraus geplant werden kann. Wie bei jeder anderen Dienstleistung auch, zeigt sich besonders bei unvorher- gesehenen Zerrungen, Prellungen oder sonstigen Schmerzen, wie sehr der Servicegedanke im Vordergrund steht. Muss der Klient auf den nächsten Mittag vertröstet werden, weil absolut `nichts mehr geht´? Ist der Arzt nicht mehr erreichbar, oder kennt der Klient seine Mobilfunknummer? Das alles wird auf dem Konto `Professionalität´ verbucht. Wenn doch einmal eine kleine Wartezeit in Kauf genommen werden muss: Sitzt der Klient beengt mit einem Dutzend anderer Patienten im `Omnibus´, oder bei einer Tasse Kaffee und einer aktuellen (!) Illustrierten in einem ansprechenden Behandlungszimmer? Nimmt sich der Arzt – trotz hoher Arbeitsbelastung – die Zeit, den wartenden Klienten per Handschlag zu begrüßen und sich für die Unannehmlich- keiten zu entschuldigen?

Das zweitwichtigste zum Schluss: `Personal´ heißt persönlich – das gilt auch für den Arzt!
Wir haben bislang denjenigen, der ein Personal Training in Anspruch nimmt, als `Klienten´ bezeichnet. Diesen Ausdruck kennt man eigentlich nur von Rechtsanwälten und Steuer- beratern. Ärzte haben normalerweise `Patienten´ (von patiens, lat. für *geduldig/ertragend*). Das setzt voraus, dass jemand, der einen Arzt konsultiert, bereits krank ist. Das trifft auf die meisten Menschen, die sich für ein Personal Training entscheiden, zum Glück nicht zu. Die Rolle des Patienten ist denn auch eine passive, im Gegensatz zum Klienten, der eine Leistung abfordert und

dafür bezahlt. Genau so muss man sich mit der Begrifflichkeit des Wortes `Personal´ auseinander setzen. Das deutet an, dass hier jemand höchst selbst tätig wird. Im Krankenhaus hieße so etwas `Chefarztbehandlung´. `Personal´ muss heißen, dass wirklich nur Dinge delegiert werden, von denen die Arzt-Klient-Beziehung nicht wesentlich tangiert wird. Dazu gehört auch, dass der Arzt den Klienten persönlich telefonisch über Untersuchungsergebnisse informiert. Ein „Der Doktor sagt, es ist alles in Ordnung" der Sprechstundenhilfe (so freundlich es auch gemeint ist) erfüllt hier nicht die Anforderungen an eine persönliche Betreuung. Wer persönlich angesprochen wird, dem erschließt sich das Gesagte in völlig anderer Form. Dies wird in keinem anderen Dienstleistungsbereich so deutlich wie in der Medizin. Fast einem jeden von uns ist klar, dass die meisten Menschen zu ihrem Arzt eine emotionale Beziehung pflegen, die nicht selten weit über der fachlichen Komponente rangiert. Um wie viel größer sind die Erwartungen an eine Medizin, die nicht als staatliche Grundversorgung dargeboten wird? Mit steigender beruflicher Verantwortung und sozialer Stellung des Klienten wird sich auch automatisch der Wunsch nach einer Kommunikation zwischen Arzt und Klient ergeben, die nichts mehr mit der Konsultation eines Mediziners wegen einer Grippe zu tun hat. In die kurze Zeit der persönlichen Betreuung muss also viel mehr hineingepackt werden als in ein normales Arztgespräch. Nicht alles an diesem gegenseitigen Investment lässt sich jedoch kaufen: Hinter der Rolle des Arztes beim Personal Training muss auch tatsächlich eine Person stehen, nicht nur die freundlich ausgeübte Funktion.

Autor:
Dr. med. Stefan Preis
Klinik am Ring Köln
Hohenstaufenring 28
50674 Köln
Tel.: 0221 - 92424274
Fax: 0221 - 92424270

Diplom-Oecotrophologin Christine Braun

Ernährungskonzepte im Personal Training

Dieser Beitrag zielt darauf ab, Sie als Personal Trainer für die besondere Ernährungssituation Ihres Klientels zu sensibilisieren und Ihnen grundlegende Informationen über eine gesunde Ernährungsweise zu geben.

Besonderheiten im Personal Training

Sehr schnell merkt jeder Personal Trainer, dass alle Klienten – so verschieden sie auch sein mögen – ein gemeinsames Trainingsziel verfolgen: Gesund und fit sein.

Doch die meisten Klienten wollen nicht nur fit und gesund sein, sie wollen auch dementsprechend aussehen. Für sehr viele Menschen liegt der Grund einer sportlichen Betätigung nicht allein in einer Verbesserung des eigenen Fitness- und Gesundheitszustandes, sondern in einer Unzufriedenheit mit dem eigenen Äußeren. Die Personal Training Kunden stehen neben dem beruflichem Erfolgsdruck auch unter dem Druck, erfolgreich zu wirken. In Zeiten der New-Economy ist das Idealbild eines erfolgreichen Managers eher durch einen schlanken, sportlich anmutenden Typ gekennzeichnet, als durch den dickbäuchigen Heinz-Erhardt-Unternehmertyp der Wirtschaftsjahre von Ludwig Erhard. Erfolg wird nicht mehr durch eine dicke Zigarre und einen imposanten Bauch repräsentiert. Dynamik, Vitalität und Leistungsfähigkeit lassen sich mit diesen Attributen nicht darstellen. Bei vielen Managern liegt hier eine offen-sichtliche Diskrepanz zwischen eigenem Wunsch und persönlicher Wirklichkeit.

Bei den Damen war bereits in früheren Zeiten keine mächtige Leibesfülle angesagt, jedoch tauchten Frauen sowohl im Film als auch im Wirtschaftsleben fast ausschließlich in der Rolle der Sekretärin oder nicht erwerbstätigen Gattin auf. Vorzugsweise schlank. Heutzutage finden mehr und mehr Frauen den Weg in die eigene Chefetage und zahlen einen ähnlichen Preis wie ihre männlichen Kollegen. Eine individuelle und zeitlich flexible Fitnessbetreuung durch einen Personal Trainer ist dann oftmals der einzig realisierbare Weg, etwas für die eigene Fitness zu tun. So werden Sie als Personal Trainer häufig engagiert, um genau diese Ziele zu erreichen. Allein durch ein, zwei vielleicht auch drei Trainingseinheiten pro Woche wird aus einem Heinz Erhardt freilich noch kein Ron Sommer. Und auch die Liga von Uschi Glas ist nicht spielend zu halten. Ohne eine adäquate Ernährungsweise ist ein solches Ziel in unerreichbarer Ferne. Und das Abspecken überflüssiger Pfunde erfordert eine Umstellung der Ernährungsgewohnheiten.

Eine gesunde Ernährung ist nicht nur für das Erreichen des Wunschgewichtes von Bedeutung, sondern in erster Linie unabdinglich, um einer Fülle von ernährungsbedingten Krankheiten entgegen zu wirken. Der enorme Anstieg von so genannten Zivilisationskrankheiten in den letzten Jahrzehnten findet seine Ursachen in einem Mangel an Bewegung, einer nicht adäquaten Ernährung, Risikofaktoren wie Rauchen und regelmäßigem Alkoholkonsum und weiteren Faktoren wie Stress, Schlafmangel etc. Gegenseitig können sich diese Einflussgrößen bedingt kompensieren, treten sie jedoch gemeinsam auf, so bedarf es einer „Bärennatur", um gesund zu bleiben. Und diese Bärennatur besitzen die wenigsten Menschen.

Den ersten Schritt haben Sie mit Ihren Klienten geschafft: Dem Bewegungsmangel wird der Kampf angesagt. Nun gilt es, dort nicht stehen zu bleiben, sondern den Klienten für die Ernährung und deren immense Bedeutung zu sensibilisieren.

Erfahrungsgemäß konfrontiert Sie früher oder später jeder Klient mit diesem Thema. Nach ein paar Wochen gemeinsamen Trainings verzeichnen Sie die ersten Erfolgserlebnisse einer verbesserten Fitness: Der Klient bleibt beim Joggen nicht mehr nach 100 Metern stehen, hält sich wacker auf Inlineskates oder stemmt beim Krafttraining deutlich mehr Gewicht als nur Kinderhanteln. Doch wie sieht es mit seinem eigenen Gewicht aus? Hat sich der Körperfettanteil verändert? Haben sich die

Blutwerte verbessert? Ist die Nährstoffversorgung ausreichend? Spätestens jetzt, wenn auch nach weiterem Training keine Verbesserung zu verzeichnen und ein Plateau erreicht ist, stellt sich die Frage nach der Ernährungsweise des Klienten und die Überlegung, ob hier fundamentale Gefahren für dessen Gesundheit liegen.

Die meisten Klienten sprechen dieses Thema von sich aus an. Nutzen Sie diese Gelegenheit, Hilfestellungen zu geben. Das Führen eines Ernährungsprotokolls über einen gewissen Zeitraum stößt bei Ihrem Klientel meist aufgrund des erforderlichen Zeitaufwandes auf wenig Gegenliebe. Daher sind Sie darauf angewiesen, während der gemeinsamen Trainingszeit einen Einblick in das Ernährungsverhalten, das individuelle Wissen und den damit verbundenen Beratungsbedarf zu bekommen. Versuchen Sie zudem zu ergründen, welche Faktoren bei Ihrem Klienten einer gesunden Ernährungsweise entgegenstehen. In der folgenden Abbildung sind einige wichtige Einflussfaktoren auf das Ernährungsverhalten dargestellt, in denen Ursachen für eine Fehlernährung zu finden sind.

„Mein Personal Trainer hat mich motiviert, endlich was für mich und meine Gesundheit zu tun. Obwohl mir bewusst war, dass ich mich zu wenig bewege, mich evtl. falsch ernähre, hat es diesen Schub benötigt. Er hat es verstanden, mich zum einen "wach zu rütteln" und mich "aufzuklären", und zum anderen hat er es geschafft, dass ich mich auch wirklich danach verhalte."
Dr. Dieter Ilge, Infogen GmbH

Determinanten des Ernährungsverhaltens

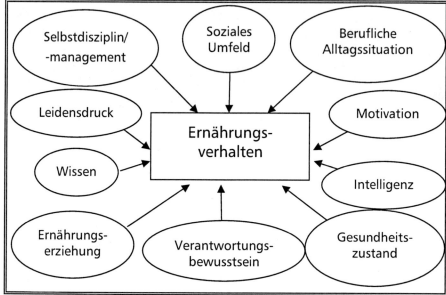

Diese Faktoren stellen nur einen Ausschnitt der Parameter dar, die das Ernährungsverhalten prägen und sind zudem nur teilweise beeinflussbar. Bspw. ist die **Ernährungserziehung** aus Kindertagen unwiederbringlich, prägt aber lebenslang die Nahrungsvorlieben und –abneigungen. Die **Intelligenz** eines Menschen ist ebenfalls nicht veränderbar. Intelligenten Personen fällt es erfahrungsgemäß leichter, sowohl ernährungsphysiologische Wirkungszusammenhänge als auch die Bedeutung einer gesunden Ernährung zu erfassen. Eine gute **Selbstdisziplin** oder ein erfolgreiches **Selbstmanagement** gelten als eine wichtige Voraussetzung zur Verwirklichung von Vorsätzen und Erreichen von Zielen; wobei diese Fähigkeiten z. T. erlernbar sind. Eng damit verbunden ist das **Verantwortungsbewusstsein** sich selbst gegenüber. Die Erkenntnis, dass man das eigene Wohlergehen vorrangig selber zu verantworten hat, veranlasst viele Menschen, ihre Ernährungsgewohnheiten zu hinterfragen und zu optimie-ren. Die Erfahrungen aus der Beratung zeigen, dass Frauen diesen Aspekt stärker verinnerlichen und dass dieses Verantwortungsbewusstsein besonders bei jungen, normalgewichtigen Männern wenig ausgeprägt ist.

Ein schlechter **Gesundheitszustand** ist häufig eine Folge der Lebensführung sowie jahrelanger Fehlernährung und erhöht den Druck, sich mit dem Thema Gesundheit und Ernährung auseinander zu setzen. Ein hoher **Leidensdruck** oder eine große Unzufriedenheit mit dem eigenen „Zustand" - wie bspw. bei Übergewichtigen - stellt vielfach eine entscheidende Antriebskraft für die Ernährungsumstellung dar.

Das **soziale Umfeld** kann ebenfalls ein starker Antrieb, aber auch ein großes Hemmnis bedeuten. Wenn die Familie, der Partner oder die Partnerin Unterstützung geben, trägt dies entscheidend zur konsequenten und langfristigen Verwirklichung der Vorsätze bei. Lehnt das Umfeld eine Umstellung auf eine gesunde Ernährungsweise ab oder „belächelt" die Änderungen als vorübergehende Spinnereien, so sinken die Erfolgsaussichten drastisch. Besonders Frauen sehen sich mit mangelnder Unterstützung und kontraproduktiven Verhaltensweisen ihrer Partner und Familien konfrontiert.

Noch stärker stellt für viele Menschen die **berufliche Alltagssituation** ein Hindernis dar. Eine gesunde Ernährungsweise ist besonders für jene Personen schwierig, die vorrangig auf eine Außer-Haus-Verpflegung zurückgreifen. Hier besteht die Herausforderung, die Verpflegung mittels der gegebenen Möglichkeiten zu optimieren. Dazu können Sie als Personal Trainer entscheidend beitragen, Ideen dazu folgen im weiteren Verlauf dieses Beitrages.

Die wichtigsten Ansatzpunkte für Sie stellen jedoch das Wissen und die Motivation Ihrer Klienten dar. Eine vernünftige Ernährungsweise lässt sich erst dann durchsetzen, wenn das notwendige **Wissen** vorhanden ist. Es ist auch in Ihrem eigenen Interesse, sich zumindest ein Basiswissen anzueignen. Sehen Sie sich nicht in der Lage, dieses entsprechend zu vermitteln, oder gehen die Fragen über Ihre Kenntnisse hinaus, so stellen Sie den Kontakt zu einem Experten her.

Eine Wissensvermittlung bewirkt jedoch nur dann einen Erfolg, wenn gleichzeitig die **Motivation** dem Menschen die nötige „Antriebsenergie" liefert, um das Wissen umzusetzen. Diese Energie zu wecken und zu erhalten, ist eine der Hauptaufgaben des Trainers!

Was Sie als Personal Trainer beachten müssen, mit welchen Schwierigkeiten aber auch guten Voraussetzungen bei Ihrem Klientel zu rechnen ist, wird im folgenden aufgezeigt. Darüber hinaus werden Maßnahmen vorgestellt, mit denen Sie Ihr spezielles Klientel auf dem Weg zur Umsetzung einer besseren Ernährungsweise unterstützen können. Wenden wir uns zunächst der besonderen Situation Ihrer Klientel zu:

Der Klient

So unterschiedlich die Menschen auch sein mögen, die einen Personal Trainer in Anspruch nehmen, so viele Parallelen treten bei den Faktoren auf, die eine Umstellung auf eine vernünftige und ausgewogene Ernährungsweise erschweren oder vereinfachen.

Wenden wir uns zuerst den **Problemen** zu: Die Problematik der lebensbedingten Krankheiten wurde bereits angesprochen und in diesem Zusammenhang wird ersichtlich, dass Ihr Klientel eine besondere Risikogruppe darstellt: Eine ungesunde Ernährung, unregelmäßige Essenszeiten, Bewegungsmangel, permanenter beruflicher Druck, Zeitmangel, wenig Muße für Ruhe und Entspannung, ein unregelmäßiger Lebensrhythmus verbunden mit Schlafmangel oder Schlafstörungen... Eine solche Liste lässt sich fast für jeden Klient mit den verschiedensten Risikofaktoren in individuellem Ausmaß erstellen. Eine vernünftige Ernährungsweise ist bei einem solchen Lebensstil nicht einfach realisierbar.

Können Sie sich vorstellen, dass einer Ihrer Klienten einen VHS-Kurs o. ä. zum Thema Ernährung besucht? Ein Fachbuch über Ernährung studiert, gesunde Kochrezepte sammelt und diese im alltäglichen Businessleben ausprobiert? Wohl kaum. Hier liegt Ihre Aufgabe. Nicht, dass Sie zum Koch werden sollen, aber mit diesen Gegebenheiten müssen Sie rechnen und versuchen, dennoch Möglichkeiten für eine gesunde Ernährung zu finden. Folgende Aspekte erschweren zudem die Umsetzung einer gesunden Ernährungsweise Ihrer Klienten:

- Viele sind häufig unterwegs, sitzen in Meetings oder bei Kundenbesuchen und ernähren sich tagsüber von dem, was bei diesen Gelegenheiten geboten wird.
- Es wird „nebenbei" während der Arbeit gegessen und das Essen oft zu hastig und ungenügend gekaut hinunter geschluckt.
- Der Rhythmus des Berufsalltages bestimmt den Essens-rhythmus und nicht umgekehrt.
- Eine Fülle an Geschäftsessen steht auf dem Programm, bei denen selten eine ausgewogene Auswahl an Gerichten auf der Karte steht.
- Manche Klienten nutzen mittags ein Restaurant, das meist danach ausgesucht wird, ob es in der Nähe der Arbeits-stätte liegt und ob es dort schmeckt; der ernährungsphy-siologische Wert der Speisen hingegen ist weniger ein Kriterium der Lokalauswahl.
- Häufig ergibt sich erst spät am Abend nach zwölf und mehr Arbeitsstunden die Gelegenheit, in Ruhe etwas zu essen.
- Wird zu Hause gegessen, so haben die wenigsten jeman-den, der sie mit guter Nahrung versorgt. Eine Haushälterin oder ein Partner, der zu Hause mit köstlichem und gesundem Essen aufwartet, existiert heutzutage in den wenigsten Fällen. Die Tiefkühltruhe, der Pizza-Service oder die Gastronomie ersetzen die Funktion der Haushälterin.
- Essen erfüllt bei vielen Stress geplagten und unter Zeitdruck stehenden Menschen eine Kompensationsfunktion für die nicht vorhandene Freizeit oder Entspannungsmöglichkeit.

- Darüber hinaus gönnt man sich abends gerne ein Gläschen Alkohol oder auch zwei, um besser Abschalten zu können.
- Die Bereitschaft, sich zeitintensiv ein fundiertes Wissen um eine ausgewogene und gesunde Ernährung zuzulegen, ist sehr gering.
- Manche Menschen pflegen mit größter Sorgfalt und ohne genaues Betrachten der Kosten ihr Auto, lassen jedoch nur einen Bruchteil dieser Sorgfalt und Zahlungsbereitschaft bei der Pflege der persönlichen Gesundheit und der Auswahl geeigneter „Betriebsstoffe" für den eigenen Körper erkennen.

Liest man diesen Katalog, der noch längst keinen Anspruch auf Vollständigkeit erhebt, so wird unverzüglich klar, dass die Umsetzung einer gesunden Ernährung in dieser Zielgruppe nicht einfach ist.

Aber dennoch: Gibt es nicht bei Ihrem Klientel auch entscheidende **Vorteile**? Sicherlich, und eine Reihe davon werden im Folgenden dargestellt:

- Eine Person, die für Personal Training offen ist, hat bereits begriffen, dass eine Investition in die eigene Gesundheit immer lohnend ist. Dies ist ein ganz entscheidender Vorteil, den Sie nutzen müssen.
- Ihre Klientel zeichnet sich erfahrungsgemäß durch Intelligenz aus. Intelligenten Menschen fällt es leichter, kausale Zusammenhänge zu durchschauen und auch auf dem Gebiet der Ernährung die Notwendigkeit einer Verhaltensänderung zu erkennen.
- Sie haben es überwiegend mit erfolgreichen Personen in Führungspositionen zu tun. Diese Persönlichkeiten weisen ein großes Verantwortungsbewusstsein auf, und es ist an Ihnen, diese Verantwortung auch dem eigenen Körper gegenüber vor Augen zu führen.
- Der berufliche Erfolg ist nur sehr selten ohne Selbstdisziplin und Ehrgeiz entstanden. Diese beiden Eigenschaften sind

Prämissen für die langfristige Verwirklichung einer vernünftigen Ernährungsform und das Erreichen des Wunschgewichtes.

- Kreativität und konzeptionelles Vorgehen stellen im Berufsleben Ihrer Kundschaft wichtige Säulen des Erfolges dar. Wecken Sie die Lust, eigene Konzepte und kreative Ideen für die Verpflegung mit gesundem Essen zu entwickeln.
- Damit verbunden lassen sich häufig in der eigenen Firma Möglichkeiten und Kapazitäten finden, wie bspw. in einer Konferenz gesunde Snacks gereicht werden können. Zum Kaffeekochen findet sich in jeder Firma ein Mitarbeiter. Kann dieser Mitarbeiter nicht auch ein wenig verzehrsfertiges Obst als Snack vorbereiten? Auf diese und weitere Ideen wird später noch eingegangen.
- Einen ganz fundamentalen Trumpf hat Ihr Klientel in der Tasche: Das Portemonnaie. Nicht, dass eine gesunde Ernährung teuer sein muss, aber wenn man selber nicht bereit ist, gewisse Wege zur Einkaufsstätte oder die aufwendigere Zubereitung einer gesunden Mahlzeit gegenüber dem Zubereiten einer Tiefkühlpizza auf sich zu nehmen, dann ist es von Vorteil, wenn man über die finanziellen Möglichkeiten verfügt, jemanden anderes für diese Dienstleistungen zu bezahlen. Das Outsorcen von Dienstleistungen und das Berechnen von Opportunitätskosten ist für Ihr Klientel nichts außergewöhnliches. Aber warum wird im privaten Bereich die Unterstützung nur zum Putzen oder evtl. zur Betreuung des Nachwuchses genutzt? Das Ausgehen zum Essen ist auch mit Kosten verbunden und hier ist der Einfluss auf die Qualität der Nahrung wesentlich geringer.

Der Personal Trainer

Wie ernähren Sie sich selbst? Nicht wenige Personal Trainer essen mindestens genauso unregelmäßig und schlecht wie ihre Kunden. Was wissen Sie über Ernährung? Im Sportstudium, in einer physiotherapeutischen Ausbildung oder auch in anderen Trainerausbildungen kommt das Thema Ernährung meist viel zu kurz. Führende Wissenschaftler auf dem Gebiet der Sportlerernährung beklagen, dass in keinem anderen Bereich Unwissen, Aberglauben und fehlerhaftes Ernährungsverhalten so stark aus geprägt sind wie in Sportlerkreisen.

Wenn sich dem Thema Ernährung gewidmet wird, dann geschieht dies vorrangig unter dem Aspekt der optimalen Wettkampfvorbereitung. Viel Kohlenhydrate, wenig Fett und für die „Muckis" ordentlich Eiweiß, dieser Gedanke steckt in vielen Köpfen. Doch über die Qualität dieser Nährstoffe wissen die wenigsten Bescheid. Entscheidend ist nicht die chemische Zusammensetzung der Nahrung, sondern die ernährungsphysiologische Beurteilung der einzelnen Energie- und Nährstoffquellen. In diesem Zusammenhang spricht man umgangssprachliche von einer Differenzierung in „gute" und „schlechte", respektive gesundheitsfördernde oder weniger gesundheitsverträgliche Kohlenhydrate, Fette und Eiweiße. Hierauf wird im zweiten Abschnitt dieses Beitrages näher eingegangen.

Folgende Faktoren sollten Sie unbedingt beachten:
- Erweitern Sie Ihr Ernährungsfachwissen. Auch Sie selber und Ihre eigene Gesundheit profitieren davon. Sie müssen nicht direkt zum Profi in Sachen Ernährung werden, aber ein fundiertes Basiswissen ist unabdinglich.
- Suchen Sie sich geeignete Experten als Kooperationspartner. Ideen und Anregungen dazu folgen im Weiteren.
- „Wasser predigen und Wein trinken", das ist mit Sicherheit die falsche Devise. Seien Sie sich Ihrer Vorbildfunktion bewusst. Die Zigarette nach dem Training oder der anschließende Besuch in einer Fastfood-Kette ist eindeutig tabu. Sie sollen keinen Übermenschen darstellen, aber begeistern und überzeugen können Sie nur von einer Sache, mit der Sie sich selber identifizieren.
- Überraschen Sie Ihre Klienten ab und an mit einem gesunden Snack. Ein Apfel, im Sommer frische Beeren, im

Winter eine Mandarine, Obst ist dazu bestens geeignet. Oder bringen Sie zu einem frühmorgendlichen Training ein „richtiges" 100%-Vollkornbrötchen mit. Belegt mit Käse, einem Paprikastreifen oder Salatblatt, das kann überzeugender sein als 1000 Worte.

- Nutzen Sie die gemeinsame Trainingszeit, Ihren Trainingspartner für das Thema Ernährung zu sensibilisieren. Setzen Sie nicht zur Predigt an, dann geht Ihr Klient Ihnen laufen, und das sicherlich nicht mehr mit Ihnen gemeinsam. Aber machen Sie die Zusammenhänge klar zwischen Leistungsfähigkeit und einer Versorgung des Körpers mit dem, was er benötigt.
- Überzeugen Sie nicht durch missionarischen Eifer, sondern durch Begeisterung und gute Ideen für die Versorgung mit schmackhaften und gesundem Essen.

Bewusstsein wecken

Die wenigsten Ihrer Klienten haben sich schon intensiv mit dem Thema Ernährung auseinandergesetzt. Dass aber eine langfristig vernünftige Ernährungsweise die wichtigste Säule zur Erhaltung der eigenen Gesundheit ist, dies ist den meisten sehr wohl bekannt. Doch geht es Ihrem Klientel nicht viel anders als anderen Menschen: Neben mangelndem Wissen über eine gesunde Ernährung gibt es lieb gewonnene Ernährungsgewohnheiten, eine nicht ausreichende Selbstdisziplin und einen fehlenden Leidensdruck.

Leider bekommen die wenigsten Menschen die Auswirkungen einer Fehlernährung direkt zu spüren, außer vielleicht am Hosenbund. Dieser Sachverhalt erschwert es, die absolute Notwendigkeit einer vernünftigen Ernährungsweise zu erkennen. Die Hoffnung wird gehegt, selbst eine Ausnahme zu sein und trotz schlechter Ernährung steinalt zu werden und dabei gesund zu sein. Wenn die Quittung dieser Denkweise überreicht wird, ist das Kind meist schon in den Brunnen gefallen. Noch nicht einmal dann, wenn der Arzt wegen schlechter Blutwerte warnt oder andere gesundheitliche Probleme auftauchen, nehmen viele Menschen diese Notsignale wahr, die der eigene Körper sendet. Und leider bleibt es viel zu häufig dabei, entsprechende Medikamente zu verordnen, um die Symptome zu besänftigen, anstatt Ursachenforschung zu betreiben.

Somit kann es sein, dass Sie als Personal Trainer mit ihren Reden von der Dringlichkeit einer ausgewogenen Ernährung erst einmal allein auf weiter Flur stehen. Aber diese Herausforderung müssen Sie annehmen.

Zu diesem Zweck ist es vorteilhaft, wenn Sie sich ein Netzwerk an Kooperationspartnern aufbauen, die Ihnen mit ihrem Know-how und ihren Ideen zur Seite stehen.

Kooperation mit Fachleuten
Ein Personal Trainer kann Tipps zu Ernährung weitergeben, eine fundierte Ernährungsberatung, gerade wenn Krankheiten vorliegen, sollten Sie jedoch einem Experten überlassen. Bauen Sie Kontakte zu Diätassistentinnen, Oecotrophologen, Ernährungsmedizinern, Gesundheitsberatern oder auch Fachleuten auf spezifischen Gebieten wie der Traditionellen Chinesischen Ernährungslehre, Vollwerternährung o. ä. auf. Achten Sie gleichwohl genau darauf, aus welcher Quelle Ihre Informationen stammen. Informationsbroschüren von Unternehmen, Nahrungsmittelherstellern, Marketinggesellschaften im Bereich der Agrar- und Ernährungswirtschaft oder bspw. einem Verband der Tiefkühlkosthersteller etc. eignen sich weniger zur objektiven Information. Begeben Sie sich bitte auch nicht in den Dunstkreis von Firmen, die Sie als Vertriebspartner für Ihre Nahrungssupplemente einspannen. Dies wird in Ihrem Kundenstamm sicherlich für wenig Begeisterung sorgen.

Möglichkeiten entdecken und umsetzen
Mit Unterstützung eines Ernährungsberaters sollten Sie in der Lage sein, einen kleinen **Leitfaden** zum Thema Ernährung zu erstellen, den Sie jedem Klienten bei Bedarf an die Hand geben.

So ein Leitfaden kann generelle Ratschläge über die Zusammensetzung der Nahrung, über geeignete Getränke, empfehlenswerte Lebensmittel und den Rhythmus der Mahlzeiten enthalten.

Zudem zeigt die Erfahrung bei der Ernährungsberatung im Bereich des Personal Trainings, dass Klienten gerne ein **Verzeichnis über Einkaufsstätten**, in denen sie bspw. „echtes" Vollkornbrot erhalten, in Anspruch nehmen. Entsprechende Informationsquellen über Vollkornbäckereien und Naturkostläden erhalten Sie im Internet (www.naturkost.de).

Im Einzelfall wurde für einen Klienten auf dessen Wunsch sogar schon eine Bewertung des Lebensmittelsortiments seines Haupteinkaufgeschäftes durchgeführt. Dies stellt sicherlich eine Ausnahme dar, kann aber für den Klienten hilfreicher sein als eine geballte Ladung theoretischen Wissens.

Vermitteln Sie je nach Bedarf **individuelle Beratungsgespräche** bei einem Ihrer Experten. Machen Sie Ihren Kooperationspartner jedoch auf die besondere Situation Ihres Klienten aufmerksam. Ein solches Beratungsgespräch kann individuell auf unterschiedliche Wünsche abgestimmt werden: Realisiert wurde sogar schon ein Kochabend zusammen mit einen Klienten, dessen Familie und einer Ernährungsberaterin. Dies war verbunden mit einer gemeinsamen Menüplanung, gemeinschaftlichem Zubereiten der Mahlzeit unter Anleitung und gleichzeitiger Informationsvermittlung.

Nicht nur zu Hause, sondern auch in der Firma sind ähnliche Konzepte denkbar. Zum Beispiel die Zusammenarbeit mit einer Firmenkantine oder die Einbeziehung und Beratung von Mitarbeitern, die in der Firma für eine gewisse Grundversorgung mit Nahrungsmitteln sorgen. Warum steht eine Schale Kekse und keine Schale mit Obst für die Chefs, Besucher und Mitarbeiter bereit? Finden Sie Alternativen zum Pizzaservice und begeben Sie sich auf die Suche nach einem Caterer, der Ihren Klienten gesunde Mahlzeiten ins Büro liefert.

Zudem können Sie als Trainer oder einer Ihrer Experten die **Speisekarte des Stammlokals** unter die Lupe nehmen und dem

Klienten eine Hilfestellung bei der Wahl gesunder Speisen geben. Je nach Leitung des Restaurants kann auch Einfluss auf das dortige Angebot an Gerichten genommen werden: Bspw. wird allein durch das Ersetzen des üblichen, geschälten und nährstoffarmen Reis durch Vollkornreis ein entscheidender Schritt in Richtung einer Erhöhung des Vitamin- und Ballaststoffgehaltes und zur Kalorienreduktion gemacht. Leider ist eine Kooperationsbereitschaft in Restaurants nicht immer gegeben und darüber hinaus sind viele Köche im Umgang mit Vollkornreis oder Vollkornnudeln unerfahren oder unmotiviert, was eine schmackhafte Zubereitung dieser Speisen vielfach unmöglich macht.

Anhand dieser Beispiele und der Darstellung der besonderen Situation Ihrer Klientel wird offensichtlich, dass es auch von Ihrem Einsatz abhängt, inwiefern eine gesunde Ernährungsform für Ihren Kunden realisierbar wird. Letztendlich ist jedoch der Klient selber verantwortlich!

Grenzen zeigen

In der Beratung tauchen immer wieder Sätze wie dieser auf: „Eine gesunde Ernährung lässt sich mit meiner beruflichen Situation nicht vereinbaren." Dies ist tatsächlich oft der Fall. Wichtig ist es dann, den Klienten klarzumachen, dass sie einen Marathon auch nicht ohne Trainingsaufwand absolvieren können. Genauso erfordert das langfristig gesunde Überstehen des Alltagsmarathons eine gesunde Ernährungsweise. Entweder erfolgreicher Marathon und Training, oder eben keins von beidem. Machen Sie Ihren Klienten in solchen Situationen ruhig klar, dass Sie gerne Möglichkeiten aufzeigen und Lösungen suchen, dass aber naturgemäß Grenzen bestehen und ein gewisser Einsatz und eine Umstellung unumgänglich ist. Sind Ihre Klienten dazu nicht bereit, so müssen sie sich mit den entsprechenden Risiken wie einem erhöhten Krankheitsrisiko, Übergewicht etc. anfreunden.

Im folgenden Abschnitt werden ein paar grundlegende Empfehlungen für eine gesunde Ernährungsform gegeben, die jedoch nur erste Anregungen für Sie darstellen können, tiefer in die Materie einzusteigen.

Empfehlungen für eine vernünftige Ernährungsweise

Die Zusammensetzung der Nahrungsenergie

Die täglich aufgenommene Nahrungsenergie sollte zu 50-60% aus Kohlenhydraten, 25-30% Fett und 10-15% Eiweiß bestehen. Der Grundsatz einer kohlenhydratbetonten und gleichzeitig fettarmen Ernährung ist den meisten geläufig.

Doch ist Kohlenhydrat gleich Kohlenhydrat? Gibt es hochwertige und minderwertige Fette, wie lässt sich die Qualität der Eiweißquellen feststellen? Beginnen wir zunächst mit den Nahrungsfetten.

Fette

In vielen Köpfen herrscht die Vorstellung, dass eine Reduktion des Fettverzehrs der entscheidende Schritt in Richtung einer gesunden Ernährung und einer schlanken Taille ist. Fakt ist, dass Fett eine sehr hohe Energiedichte aufweist und der heutige Konsum von Fetten z. T. weit über den Empfehlungen liegt. Die Fettzufuhr sollte maximal 30% der Gesamtenergiezufuhr betragen, liegt in der Realität bei den meisten Menschen deutlich darüber. Demgegenüber reduzieren manche Menschen ihren Fettkonsum aus Angst vor überflüssigen Pfunden jedoch zu sehr. Dies ist problematisch, da Fett wichtige Funktionen im menschlichen Organismus erfüllt.

Fett besitzt eine wichtige ernährungsphysiologische Bedeutung. Die unterschiedlichen Fettbestandteile erfüllen verschiedene Aufgaben im Organismus wie z. B. die Trägerfunktion für fettlösliche Vitamine (A,D,E,K), die Bildung von Depotfett als Energiespeicher und Organschutz. Fette dienen auch als Vorstufe für zahlreiche physiologisch bedeutsame Verbindungen (Eicosanoide etc.).

Ausführlich auf die unterschiedlichen Fette, deren Sättigungsgrad, Fettsäurestruktur und Funktionen einzugehen, sprengt den Rahmen dieses Beitrages. Dazu muss auf die entsprechende Fachliteratur verwiesen werden.

Die Menge und Qualität der konsumierten Fette besitzt einen entscheidenden Einfluss sowohl auf den Stoffwechsel und die zugeführte Energiemenge als auch auf die Entwicklung von verschiedenartigen Krankheiten. Der Zusammenhang zwischen aufgenommenen Nahrungsfetten, Cholesterinwerten und athereosklerotischen Veränderungen der Blutgefäße ist seit Jahren ein Brennpunkt bei der Diskussion eines adäquaten Fettverzehrs. Wenden wir uns daher dem wichtigen Aspekt der Qualität von Fetten zu:

Hoch- und minderwertige Quellen zur Fettversorgung
Gute Quellen für die Fettversorgung stellen vitaminreiche pflanzliche Öle und Fette dar. Außerdem liefern bspw. Avocados, Nüsse, Oliven und alle Samen hochwertige pflanzliche Fette. Allerdings werden diese kostbaren Quellen zu wenig zur Deckung des Fettbedarfes genutzt, wohingegen ein Großteil des konsumierten Fettes aus minderwertigen Quellen wie Fastfood, Süßigkeiten etc. stammt. Problematisch sind vor allem versteckte Fette in Fertiggerichten, Wurst, Fleisch, Soßen, Kuchen und Keksen. Gerade dadurch, dass man die hier versteckten Fette nicht unmittelbar als solche wahrnimmt, schwebt hier das Damokles-Schwert des zu hohen Fettkonsums.

Des Weiteren sind extrahierte, raffinierte Öle und Fette wenig empfehlenswert. Künstlich aus flüssigen Ölen gehärtete Fette sind ebenfalls problematisch, da bei der Härtung des Fettes Teile der wertvollen Nährstoffe verloren gehen und darüber hinaus Fettsäureisomere entstehen (z. B. so genannte Transfettsäuren). Transfettsäuren zählen zu den unerwünschten Bestandteilen unserer Nahrung, vor allem da sie den Gehalt des LDL-Cholesterins im Blut ansteigen lassen.

Reduzierung des Fettverzehrs

Die Reduktion des Fettanteils in der Nahrung darf nicht übertrieben werden, da Fett nicht nur Geschmacksträger ist und somit einen entscheidenden Anteil am Genusswert eines Lebensmittels liefert, sondern eine Vielzahl lebenswichtiger Funktionen erfüllt. Gerade in der Fitness-Szene und bei „Abnehmwütigen" trifft man mitunter auf eine überzogene Fettreduktion. Die Empfehlung, Nüsse oder Avocados in den Speiseplan aufzunehmen, löst bei diesen Personen blankes Unverständnis, wenn nicht gar Entsetzen, aus. Daher ist es sehr wichtig, diese Menschen dafür zu sensibilisieren, dass auch ein Mangel an Fett in der Nahrung zu Krankheiten, Stoffwechselstörungen und letztendlich Gewichtsproblemen führen kann.

Allgemein erscheint es sinnvoll, lieber fettreiche Produkte in Maßen zu verwenden, als künstlich fettreduzierte Produkte zu kaufen. Light- oder Halbfettprodukte enthalten in der Regel auf der einen Seite Wasser (in dieser Form etwas teuer bezahlt) und darüber hinaus eine Menge an Begleitstoffen, Geschmacks- und Zusatzstoffen, die dem angestrebten ernährungsphysiologischen Nutzen der Fettreduktion gegenüberstehen. Aus diesem Grunde ist zu empfehlen, bspw. Butter und fettreichen Käse lieber sparsam zu gebrauchen, um auf diese natürliche Weise die Gesamtfettzufuhr zu reduzieren.

Eiweiß

Mit der üblichen Kost wird mehr als genug Protein, vor allem tierisches Eiweiß, aufgenommen (1,2-1,4 g pro kg Körpergewicht und Tag). Ausreichend für eine adäquate Proteinversorgung sind täglich 0,8 g/kg Körpergewicht. Überschüssiges Eiweiß wird vom Körper nicht verwendet und belastet die Nieren. Außerdem führt eine erhöhte Eiweißaufnahme zu einer gesteigerten Calciumausscheidung mit dem Urin und begünstigt somit auf lange Sicht die Entstehung von Osteoporose.

In den letzten Jahren hat sich die Aufnahme von Protein mehr und mehr hin zu tierischem Eiweiß verschoben und somit zu ungunsten von pflanzlichen Eiweißquellen wie Hülsenfrüchte, Vollkorngetreide (z. B. Haferflocken, Vollkornbrot) und auch Kartoffeln.

Bei einer zu hohen Eiweißzufuhr ist eine Überversorgung mit Protein aus pflanzlichen Quellen gesundheitlich weniger nachteilig als eine Überversorgung mit tierischem Eiweiß. In tierischen Produkten finden sich – gegenüber pflanzlichen Produkten - darüber hinaus wesentlich häufiger problematische Inhaltsstoffe wie gesättigte Fettsäuren, Purine, Phosphate, Cholesterin, Konservierungsmittel bis hin zu Rückständen aus der Tiermast.

Neben diesem Vorteil weist eine Ernährung mit einem hohen Anteil an pflanzlichen Produkten einen geringeren Kaloriengehalt, eine größere Nährstoffdichte und eine bessere Versorgung mit Ballaststoffen und bioaktiven Substanzen auf. Sie erscheint somit als zeitgemäße Ernährungsform gerade auch für Ihr Klientel. Eine adäquate Versorgung mit Protein ist auch bei vegetarischer Ernährung entgegen teilweise noch immer vorgebrachter Einwände gegeben.

Eigene Erfahrungen mit den Klienten von Personal Trainern zeigen, dass viele aus diesem Personenkreis deutlich zuviel tierisches Eiweiß und Fleisch zu sich nehmen. Die Empfehlungen der Deutsche Gesellschaft für Ernährung (DGE) geben nicht mehr als 300-600g Fleisch und Wurst pro Woche an. Diese Menge überschreiten jedoch die meisten deutlich. Es geht folglich nicht darum, Ihre Klienten zu einer streng vegetarischen Lebensweise zu missionieren, sondern darum, den Verzehr von Fleisch und Wurstwaren auf ein gesundheitsverträgliches Maß zu reduzieren.

Eiweißbedarf im Muskelaufbautraining

Der Aufbau von Muskelmasse erfordert wesentlich weniger Eiweiß als allgemein angenommen. Mittels Krafttraining lässt sich die Muskelmasse in einem Jahr um max. 5 kg steigern. Da Muskeln zu 75% aus Wasser und lediglich 25% aus Eiweiß bestehen, erhöht sich der Körperproteingehalt maximal um ein Kilogramm. Für einen derartigen Zuwachs ergibt sich ein täglicher Mehrbedarf von 0,04g/kg Körpergewicht.

Gerade die Marketingaktivitäten der Hersteller von Sportlerernährung suggerieren den Kraftsportlern einen Eiweißbedarf, der über die mit der üblichen Nahrung aufgenommenen Menge hinausgeht. Manche Bodybuilder verzehren täglich bis zu 3g Eiweiß pro kg Körpergewicht. Wissenschaftliche Studien ermitteln jedoch für Kraftsportler unter Berücksichtigung eines Sicherheitszuschlages einen Tagesbedarf von 1,2g Eiweiß pro kg Körpergewicht. Um diesen Bedarf zu erfüllen, sind weder Proteinkonzentrate noch eine außergewöhnlich proteinreiche Kost notwendig.

Kohlenhydrate

Der Begriff "Kohlenhydrat" ist ein Sammelbegriff. Nach ihrer chemischen Struktur werden Kohlenhydrate entsprechend ihrer Komplexität unterschieden: Zucker sind Mono- und Disaccharide, des Weiteren gibt es komplexe Kohlenhydrate wie Oligosaccharide und Polysaccharide, die sich aus Saccharid-Bausteinen zusammensetzen.

Kohlenhydrate werden sehr häufig nicht mehr in ihrer ursprünglichen Form im natürlichen Verband des ganzen Lebensmittels verzehrt, sondern mehr und mehr in isolierter, hoch gereinigter Form. Beispiele für isolierte Kohlenhydrate sind Haushaltszucker, Fruchtzucker, aber auch Auszugsmehle und daraus hergestellte Produkte (Nudeln, Mischbrot, Weißbrot, Kuchen,...). Demgegenüber sank der Verzehr der ernährungsphysiologisch wertvollen komplexen Kohlenhydrate drastisch ab.

In diesem Zusammenhang sind drei Aspekte zur Beurteilung der Kohlenhydratquellen zu beachten: Der glykämische Index, die Nährstoffdichte und der Ballaststoffgehalt.

Der Glykämische Index (GI)
Alle Kohlenhydrate werden vom Körper zur Resorption in kleinste Saccharid-Bausteine gespalten und vom Blut als Glucose aufgenommen. Mono- und Dissacharide werden sehr schnell, komplexe Kohlenhydrate deutlich langsamer in Glucosebausteine umgewandelt und resorbiert. Der glykämische Index drückt in einer Zahl den blutzuckersteigernden Effekt eines Kohlenhydrats bzw. Lebensmittels aus. Bezugspunkt ist die blutzuckersteigernde Wirkung von Glucose, der ein glykämischer Referenzwert von 100 zugeordnet wird. Mit Hilfe dieses glykämischen Indexes sind alle kohlenhydrathaltigen Lebensmittel nach ihrer Wirkung auf den Blutzucker einteilbar. Aus diesem Grund hat sich das Expertengremium der FAO/WHO für die Verwendung des glykämischen Indexes bei der Beurteilung von Kohlenhydraten in der Ernährung ausgesprochen.

Einfache Kohlenhydrate besitzen einen hohen glykämischen Index, d. h. sie „schießen" schnell ins Blut und lassen den Blutzuckerspiegel rasch und stark ansteigen. Ein solcher plötzlicher Anstieg signalisiert der Bauchspeicheldrüse, schnell und viel Insulin auszuschütten, um den Blutzuckergehalt zu reduzieren. Das Insulin transportiert den Blutzucker zur Speicherung in die Leber- und Muskelzellen. Bei einem sehr plötzlichen, starken Anstieg schüttet die Bauchspeicheldrüse häufig mehr Insulin aus, als zur Normalisierung des Blutzuckerspiegel auf das Ausgangsniveau notwendig ist. Daraus resultiert eine Unterzuckerung, die wiederum Hunger bewirkt – Heißhunger, besonders auf Süßes. Werden im Gegenzug nun abermals isolierte Kohlenhydrate verzehrt, so steigt der Blutzucker wieder stark und rasch an. Es beginnt ein Teufelskreis.

Neben des Transportes von Zucker in die Zellen ist das Hormon Insulin zudem dafür verantwortlich, dass Fette in die

Zellen eindringen können und so die Fettverbrennung gehemmt wird. Dieser Nebeneffekt bewirkt, dass Lebensmittel mit einem hohen glykämischen Index aufgrund der hohen Insulinausschüttung besonders ungünstig für die Figur sind.

Der Anstieg der Blutzuckerkurve nach dem Verzehr von komplexen Kohlenhydraten verläuft wesentlich langsamer. Daher kommt es nicht zu unerwünschten, hohen Blutzuckerspitzen und auch zu keiner zu hohen Insulinausschüttung. Zwar werden auch diese komplexen Kohlenhydrate in Einfachzucker (Monosaccharide) gespalten, aber dies geschieht schrittweise und langsam, so dass der Blutzuckerspiegel relativ konstant bleibt und die Zellen kontinuierlich mit Glucose versorgt werden. Daher klagen Menschen, die vorrangig komplexe Kohlenhydrate und Vollkornprodukte verzehren, kaum über Heißhungergefühlen und weniger über Übergewicht.

Doch ein ständiges Auf und Ab des Blutzuckerspiegels erhöht nicht nur das Übergewichtsrisiko, sondern auch die Gefahr, an Diabetes mellitus zu erkranken. Des Weiteren ist ein konstanter Blutzuckerspiegel von immenser Bedeutung für die Gesundheit des gesamten Stoffwechsel sowie des zentralen Nervensystems und der konstanten Leistungs- und Konzentrationsfähigkeit. Starke Blutzuckerschwankungen haben somit eine Fülle von negativen Auswirkungen für die Gesundheit.

Möchte man sich bei der Auswahl der Lebensmittel am glykämischen Index orientieren, so findet sich auf keinem Etikett eine Angabe dieses Indexes, wie es z. B. beim Fett- oder Kaloriengehalt üblich ist. Dies gäbe auch wenig Sinn, da die weitere Verarbeitung, die Kombination mit anderen Lebensmitteln und auch die Essensgeschwindigkeit einen entscheidenden Einfluss besitzen. Es finden sich jedoch in der Fachliteratur Tabellen, die Anhaltspunkte für verschiedenste Lebensmittel geben. Als Faustregel kann man sich zudem merken: Je höher der Anteil von Mono- und Disacchariden, desto höher der GI. Einen sehr niedrigen glykämischen Index haben pflanzliche, ballaststoffreiche Gemüse wie Linsen und Bohnen. Vollkornprodukte

(Vollkornnudeln, -reis, -brot) besitzen ebenfalls einen niedrigeren GI als ihre Pendants aus Auszugsmehl.

Die Nährstoffdichte
Für die Ernährung und eine angemessene Versorgung mit Vitaminen, Mineralien, und bioaktiven Substanzen wie Ballaststoffen und sekundären Pflanzenstoffen ergeben sich große Unterschiede, ob die Kohlenhydrate in isolierter oder in natürlicher Form verzehrt werden. Durch die Isolierung von Kohlenhydraten aus Getreiden werden die in den Randschichten und im Keim lokalisierten, essenziellen und gesundheitsfördernden Substanzen überwiegend abgetrennt. Die Vitamin- und Mineralstoffverluste des „weißen Auszugsmehls" betragen gegenüber dem vollen Getreide bis zu 90 Prozent.

Folgende Abbildungen, die den Nährstoffgehalt (Mineralstoffe und Vitamine) in Abhängigkeit vom Ausmahlungsgrad aufzeigen, erweisen sich in der Praxis immer wieder als wahrer „Augenöffner", da den wenigsten Menschen dieser drastische Nährstoffverlust bekannt ist[9].

---

[9] Der Begriff „Ausmahlungsgrad" stammt aus der Mehlherstellung: Bei einem niedrigen Ausmahlungsgrad wird nur ein Teil des Getreidekornes zu Mehl vermahlen, die weiteren Bestandteile werden entfernt, bei einem hohen Ausmahlungsgrad wird das ganze Korn zur Mehlherstellung genutzt.

Der Vitamingehalt in Abhängigkeit vom Ausmahlungsgrad des Mehles

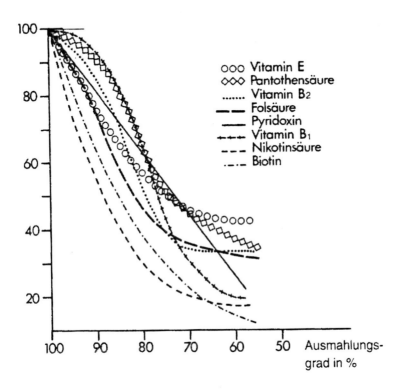

Quelle: Koerber, K. von, et al., 2003, S. 177.

Die Abbildung verdeutlicht, dass in den niedrig ausgemahlenen, konventionellen Mehlen nur ein Bruchteil des Vitamingehaltes des vollen Kornes enthalten ist. Bspw. beträgt der Verlust bei Biotin ca. 95%; im Vollkornmehl ist die 20-fache Menge dieses Vitamins enthalten.

Der Mineralstoffgehalt in Abhängigkeit vom Ausmahlungsgrad
des Mehles

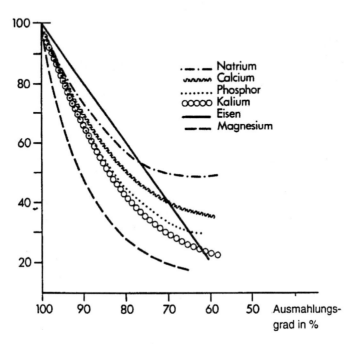

Quelle: Koerber, K. von, et al., 2003, S.175.

Aufgrund des immensen Verlustes an essenziellen Substanzen
spricht man auch von so genannten „leeren" Kalorien, womit
gemeint ist, dass in Relation zum Energiegehalt sehr wenig
Nährstoffe enthalten sind. Die heute üblicherweise verzehrte Kost
liefert zwar meist mehr als genug Energie, aber gleichzeitig
fehlen lebenswichtige Nährstoffe.

Davon ausgehend wurde die Empfehlung entwickelt, vorrangig Lebensmittel zu wählen, die eine hohe Nährstoff- aber eine
geringe Energiedichte besitzen. Diesen Grundsatz erfüllen in erste
Linie unverarbeitete und pflanzliche Produkte.

Ballaststoffe

Vollkornprodukte weisen nicht nur eine wesentlich höhere Nährstoffdichte auf, sondern gleichzeitig verringert der höhere Gehalt an Faser- und Ballaststoffen die Energiedichte. Laut dem entsprechenden Richtwert sollten in der täglichen Nahrung mindestens 30g Ballaststoffe enthalten sein. Durchschnittlich werden jedoch nur 20g aufgenommen und damit deutlich zu wenig.

Ballaststoffe sind kein überflüssiger Ballast, sondern erfüllen wichtige Funktionen zur Gesunderhaltung. Neben der Reduktion der Energiedichte sorgen sie für ein länger anhaltendes Sättigungsgefühl, verlängern die Magenpassagezeit und bewirken somit eine bessere Konstanz des Blutzuckerspiegels. Im Darmtrakt wird die Passagezeit über die erhöhte Darmperistaltik beschleunigt, so dass Verstopfungen entgegengewirkt wird und karzinogene Stoffe kürze Wirkzeiten haben. Zudem binden Ballaststoffe Giftstoffe und Gallensalze sowie Cholesterin. Auf diesem Wege wird die Darmgesundheit geschützt und der Cholesterinspiegel gesenkt.

Zwar reduzieren Ballaststoffe die Resorption von Mineralstoffen, dieser negative Effekt greift jedoch vorrangig dann, wenn Ballaststoffe in isolierter Form verzehrt werden. Die deutlich höhere Nährstoffdichte von natürlichen, ballaststoffreichen Lebensmitteln überkompensiert diese negative Begleiterscheinung.

Der niedrige glykämische Index, der hohe Nährstoff- und Ballaststoffgehalt spricht somit für den Verzehr von komplexen, natürlich vorkommenden Kohlenhydraten in Form von Vollkornprodukten. Zu beachten ist, dass ein großer Irrglaube herrscht, was Vollkornprodukte sind. Die meisten Menschen sind bspw. überzeugt, dass dunkles Brot automatisch gesundes Brot ist. Zu oft werden dunkel aussehende Brote wie z. B. Roggenbrote als Vollkornbrote angesehen, obwohl diese ebenso aus Auszugsmehlen hergestellt wurden wie ein helles Weizenmehlbrötchen o. ä.. Auch in niedrig ausgemahlenem Roggenmehl sind die Wert gebenden, essenziellen Inhaltsstoffe wie Mineralien, Vitaminen, Ballaststoffe etc. drastisch reduziert.

Wer unvermittelt in eine Bäckerei geht und dort ein Vollkornbrot verlangt, erhält meist nicht das, was er eigentlich wünscht. Broten wird oftmals Malz oder Zuckerkulör zugesetzt, um ihnen eine gesund und natürlich anmutende Braunfärbung zu verleihen. Darüber hinaus braucht beispielsweise ein Brötchen nur einen vorgeschriebenen Mindestanteil an Vollkorn von 30 Prozent zu enthalten, um als "Vollkornbrötchen" bezeichnet und verkauft werden zu dürfen.

Entscheidend für ein richtiges Vollkornbrot ist, dass das ganze Brot aus reinem Vollkornmehl gebacken wird. Dabei ist sekundär, ob das volle Weizen-, Roggen- oder Hirsekorn etc. verwendet wird, oder auch ob das Korn fein gemahlen - aber komplett - oder nur grob geschrotet ist.

Die sicherste Quelle, Brot aus frisch vermahlenem und tatsächlich vollem Korn zu bekommen, sind Vollkorn- oder Biobäckereien und Naturkostläden. Der ein oder andere hat immer noch Überwindungsängste, einen Bioladen zu betreten. Doch die Klientel der Bioläden hat sich entscheidend gewandelt. Es gibt weniger streng bezopfte, missmutige, in unförmige selbst gestrickte Sachen gekleidete Müslifreaks im Naturkostladen, als landläufig noch vermutet. Diese Erfahrung bestätigen viele Klienten und Personal Trainer.

Es ist in jedem Fall ungünstig, auf Vollkorngetreide als Grundnahrungsmittel zu verzichten, da sonst die Bedarfsdeckung an essenziellen Nährstoffen durch andere Lebensmittel sicher gestellt werden müsste. Das ist aber nur schwer realisierbar, weil andere Nahrungsmittel einen höheren Energiegehalt, eine geringere Nährstoffdichte und einen mangelnden Ballaststoffgehalt haben.

Zum Abschluss wird nun noch ein einfaches Ernährungskonzept dargestellt, das ohne detaillierte Ernährungspläne, Kalorienzählen etc. auskommt.

„Fünf am Tag" als Leitidee

„One apple a day keeps the doctor away", diese Weisheit klingt vertraut. „Fünf am Tag" ist die moderne Variante dieses Sprichwortes und berücksichtigt neueste wissenschaftlichen Forschungen und die aktuelle Ernährungs- und Lebensweise. Konkret bedeutet diese Empfehlung, fünf mal täglich eine Portion Obst oder Gemüse zu verzehren, insgesamt 400 bis 800 Gramm, einen Großteil davon roh. Zahlreiche wissenschaftliche Untersuchungen unterstreichen die Bedeutung eines hohen Gemüse- und Obstverzehrs zum Schutz vor Erkrankungen.

Ein derartiger Speiseplan wirkt wie ein natürliches Anti-Krebsmittel, senkt das Risiko für eine Vielzahl von Zivilisationskrankheiten wie Diabetes, Herzkreislauferkrankungen und erhöht die Lebenserwartung.

Pflanzliche Lebensmittel sind so potente Schutzfaktorten, da sie eine Vielzahl von Stoffen wie lebenswichtige Vitamine, Mineralstoffe, Spurenelemente, und bioaktive Substanzen enthalten, die den Körper vor Krankheiten schützen, gesund und leistungsfähig erhalten. Der Begriff bioaktive Substanzen umfasst sekundäre Pflanzenstoffe und Ballaststoffe. Ballaststoffe sind zwar unverdaulich, erfüllen jedoch zahlreiche wichtige Funktionen im menschlichen Organismus. Unter dem Sammelbegriff „sekundäre Pflanzenstoffe" fasst man bis zu 10.000 unterschiedliche Substanzen mit verschiedensten elementar wichtigen Stoffwechselwirkungen zusammen. Werden nur wenig pflanzliche Lebensmitteln verzehrt, so fehlen diese bioaktiven Substanzen und das Risiko für zahlreiche Krankheiten steigt.

Toller Zusatzeffekt beim täglichen Verzehr dieses antikanzerogenen Cocktails: Es werden automatisch weniger Kalorien und Fett aufgenommen. Dies ist nicht nur für die Gesundheit gut, sondern auch für die Linie. Zu berücksichtigen ist freilich, dass nicht zu einseitig eine Obst- oder Gemüseart oder ausschließlich süßes Obst verzehrt wird; süße Obstsorten wie Trauben und Bananen enthalten relativ viel Energie. Eine völlig ausreichende und abwechslungsreiche Vielfalt bieten die heimischen Obst- und

Gemüseorten. Exotische Obstsorten sind keine Notwendigkeit und aufgrund der langen Transportwege und der dafür notwendigen unreifen Ernte in den Herkunftsländern kritisch zu sehen. Das Konzept „Fünf am Tag" ist sehr leicht verständlich und einfach zu kontrollieren. Es müssen weder Nährwerttabellen studiert, noch Kalorien gezählt, noch auf eine bestimmte Kombination von Nahrungsmitteln geachtet werden. Bis fünf zu zählen und eine ungefähre Menge an verzehrtem Obst und Gemüse abzuschätzen, das bereitet den wenigsten Menschen Probleme.

Auch die Umsetzung des Konzeptes erfordert keine aufwendige Zubereitung: Zum Frühstück ein Müsli mit Obst, als Snack zwischendurch eine Möhre, einen Apfel, zum Mittagessen einen Salat oder Gemüse, zum Abendessen ein Brot mit Tomate, Gurken, Paprika oder Sprossen. Möglichkeiten gibt es genug. Einzig der Einkauf ist zu organisieren; natürliche Lebensmittel sind nicht unbegrenzt haltbar und sollten möglichst frisch sein, damit sie ihre Funktion erfüllen können. Aber wenn sich jemand findet, der die Pizzen bringt, lässt sich dann nicht auch jemand finden, der Obst und Gemüse oder Salat bringt?

Erfahrungsgemäß spricht dieses Konzept viele Menschen aufgrund der Einfachheit sowie der herausragenden Eignung zur Krebsvorbeugung an.

Mit Hilfe dieser Ernährungsweise ist eine ausreichende Versorgung sowohl mit Vitaminen, Mineralstoffen als auch mit bioaktiven Substanzen realisierbar. Sollten bei Ihrem Klienten dennoch Mängel auftreten, ist eine Analyse und gezielte Supplementierung der fehlenden Vitamine und Mineralstoffe und keine allgemeine Prophylaxe nach dem Gießkannenprinzip zu empfehlen.

Eine detaillierte Darstellung von Ernährungskonzepten ist an dieser Stelle nicht möglich, vielmehr handelt es sich hier um einen ersten Einblick für den Laien. Zudem soll Ihnen das hoch interessante und zudem so wichtige Thema Ernährung „schmackhaft" geworden sein und Ihr „Hunger" auf ein Mehr an Wissen geweckt worden sein.

Autorin:
Diplom-Oecotrophologin Christine Braun
Universität Bonn
Nussallee 21
53115 Bonn

ChristineBraun@web.de

„Mit meinem Personal Trainer konnte ich meine sportlichen Aktivitäten aufeinander abstimmen und neue Trainingsziele erreichen. Es macht Spaß, mit Ihm das Training zu gestalten und garantiert den vorgenommenen Erfolg.
Durch und mit ihm habe ich erreicht, dass mein Training effektiver und optimierter ist. Durch seine Motivation und Koordination bin ich zu weiteren sportlichen Aktivitäten gekommen."
Wilhelm Pleß, MIXX GmbH

PREMIUM PERSONAL TRAINER CLUB

Zählen Sie zu den besten Personal Trainern der Branche? Wollen Sie sich von der breiten Masse der so genannten „Personal Trainer" abheben? Suchen Sie ein Label mit dem Sie das erreichen?

Dann werden Sie Mitglied im
Premium Personal Trainer Club.

Wir bieten Ihnen Imagegewinn, Exklusivität und ein neues Marketinginstrument. Eine weitere Möglichkeit, Klienten zu akquirieren. Einen breit gefächerten Partnerpool und einen regen Erfahrungsaustausch.

Besuchen Sie uns im Internet unter

www.personal-trainer-network.de

und mailen Sie uns Ihr Interesse.

Diplom-Psychologin Silke Hell
Diplom-Psychologe Benedikt Hell

Kommunikation und Interaktion zwischen Trainer und Klient

Die Grundlage jeder Arbeit eines Trainers ist die Kommunikation mit dem Klienten. Man kommuniziert vom ersten Augenblick des Kennenlernens an, sei es der erste musternde Blick, das „Hallo" am Telefon oder der erste schriftliche Kontakt. Sofort erfolgt bewusst oder unbewusst die erste Beziehungsdefinition – ist man sich sympathisch? Wird es ein partnerschaftliches Verhältnis oder eher eine Lehrer-Schüler-Situation sein? Schnell reagiert auch das Gegenüber auf das eigene Verhalten und die Interaktion beginnt. In vielen Fällen findet man schnell einen gemeinsamen Nenner, die Chemie stimmt und die Basis für eine gute Zusammenarbeit ist gelegt.

Leider gibt es auch andere Fälle, man hat das Gefühl, aneinander vorbei zu reden, sich nicht wirklich zu verstehen.

Oft liegt das Problem an der Art der Kommunikation. Um dies nachzuvollziehen, schauen wir uns das Wesen der Kommunikation einmal an.

Was ist zwischenmenschliche Kommunikation?

Das Grundmodell der zwischenmenschlichen Kommunikation gleicht dem Vorgang der elektronischen Datenübertragung. Auf der einen Seite befindet sich ein Sender, der etwas mitteilen will. Er codiert seine Nachricht in erkennbare Zeichen und sendet sie an den Empfänger, indem er zum Beispiel lächelt und begrüßende Worte spricht. Der Empfänger muss die Nachricht entschlüsseln. In der Regel stimmen gesendete und empfangene Nachricht größtenteils überein, so dass eine Verständigung stattgefunden hat. Indem der Empfänger nun reagiert und damit seinerseits zum Sender der Antwort-Nachricht wird, kann der ursprüngliche

Sender im Idealfall erkennen, wie sein Gegenüber die Nachricht verstanden hat, wie sie bei ihm angekommen ist und was sie bei ihm bewirkt hat. So kann der Sender halbwegs überprüfen, ob seine Sende-Absicht mit dem Empfangsresultat übereinstimmt. Eine explizite Rückmeldung der wahrgenommenen Nachricht nennt man Feedback.

Was enthält eine Nachricht?
Nun ist sicherlich jedem bekannt, dass in einer Nachricht mehr mitschwingt, als der reine Sachinhalt der gesprochenen Worte. Wenn Ihr Klient Sie mit einem vorwurfsvollen: „es ist zwanzig nach fünf" begrüßt, will er Sie vermutlich nicht über die Uhrzeit informieren, sondern deutlich machen, dass er sich über Ihre 20-minütige Verspätung ärgert. „Jede Nachricht enthält ein ganzes Paket unterschiedlicher Aussagen und das macht den Vorgang der zwischenmenschlichen Kommunikation so kompliziert und störanfällig, aber auf der anderen Seite auch so vielseitig und spannend."[10]
Nach dem Modell des Kommunikationspsychologen Friede-mann Schulz von Thun enthält jede Nachricht vier Seiten:

1. Die reine Sachinformation (Sachinhalt),
2. eine Aufforderung (Appell),
3. eine Beziehungsauskunft (Beziehung) und
4. eine Information über sich selbst (Selbstkundgabe).

Dies ist sowohl für das Senden als auch für das Interpretieren der Nachricht von Bedeutung. In der folgenden Abbildung werden die vier Seiten einer Nachricht noch einmal verdeutlicht:

---

[10] Schulz von Thun, F.: Miteinander reden 1, Hamburg 1999, S. 26

Schulz von Thun: Die vier Seiten einer Nachricht

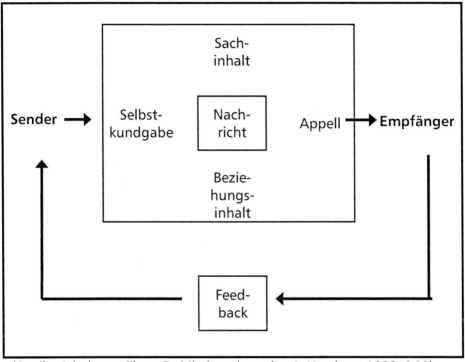

(Quelle: Schulz von Thun, F.: Miteinander reden 1, Hamburg 1999, S.30)

Der Sender schickt eine Nachricht los, die folgendes erhält:

1. ...den **Sachinhalt**, der Informationen über die mitzutei-
   lenden Dinge und Vorgänge in der Welt enthält: „Es ist
   zwanzig nach fünf.": Der Sachinhalt ist der Aussage-
   inhalt, der den geringsten Interpretationsspielraum lässt.
   Oft wird jedoch nur scheinbar um einen Sachinhalt
   gerungen. In Wirklichkeit handelt es sich um ein

Aushandeln der – oder in der aggressiveren Variante um einen Kampf um die – Beziehungsdefinition. Typische Machtkämpfe verdecken in der scheinbaren Diskussion, den Wettstreit, wer Recht hat und wer der Stärkere oder Mächtigere ist.

2. ...die **Selbstkundgabe**, durch die der Sender etwas über sich selbst mitteilt – über seine Persönlichkeit und über seine aktuelle Stimmung (sei es nun in bewusster Selbstdarstellung oder in eher unwillkürlicher Selbstöffnung). In unserem Beispiel könnte Ihr Klient folgendes ausdrücken wollen: „Ich ärgere mich und fühle mich vernachlässigt durch Ihre Verspätung, weil ich mich doch so beeilt habe!" Viele Menschen offenbaren sich nicht direkt, sondern nutzen Fassadentechniken, um sich anders (besser, unangreifbarer, höflicher etc.) darzustellen. Hinter der Phrase „Ach, ist das dein neues Kleid?" steckt in Wirklichkeit die Botschaft „Es gefällt mir nicht". Persönliche Ich-Botschaften werden durch unpersönliche „man-" oder „es-Formulierungen" ersetzt: „Es war langweilig" statt „Ich habe mich gelangweilt". Oder aber Ich-Botschaften werden zu Du-Vorwürfen: „Du hörst mir nie zu" statt „Ich fühle mich nicht ernst genommen".

3. ... den **Beziehungshinweis**, durch den der Sender zu erkennen gibt, wie er zum Empfänger steht, was er von ihm hält und wie er die Beziehung zwischen sich und ihm definiert: „Wir haben eine Beziehung, in welcher Sie pünktlich sein sollten!" Beziehungsaspekte drücken sich vor allem in Mimik, Gestik und Tonfall aus und steuern entscheidend die Gefühle, die die Nachricht beim Empfänger hinterlässt.

4. ... den **Appell**, also den Versuch, in bestimmter Richtung Druck auszuüben, die Aufforderung, in gewünschter

Weise zu denken, zu fühlen oder zu handeln: „Bitte entschuldigen Sie sich und kommen Sie das nächste Mal pünktlicher!" Gründe wie Höflichkeit, Angst vor Zurückweisung oder Vermeidung von Verantwortungsübernahme veranlassen viele Menschen, Appelle und Bitten nur indirekt auszudrücken, statt sie offen zu äußern, so dass sie sich immer noch mit einem „Das habe ich doch nie verlangt" von ihrem Appell distanzieren können. Dies kann so weit gehen, dass eine Nachricht sogar zwei entgegengesetzte Appelle, so genannte Double-Bind-Appelle beinhalten kann. So sagt Ihnen Ihr Klient vielleicht, „lassen Sie uns weitermachen", verzieht jedoch schmerzlich das Gesicht und stöhnt.

Die gesendete Nachricht, in unserem Beispiel „Es ist zwanzig nach fünf!", hört nun der Empfänger der Nachricht und beginnt zu interpretieren. Dabei ist es natürlich kein Wunder, wenn nicht jede Absicht gleich erkannt wird. Auf welchem Ohr ist der Empfänger besonders empfindlich? Wie entschlüsselt er die Nachricht?

1. Mit dem Sach-Ohr versucht er den sachlichen Informationsgehalt zu verstehen. „Es ist zwanzig nach fünf."

2. Mit dem Selbstkundgabe-Ohr ist er diagnostisch tätig: Was gibt mein Gegenüber von sich preis, wie fühlen er oder sie sich? Auf unser Beispiel zurückkommend vermuten Sie durch die Bemerkung Ihres Klienten: „Oh, er scheint verärgert zu sein."

3. Mit dem Beziehungs-Ohr interpretiert der Empfänger, was der Sender von ihm zu halten scheint, wie er die Beziehungsebene zu ihm sieht und fühlt sich entsprechend behandelt (gelobt, geschmeichelt, angegriffen, beschuldigt). Dieser Aspekt ist sehr emotional besetzt und be-

stimmt entscheidend den weiteren Verlauf der Beziehung zwischen Sender und Empfänger. Missverständnisse auf der Beziehungsseite der Nachricht gehören zu den Kommunikationsstörungen mit den weit reichendsten Folgen. „Er hält mich also für seinen Lakaien, der nichts anderes zu tun hat, als für ihn zu springen!"

4. Mit dem Appell-Ohr hört er die Bitte oder die Aufforderung heraus, die er an sich gerichtet spürt. Jeder Mensch nimmt diesen Druck sehr unterschiedlich wahr, viele Menschen, insbesondere Frauen reagieren sehr stark auch auf subtile Appelle, während andere Menschen nur explizite Appelle als solche erkennen. „Ich soll also nach seiner Pfeife tanzen!"

Bedenkt man diese Vielzahl von möglichen Bedeutungen und Interpretationsmöglichkeiten einer Nachricht, ist es eigentlich verwunderlich, dass Menschen überhaupt in der Lage sind, miteinander zu sprechen. Dass es im Regelfall dennoch funktioniert, liegt zum einen daran, dass Menschen eines Kulturkreises ähnliche Angewohnheiten haben, gewisse Dinge auszudrücken, zum anderen genügt es für ein alltägliches Gespräch, wenn nur etwa 70 Prozent der Bedeutung der Nachrichten richtig verstanden wird. Das wechselseitige Kommunizieren und das damit verbundene Feedback wirken wie ein Regelkreis der ständigen Bedeutungsmodifizierung, sodass beide Partner sich im wahrsten Sinne des Wortes verstehen.

Was aber passiert wenn man nun nicht miteinander auskommt - sich eben nicht versteht? In vielen Fällen beruhen solche Situationen auf Missverständnissen.

Sehen wir uns folgendes Beispiel an: Ein Mann spricht eine hübsche Frau in einem voll besetzten Bordrestaurant an: „Ist hier noch frei? Darf ich mich zu Ihnen setzen?"

Die Frau antwortet schlicht „Ja", blickt jedoch abweisend und versteift ihren Körper. Der Mann setzt sich hin, beugt sich zu ihr und beginnt eine höfliche Plauderei, indem er sich vorstellt und sie fragt, wohin sie reise und ob sie allein unterwegs sei. Die Frau antwortet einsilbig bis sie auf einmal aufspringt und mit einem „Belästigen Sie mich nicht, Sie aufdringlicher Kerl!" den Tisch verlässt.

Nehmen wir an, der Mann hätte mit seiner Plauderei nur folgendes ausdrücken wollen:

- Selbstkundgabe: „Mir ist langweilig und ich möchte gerne plaudern."
- Beziehung: „Ich finde Sie sympathisch und wir können als zufällig miteinander Reisende ein unverfängliches Gespräch führen."
- Appell: „Lassen Sie uns mit einem netten Gespräch die Zeit vertreiben!"

Die Dame hat, vielleicht bedingt durch bestimmte Erfahrungen, jedoch etwas völlig anderes gehört. Für sie lautete die Botschaft des Mannes folgendermaßen:

- Selbstkundgabe: „Ich will mit Ihnen anbändeln."
- Beziehung: „Sie sind leicht zu haben und lassen sich sicher mit mir ein!"
- Appell: „Lassen Sie sich mit mir ein!"

Aus ihrer Sicht, hat sie also völlig verständlich reagiert – für den Mann kommt der Vorwurf jedoch aus heiterem Himmel und verärgert ihn. Ihm ist nicht klar, dass er den stummen Appell: „Lassen Sie mich in Ruhe", der sich in der Einsilbigkeit und der abweisenden Körperhaltung der Frau ausgedrückt hat, schlicht-weg übersehen hat. Und ihr ist nicht klar, dass man die vermeint-liche Aufdringlichkeit ihres Gegenübers auch als Höflichkeit inter-pretieren konnte.

Jeder Mensch hat seine ganz eigene Weise, sich mitzuteilen. Die einen sind, geprägt durch Kulturkreis, Geschlecht und Erziehung nur sehr indirekt in ihrer Ausdrucksweise, öffnen sich kaum, sind zurückhaltend und fordern oder kritisieren nie etwas explizit, sondern lassen nur andeutungsweise ihre wahre Meinung durchklingen. Andere Menschen hingegen nehmen kein Blatt vor den Mund und scheuen sich nicht, offen alles auszusprechen, was sie ausdrücken wollen. Ebenso achten vor allem erstgenannte Personen vermehrt auf die „Zwischentöne" in der Kommunikation, erkennen Andeutungen und versteckte Botschaften, interpretieren jedoch leichter Dinge in eine Nachricht hinein, die der Sender so nicht mitteilen wollte. Dagegen stehen Jene, die kaum den berühmten „Wink mit dem Zaunpfahl" verstehen und nur reagieren, wenn etwas genau so gesagt wurde wie es gemeint war. „Wenn du das so meinst, warum sagst du es denn dann nicht?"

Jeder ist sich natürlich sicher, sich völlig verständlich ausgedrückt zu haben – und ebenso sicher, sein Gegenüber richtig verstanden zu haben. Man kommt gar nicht auf die Idee, dass die eigene Botschaft vom Gesprächspartner vielleicht falsch aufgefasst worden sein könnte, oder dass man selbst die Aussage oder Geste des Anderen missverstanden hat. Viele Menschen reagieren standardmäßig nach denselben Mustern, ohne sich darüber im Klaren zu sein, dass man auf jeden Satz, den man hört, verschieden reagieren kann.

Oft ist dies der Beginn eines Konfliktes oder einer unterkühlten Beziehungen, obwohl die Beteiligten ursprünglich beste Absichten hatten. Jeder kennt ähnliche Situationen, sowohl im Privatleben mit den Freunden oder gerade auch dem eigenen Partner, als auch im Kontakt mit den Klienten.

Gerade bei der Tätigkeit als Personal Trainer ist ein hohes Maß an Verständnis und eine gute Beziehung zu den Klienten die Basis einer erfolgreichen Arbeit. Hier entscheidet sich, ob der Klient sich wohl fühlt, ob er Vertrauen zu Ihnen aufbaut und sich auf die Arbeit mit Ihnen einlässt.

Störungen vermeiden
Wie lassen sich Störungen der Kommunikation vermeiden oder zumindest vermindern?

Den ersten Schritt haben Sie schon getan, indem Sie sich durch die Lektüre dieses Kapitels mit den verschiedenen Störungsquellen in der Kommunikation auseinander gesetzt haben.

Wir haben gesehen, dass eine Nachricht keineswegs eindeutig ist, sondern eine Vielzahl möglicher Bedeutungen beinhalten kann. So ist es einleuchtend, dass dieses System der Kommunikation und damit der Interaktion störanfällig ist und schnell eine unerwünschte Eigendynamik entwickeln kann.

Dieses Wissen ermöglicht es einem geschulten und einfühlsamen Trainer, in seiner Kommunikation besser auf die drei versteckten Seiten einer Nachricht seines Klienten zu achten und darauf einzugehen. Seinerseits kann er versuchen, so eindeutig zu kommunizieren, dass der Klient die eigene Nachricht richtig versteht.

Schulz von Thun beschreibt dies so: Ein Sender hat vier Zungen, ein Empfänger hat vier Ohren für die vier Aspekte einer Nachricht. Als Sender sollte man lernen, mit nur einer Zunge zu reden, als Empfänger hingegen, mit allen vier Ohren zu hören. Beides kann man üben und erlernen.

Die Bedeutung des Feedbacks: Aktives Zuhören

Wie können Sie nun vorgehen, um sicherzustellen, dass Sie Ihren Klienten richtig verstehen und ihm somit zeigen, dass Sie ihn ernst nehmen? Wie eingangs gesagt, besteht Kommunikation aus einem Kreislauf von Nachrichten zwischen zwei oder mehr Personen. Die leichteste Methode, Missverständnisse zu vermeiden, ist es, dem Sender zurückzumelden, wie man seine Botschaft interpretiert hat. Dies kann man tun, indem man aktiv zuhört. Im klassischen Gespräch nutzt man meist die Zeit, während der andere spricht, um sich zu überlegen, was man selbst gleich sagen will, wenn der Gesprächspartner mit seiner Aussage fertig ist. Besser ist es jedoch, die Zeit auch zu nutzen, um sich darüber klar zu werden, was der Andere sagen will.

Um nun richtig auf das einzugehen, was der Andere gesagt hat, hilft es, die verstandene Nachricht mit eigenen Worten zu wiederholen. Die Kunst dabei ist, zurückzumelden, was der andere zwischen den Zeilen zum Ausdruck bringt, ohne dafür eigens Wörter zu benutzen. So sagt ein Klient beispielsweise bei einer anstrengenden Übung oft nicht „das ist mir zu mühsam und Sie sind ein Sklaventreiber", sondern murmelt unwillig „kein Problem", strengt sich jedoch nicht richtig an. Durch aktives Zuhören versucht man, diesen mitschwingenden Gefühlsanteil in Worte zu kleiden. Der Trainer könnte nun sagen: „Ich weiß, diese Übung ist ziemlich unangenehm und anstrengend und Sie ärgern sich, dass ich Sie so trieze, sie dient jedoch als Vorbereitung für ...". Er geht damit auf das ein, was den Klienten tatsächlich beschäftigt, statt ihn einfach nur anzufeuern.

Der Klient wird wahrscheinlich lachen und denken: „Das stimmt. Genau!" Aber er nimmt wahr, dass er verstanden wird und muss seinen Unwillen nicht weiter demonstrieren. Das hätte er jedoch getan, wenn der Trainer sich über die Unlust des Klienten einfach hinweggesetzt hätte. Jeder Mensch möchte ernst genommen und verstanden werden und ist nur dann zu einer Kooperation bereit.

Aktives Zuhören bedeutet:

- Zu versuchen, sich in den Gesprächspartner einzufühlen,
- beim Gespräch mitzudenken und
- dem Gesprächspartner Aufmerksamkeit und Interesse entgegenzubringen.

Durch verbale und nonverbale Aufmerksamkeitsreaktionen wird dem Partner gezeigt, dass Sie aufmerksam sind, dass Sie versuchen zu verstehen und dass Sie Interesse und Anteilnahme aufbringen.

Dabei können verschiedene Techniken des aktiven Zuhörens eingesetzt werden:

- Paraphrasieren   Die Aussage wird mit eigenen Worte wiederholt.
- Verbalisieren   Die Gefühle, die Emotionen des Gegenübers werden gespiegelt z. B.

	„Sie sind, glaube ich, gerade ziemlich frustriert."
• Nachfragen	„Meinten Sie mit Ihrer Frage, ich soll den Sinn und Zweck der Übung noch einmal erklären oder die Durchführung?"
• Zusammenfassen	Das Gesagte wird wie in einem Zeitungsartikel mit wenigen Worten zusammengefasst.
• Klären	Unklares klären: „Sie haben gesagt, Sie hätten Probleme mit dem Training. Welche Aspekte meinen Sie genau?"
• Weiterführen	„Sie sagten Ihrem Arzt, Sie hätten Schmerzen in der Brust, wie reagierte er darauf?"

Mithilfe dieser und ähnlicher Techniken können Sie frühzeitig Störungen in der Kommunikation klären, bevor diese zu Problemen in der Beziehung zu Ihren Klienten führen und Sie schaffen so auch mit verschlossenen Kunden eine offene, einfühlsame und in die Tiefe gehende Gesprächskultur.

Die Beziehung: Engels- und Teufelskreise in der Interaktion
Eine systemtheoretische Betrachtungsweise

Jeder kennt sicherlich aus seinem Privat- oder Berufsleben Beispiele von zwei Menschen, die Probleme miteinander haben und einer dem anderen ein Fehlverhalten vorwirft. Sehen wir uns folgendes Beispiel an: Nehmen wir eine Trainerin, die auf einen Klienten schimpft, er höre ihr gar nicht zu, wenn sie ihm etwas erklärt. Er starre gelangweilt in die Gegend oder rede dazwischen, fast wie ein unwilliges Schulkind. Fragt man jedoch den Klienten, stellt dieser die Situation ganz anders dar. Der

Klient fühlt sich bevormundet und wie ein kleines Kind behandelt. Als Reaktion darauf geht er auf Abstand und nimmt die Erklärungen der Trainerin nun gar nicht mehr an.

Trotz ursprünglich guten Willens beider Personen spitzt sich die Situation immer mehr zu, eine Zusammenarbeit wird immer unmöglicher bis der Klient schließlich den Kontakt abbricht. Dabei hat die Trainerin sich so bemüht – immer eindringlicher hat sie versucht, ihren Klienten zu überzeugen, immer ausführlicher hat sie ihm das Vorgehen erläutert. Der Klient hingegen hat sich immer mehr zurückgezogen, hat immer weniger auf die Trainerin reagiert und wurde zum Schluss sogar richtig trotzig.

Wer ist schuld? Wer hat angefangen? Die Frage nach dem Anfang ist in etwa so müßig wie die Frage nach der Henne und dem Ei. Einer reagiert auf den Anderen – sieht die Schuld bei ihm – und verstärkt darum das eigene Bemühen, um den Anderen zu ändern. Dies führt dazu, dass das Gegenüber als Gegengewicht wiederum seine Position verstärkt. Die kreisförmige Interaktion – in der Psychologie spricht man von einem System – entwickelt sich zu einer Spirale mit immer extremeren Verhaltensweisen bis beide die Beziehung als äußerst unerfreulich erleben.

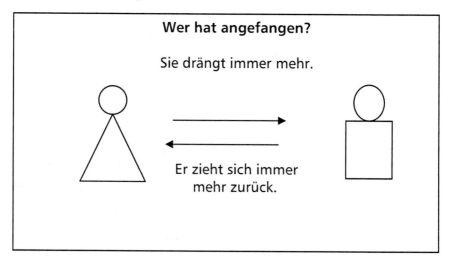

Wer hat angefangen?

Sie drängt immer mehr.

Er zieht sich immer mehr zurück.

Was können Sie tun?
Für Außenstehende ist ein solcher Teufelskreis oft leicht zu erkennen. Befindet man sich jedoch mitten in einem solchen unheilvollen System, fällt der Überblick oft schwer.

Der erste Schritt zur Lösung einer solchen Situation ist das bewusste Wissen über das Wesen menschlicher Interaktion. Dieses Wissen ermöglicht es uns, einen Moment inne zu halten, mental aus der Situation herauszutreten und uns zu fragen: „Was habe ich dazu beigetragen, dass die Situation so ist wie sie ist?" – statt nur auf den Anderen zu schimpfen.

Der nächste Schritt ist, aktiv den Kreis zu durchbrechen und zu versuchen, mit dem Interaktionspartner über die Situation selbst zu sprechen.

Viele Kommunikationsprobleme können erst dann von den Beteiligten durchschaut und gelöst werden, wenn sie aus dem eingefahrenen System heraustreten und über ihre Art, miteinander zu reden, reden. Dies nennt man Metakommunikation (Kommunikation über die Kommunikation).

Um es jedoch von vorne herein nicht so weit kommen zu lassen, sollten Sie von Anfang an darauf achten, Ihren Gegenüber nicht in eine Defensivposition zu bringen, um keine Gegenreaktion zu provozieren. Die Trainerin in unserem Beispiel hatte ihrem Klienten bewusst oder unbewusst signalisiert: „Ich bin die Lehrerin – Du der unwissende Schüler." Diese Beziehungsdefinition wollte der Klient nicht akzeptieren und wehrte ab. Unbewusst fiel er jedoch als Reaktion auf die quasi elterliche Fürsorge in die Rolle des trotzigen Kindes, was ein noch fürsorglicheres Verhalten der Trainerin provozierte. Der Teufelskreis war geschaffen.

Um eine solche Dynamik zu vermeiden, gilt stets folgendes: Behandeln Sie Ihren Klienten als gleichberechtigten und wertgeschätzten Partner.

Für ein gutes Arbeitsverhältnis gilt es, dem Klienten Wertschätzung entgegenzubringen und sich als weder (menschlich) überlegen noch unterlegen zu präsentieren. Versuchen Sie ihn oder sie stets als gleichberechtigten Partner zu sehen, welcher eine Dienstleistung bei Ihnen einkauft. Auf diese Weise kann Ihr Klient von Ihnen auch unangenehmere Anweisungen oder Wahrheiten akzeptieren, ohne abblocken zu müssen, um sein Gesicht zu wahren und wird als Reaktion Sie vermutlich ebenso als gleichberechtigten Partner behandeln. Das ist natürlich bei manchen Klienten nicht immer leicht, dennoch stellt dies mit Sicherheit die fairste und wirksamste Methode dar, mit Menschen umzugehen.

In diesem Kapitel wurden einige Grundprinzipien der menschlichen Kommunikation und Interaktion angerissen, die Sie vielleicht anregen, dieses sicherlich sehr interessante Thema zu vertiefen. Dennoch denken Sie vielleicht nach der Lektüre der letzten Seiten: „Oh Gott – worauf soll man denn alles achten, wenn man kommuniziert. Das wirkt doch völlig unnatürlich, wenn man jedes mal über alle möglichen Kommunikationsregeln nachdenken muss, bevor man jemanden anspricht oder antwortet!" Sie werden jedoch feststellen, je mehr Sie sich mit diesem Thema auseinandersetzen, desto mehr Verständnis werden Sie für Menschen und Gesprächssituationen entwickeln und desto leichter fällt es Ihnen, Teufelskreise zu vermeiden und mit den unterschiedlichsten Menschen Einigung zu erzielen.

Autoren:
Dipl.-Psych. Silke Hell und Dipl.-Psych. Benedikt Hell
Balinger Straße 22
70567 Stuttgart

Tel.: 0711 - 7828298

silke.hell@web.de
benedikt.hell@web.de

Wenn Sie die hier angesprochenen Themen vertiefen möchten, so empfiehlt sich die Lektüre der folgenden Bücher:

- Harris, T. A.: Ich bin o.k., Du bist o.k.. Reinbek bei Hamburg: Rowohlt, 1975.
- Schulz von Thun, F.: Miteinander reden 1: Störungen und Klärungen. Reinbek bei Hamburg: Rowohlt, 1999.
- Schulz von Thun, F.: Miteinander reden 2: Stile, Werte und Persönlichkeitsentwicklung. Reinbek bei Hamburg: Rowohlt, 1999.
- Watzlawick, P.: Wie wirklich ist die Wirklichkeit? München: Piper, 1988.
- Watzlawick, P., Beavin, J. H. & Jackson, D. D.: Menschliche Kommunikation: Formen, Störungen, Paradoxien. Bern: Huber, 2000.

„Ich las in einer Zeitschrift über Personal Training. Aufgrund meiner Gelenkbeschwerden, die mich seit langer Zeit plagten, erkannte ich, dass genau darin der Schlüssel zum Erfolg liegt. Wir trafen uns zu einem persönlichen Gespräch. Der professionelle Eindruck und die doppelte Ausbildung (medizinisch-physiotherapeutische / sportwissenschaftliche) machten es mir leicht, mich für meinen Personal Trainer zu entscheiden. Seit fast einem Jahr ist meine körperliche Fitness deutlich besser geworden, die Gelenkbeschwerden deutlich geringer und mein Wohlbefinden hat sich immens gesteigert. Es war die richtige Entscheidung!

Silke Gervers

Dr. Wolfgang Müller

Was einen guten Personal Trainer ausmacht – aus der Sicht eines Klienten

Personal Training wurde mir wie vieles im Geschäftsleben über mehrere Ecken empfohlen: Eine Geschäftspartnerin meines Vorstandskollegen erzählte ihm davon, er ließ sich Unterlagen schicken, die schließlich in meine Hände fielen. Hinzu kamen eine latente Unzufriedenheit mit meiner nicht vorhandenen Fitness und enervierende Gewichtsprobleme.

Die Unterlagen waren `handgestrickt´ und wirkten daher nicht zu professionell. Ein sympathisches Foto rundete das Info-Paket über Inhalte, Bedingungen und Preise ab. Unser Sekretariat machte einen Termin und bald darauf erschien der Personal Trainer zu einem Gespräch in unserem Büro.

Er kam recht sportlich daher, zumindest aus der Sicht von zwei Managern, die eher von Krawattenträgern umgeben sind. Wie ich später erfuhr, fühlte er sich hingegen konservativ gekleidet. Da wir gerade mit dem Büro umgezogen waren und wir ihn in einer unaufgeräumten Interimslösung empfangen mussten, passte es.

Das Gespräch war sehr angenehm. Der Trainer vermittelte uns den Eindruck, dass wir ihm vertrauen könnten und er etwas von der Sache verstand. Er erzählte zunächst recht wenig, sondern fragte uns nach unserer Motivation für ein Personal Training. Abnehmen und leistungsfähiger werden war die Devise, denn unser Job beim Aufbau eines jungen Unternehmens forderte uns körperlich oft über unsere Grenzen hinaus. Der Trainer legte seine Finger gezielt in unsere Wunden, ohne dabei die nötige Distanz zu verlieren.

Die Entscheidung für ein Probetraining fiel schließlich nicht schwer und wir trafen sie unmittelbar am Ende des Gespräches. Der Trainer schlug uns eine moderate Laufeinheit vor und wir willigten ein. Da das Verhältnis zum Sport, zumindest meine Person betreffend, nicht gerade ein freundschaftliches war, offenbarte sich schon ein erstes recht existenzielles Problem: Wir hatten weder Laufschuhe noch die entsprechende Bekleidung. Der Trainer schien zu spüren, dass wir nicht die Absicht hatten, dieses Equipment nun selbständig zu besorgen oder unser Sekretariat damit zu beauftragen. Er reagierte blitzschnell und bot uns an, vor dem eigentlichen Trainingstermin einen Termin fürs gemeinsame Einkaufen zu machen. Hätte er das nicht getan und uns mit diesem `Problem´ alleine gelassen, wäre es sehr wahrscheinlich gar nicht zum ersten Training gekommen und die erhoffte Neukundenbeziehung schon vor ihrem Anfang am Ende gewesen. Doch es kam anders.

Einige Tage später trafen wir uns in einem Sportfachgeschäft einer benachbarten Kleinstadt. Der Trainer hatte den Termin organisiert und wir wurden daher erwartet. Für meinen Teil war ich über seine Anwesenheit froh, denn ein solches Fachgeschäft hatte ich schon jahrelang nicht mehr betreten. Die Vorstellung, mich bei meinem Übergewicht in einen der dort zu Dutzenden hängenden Laufanzüge zu zwängen, verunsicherte mich nicht unerheblich. Aber der Besuch im Fachgeschäft wurde ein Erfolg und so verabschiedeten wir uns, mit beiden Händen bepackt, bis zum eigentlichen Probetraining.

Wie nicht anders zu erwarten, machte die Nachricht vom bevorstehenden Lauftraining des Vorstandes schnell die Runde im Unternehmen und die Anzahl der Mitarbeiter, die am Abend des Tages X noch im Büro waren, ist durchaus positiv signifikant zu nennen. Unglücklicherweise begannen wir unser Personal Training an einem feuchten Novemberabend. Insgeheim schürte ich die Hoffnung, das Training würde sicherlich ausfallen. Doch der Trainer, ausgerüstet mit Mütze und wärmenden Handschuhen, versprühte bezüglich des Wetters puren Optimismus und so fanden wir uns in Kürze in stockdunkler Nacht auf der Straße wieder. Im ungewohnten Laufdress machten wir uns zunächst auf den Weg zum Rhein, in dessen Nähe unser damaliges Büro lag. Wir liefen einige wenige hundert Meter bis mein Kollege und ich bereits die ersten Problemchen hatten: Er verspürte einen leichten Schmerz in den Gelenken, ich hingegen hatte ziemliche Atemnot. Der Trainer reagierte mit kurzen Pausen und kleinen Tipps auf unsere ersten Geh- bzw. Laufversuche. Es wurde viel gescherzt und gelacht und so retteten wir uns über unsere mittlerweile eingetretene Bewegungsunfähigkeit. Eines wurde uns nach dieser ersten Trainingseinheit klar: So wie bisher konnte es nicht weitergehen.

Der Trainer belästige uns nicht mit einem Vertrag, den wir hätten prüfen müssen. Er verlangte keine Unterschrift, sondern vertraute auf seine Leistung und die entsprechende stundenabhängige Bezahlung. Diese Art von ungewohntem Kundenservice raubte uns die letzte argumentative Chance, das nun regelmäßig ins Auge gefasste Training doch noch zu canceln. Also ging es los: am Anfang ein bis zweimal, später zwei- bis dreimal pro Woche, meistens am Abend ab 20 oder 21 Uhr vom Büro aus. Wir liefen am Rhein entlang, von mehr oder weniger großen Walkingeinheiten und Pausen unterbrochen. Am Ende eines solchen Lauftrainings folgte an Ort und Stelle ein aktives Dehnprogramm oder ein passives im Büro.

Der sportwissenschaftlichen und medizinischen Überprüfung wegen wurde zu Beginn des Personal Trainings ein Check-up in einem Studio durchgeführt. Auch dieser Termin wurde vom Trainer professionell vorbereitet. Man erwartete uns ebenfalls und ermöglichte die Untersuchungen und Tests in angenehmer Atmosphäre. Im Gespräch über diffizile Fragen nach körperlichen und gesundheitlichen Problemen bewies der Trainer abermals seine Sensibilität – er rechtfertige das bisher in ihn gesetzte Vertrauen. Die ausführlich besprochenen Ergebnisse bestätigten die zuvor getroffene Entscheidung, das Bewegungsverhalten nun endlich positiv zu verändern.

In den folgenden Monaten absolvierten mein Vorstandskollege, der Trainer und ich eine Reihe von Lauftrainings. Später stellten wir unterschiedliche sportliche Interessen fest: Meinen

Kollegen zog es mehr zum Badminton in die Halle, ich blieb beim Laufen an der frischen Luft.

Das gemeinsame Laufen bot nach dem Aufbau einer gewissen Kondition die Möglichkeit zum intensiven Gedankenaustausch über Gott und die Welt. Es tat gut, am Ende stressiger Arbeitstage einen neutralen Gesprächspartner und Zuhörer zu haben. Das gegenseitige Vertrauen wuchs und so wurden die gemeinsamen sportlichen Aktivitäten immer mehr zu einem wirklichen `Personal´ Training. Unsere Laufgespräche streiften zunehmend das Thema Ernährung und die daraus erwachsenden Chancen zur Gewichtsreduktion und zur Steigerung des Wohlbefindens und der Leistungsfähigkeit. Der intensive Wunsch zur deutlichen und nachhaltigen Gewichtsreduktion war durchaus vorhanden, dennoch fiel mir die Umsetzung der Praxistipps unseres Trainers sehr schwer. Die unregelmäßigen Essenszeiten, häufige Geschäftsessen, die mangelnde Flexibilität vieler Restaurants auf individuelle, ernährungsoptimierende Wünsche einzugehen, aber auch der kontinuierliche Stress machten viele gute Vorsätze immer wieder zunichte. Einen nicht unerheblichen Beitrag zum anfänglichen Misserfolg leistete auch die in Büronähe befindliche Filiale einer internationalen Fast-Food-Kette. Denn oft verließen wir das Büro gegen Mitternacht oder später, und der gefährliche Ort kurzfristiger Gaumenfreuden versprühte sein Neonlicht auch in unsere auf dem Heimweg befindlichen Limousinen.

So dauerte es trotz der teilweise bis zu vier Trainingseinheiten pro Woche über ein Jahr bis in mir die Bereitschaft wuchs, mein bisheriges Essverhalten nachhaltig zu ändern. Doch der Trainer hatte Geduld: Das regelmäßige Wiegen und Ermitteln des Körperfettwertes ebenso wie seine beharrliche aber stets sensible Art der Gesprächsführung brachten irgendwann den Durchbruch. Eines Tages stand ich im Badezimmer und hatte verstanden, dass alle noch so schwierigen Umstände meines Managerlebens keinen Verzögerungsgrund mehr sein konnten für die Entscheidung, die ich an diesem Morgen traf. Voller Elan informierte ich unseren Trainer beim nächsten Laufen. Er unterstützte mich fortan noch intensiver als zuvor: Der Trainer vermittelte die Hilfe einer Ernährungsberaterin, erstellte Speisepläne, überarbeitete die Karte unseres Stammrestaurants, sprach mit dem dortigen Inhaber und den Köchen. Er brachte regelmäßig etwas `Gesundes´ zum Essen ins Büro, oft neue und mir unbekannte Speisen. Für alle Mitarbeiter beauftragte er schließlich einen Obstliefer-Service, der für die tägliche Bereitstellung von saisonalem und frischem Obst sorgte. So wurden im Foyer des Unternehmens ansprechende Obstschalen aufgestellt, die von den Mitarbeitern und Gästen des Hauses gerne und reichlich in Anspruch genommen wurden.

Eine sehr wichtige additive Dienstleistung des Trainers, die insbesondere für die Führungskräfte des Unternehmens vorgesehen war, stellte die Vermittlung diverser ärztlicher Check-up-Termine dar. Hierzu gehörte die Identifizierung eines geeigneten, das heißt auf Führungskräfte spezialisierten, ärztlichen Institutes, die Vorbesprechung mit dem untersuchenden Arzt sowie die enge Abstimmung über die in Zukunft zu erfolgenden sportlichen und ernährungsbezogenen Maßnahmen. Der so genannte Manager-Check-up wurde für unsere Führungskräfte zum `Standard´, den nicht jeder gleich als notwendig und wichtig ansah, nach einiger Überzeugungsarbeit aber dann dennoch bereit war, das Angebot des Unternehmens in Anspruch zu nehmen.

Es ist kaum möglich, die vielen kleinen und großen Dienste aufzuzählen, die unser Trainer der Firma im Allgemeinen und den Führungskräften im Speziellen erbrachte. Er war sich für nichts zu schade und zeigte ein ganz außergewöhnliches Maß an Servicebereitschaft und echtem Kundeninteresse. Zudem hatte er ein gutes Gespür dafür, welche Dienstleistungen eine Abrechnung erforderten und welche einfach zu seinem Selbstverständnis als Personal Trainer dazu gehörten.

Nach einigen Monaten der mittlerweile immer umfassender gewordenen Beratung und des Trainings änderte sich meine berufliche Situation: Es wurde für mich schwieriger, das Büro anlässlich der Trainings mehrfach in der Woche schon um 21 Uhr zu verlassen, und die Trainingstermine verursachten zusätzlichen Stress. Wir stellten daraufhin unseren Zeitplan radikal um und trainierten fortan immer morgens zwischen 6.30 Uhr und 8.30 Uhr. Auch diese Umstellung bereitete dem Trainer keinerlei Probleme.

Aufgrund phasenweise extremer physischer und psychischer Beanspruchung fehlte mir manchmal einfach die Kraft für zusätzliche, selbst geringste körperliche Aktivitäten. Der Trainer spürte das zur rechten Zeit und so endete der geplante Lauf schon mal nach 50 Metern. Wir setzten uns auf eine Bank und genossen den Wind, der uns ins Gesicht blies. Oder wir gingen ins Büro, und der Trainer verhalf mir mit gezielten Übungen zu einer entlastenden Tiefenentspannung. Es ging eben nicht darum, einen einmal festgelegten Trainingsplan unter allen Umständen `durchzuziehen´, sondern bei jeder Einheit die individuelle Situation des Klienten zu erfahren und flexibel darauf zu reagieren.

Nach einem Jahr erfolgreicher Tätigkeit für unser Unternehmen führten der Trainer und der eine oder andere für ihn tätige Kollege ebenso für unsere Mitarbeiter Trainings durch und boten Beratungen zu Gesundheitsfragen am Arbeitsplatz an. Einige Mitarbeiter gingen regelmäßig mit unserem Trainer oder einem Kollegen laufen, andere hingegen ließen sich in einem nahe gelegenen Studio oder im unternehmenseigenen Fitnessraum in die Übungen mit Kraftsportgeräten einweisen. Unser Trainer, der stets mit offenen Augen und Ohren durch unser Unternehmen ging, stellte fest, dass einige höher gewachsene Mitarbeiter keine optimale Sitzposition an ihren Schreibtischen hatten und teilweise bereits über Rückenschmerzen klagten. Prompt erhielten die betreffenden Mitarbeiter eine individuelle Beratung zum richtigen Sitzen am Schreibtisch sowie eine Reihe von Entspannungs- und Dehnübungen, die einer vorzeitigen Ermüdung vorbeugen und vom Arbeitsplatz aus umgesetzt werden können. Schließlich war sich unser Trainer nicht zu schade, mit Schraubenzieher und Zange ausgestattet, Dutzende von Schreibtischen bezüglich ihrer variablen Höhen in mühevoller und schweißtreibender Handarbeit zu optimieren.

Auf diese und andere Weisen erlangte der Trainer im Unternehmen ein hohes Ansehen und man vertraute sich ihm in gesundheitlichen Fragen gerne an. Immer öfter wurde der Wunsch laut, er möge uns auf Außendienst- oder Unternehmenstagungen im In- und Ausland begleiten und für ein sportliches Rahmenprogramm sorgen, das je nach Zweck der Reise eher entspannender und Stress regulierender oder Gruppen bildender und motivierender Art gestaltet wurde. In enger Zusammenarbeit mit unserem Leiter Kommunikation & Marketing wurden eine Reihe erfolgreicher Eventveranstaltungen und Incentivereisen organisiert und vor Ort betreut. Das anfängliche Personal Training entwickelte sich mehr und mehr zu einer ganzheitlichen Dienstleistung rund um die Gesundheit und Motivation der Menschen, die in unserem Unternehmen wertvolle Arbeit leisteten.

Parallel dazu forderte mich der Trainer weiterhin in unseren persönlichen Einheiten und erreichte schließlich, dass ich mich erstmalig in meinem Leben für Sport begeistern konnte. Dass jemand in Kindheit und Jugend sehr negative Erfahrungen mit Sport und Sportlehrern gemacht hat, kann eben auch Teil einer Klientenbiographie sein. Dies zu verstehen und positiv gegenzusteuern, gelang unserem Trainer sehr gut.

Im Laufe der Zeit probierten wir andere Sportarten von Badminton, Skilaufen bis zum Schwimmen aus. Beim Schwimmen und Skilanglaufgerät blieb ich schließlich ´hängen´. Nebenbei verlor ich über 20 kg an Gewicht und konnte ein bisher nicht gekanntes positives Körpergefühl erlangen. Dass dieses Resultat eine tiefe Dankbarkeit in mir erzeugte und die Beziehung zu unserem Personal Trainer weit über die geschäftliche Ebene hinauswachsen ließ, dürfte nicht überraschen.

Aus Sicht eines sportwissenschaftlichen Laien, aber erfahrenen Klienten scheinen daher die folgenden Charakteristiken der Person und Arbeitsweise eines guten Personal Trainers Erfolg versprechende Garanten für die eigene Existenzgründung zu sein:

Marketing

- Bauen Sie auf **Empfehlungen, Mund-zu-Mund-Propaganda & Netzwerke.** Dieser Tipp gilt sicherlich für alle Zielgruppen des Personal Trainings, ganz besonders aber für Manager und Unternehmer. Wer in diesen Kreisen Erfolg haben will, braucht unbedingt eine wohlwollende Empfehlungskette. Die Erstakquise eines Managers oder Unternehmers stellt daher die größte Herausforderung dar. Ist man als Personal Trainer erst einmal `drin´ und leistet gute Arbeit, wird man weiter empfohlen.

- **Medien (Unterlagen, Homepage)** sollten **handgestrickt professionell** sein. Orientieren Sie sich an anderen erfolgreichen Personal Trainern, ohne deren Medienkonzepte zu kopieren. Die Unterlagen/Sites sollten zudem zielgruppenspezifisch gestaltet werden. Es ist kaum möglich, alle potenziellen Zielgruppen des Personal Trainings mit einem einzigen Marketingauftritt anzusprechen. Sie sollten sich also spezialisieren.

- Geben Sie sich viel Mühe bei der Auswahl eines **sympathischen Fotos** für Ihre Präsentationsunterlagen und Ihre Homepage. Der potenzielle Klient sollte vom ersten optischen Eindruck an Vertrauen zu Ihnen finden. Bitten Sie andere bezüglich der Ihnen zur Verfügung stehenden Fotos um ihre Meinung.

- Informieren Sie sich vor dem Erstkontakt zum Kunden über seine **branchenspezifische Erwartungshaltung** (Kleidung, Auftreten, Kommunikationsstil). Bedenken Sie, dass Personal Training eine **hochindividuelle Dienstleistung** ist. Das bedeutet: Stellen Sie sich genau auf Ihren potenziellen Klienten ein (individuell), dienen Sie ihm, in dem Sie helfen seine Probleme (Gewicht, Fitness, Aussehen, Stress u. s. w.) zu lösen (Dienst). Seien Sie in allem noch einen Tick professioneller, als Ihr Klient es in seinem spezifischen beruflichen Umfeld gewöhnt ist (Leistung).

Training

* Führen Sie Ihren Klienten durch Fragen. Und hören Sie gut zu, was Ihr Klient Ihnen zu sagen hat. **Aktives Zuhören** hilft Ihnen, die wirkliche Problemlage des Klienten besser zu erfassen und mit ihm an einer Lösung zu arbeiten. Achten Sie dabei sehr **sensibel** auf die versteckten Botschaften. Sie dokumentieren so Ihre Teilnahme am Leben des Klienten und können in der Regel auch einiges für sich selbst und Ihre Existenzgründung mitnehmen. Wenn die Vertrauensbasis gewachsen ist, bitten Sie Ihren Klienten auch ruhig einmal um seine Meinung zu Ihren beruflichen Themen, Ihren Chancen und Risiken. Gerade Unternehmer und Manager sind es gewohnt, andere zu beraten und um ihre Meinung gebeten zu werden. Zeigen Sie bei allem ein echtes Interesse an Ihrem Klienten.

* Beweisen Sie ein hohes Maß an **Flexibilität**. Gerade in der Zielgruppe der Unternehmer und Manager werden diesbezüglich sehr hohe Erwartungen an Sie gestellt. Unternehmer und Manager zeigen in ihrem Job oft ein außerordentliches Maß an Flexibilität. Gute Berater und Trainer in ihrem Umfeld müssen daher diesen Ansprüchen genügen können (Einsatzzeiten, zusätzliche Dienste, aktuelle Themen u. s. w). `Geht nicht´, sollten Sie aus Ihrem Wortschatz eliminieren. Denken Sie weniger problemorientiert, sondern eher lösungsorientiert.

- Seien Sie sich nicht als **Rund-um-Dienstleister** für die Gesundheit Ihres Klienten zu schade. Bieten Sie Service in kleinen und großen Dingen. Gerade mit diesen `added-values´ können Sie Kunden fest und nachhaltig an sich binden. Gerade Unternehmer und Manager sind wegen ihrer zeitlichen Arbeitsüberlastung sehr dankbar für kleine Hilfen am Rande. Sie werden Klienten kennen lernen, die gerne täglich 12 bis 14 Stunden arbeiten, kaum Urlaub machen und schon lange kein Kaufhaus mehr von innen gesehen haben. Machen Sie diesen Personen den Umgang mit Ihnen so leicht wie möglich und belasten Sie sie nicht mit zusätzlichem Formalismus, sondern schaffen Sie spürbare Entlastung.

- Motivieren Sie Ihren Klienten zum Setzen neuer Ziele und zur Erreichung seiner alten Ziele. Die diesbezügliche **kontinuierliche Motivation** des Klienten wird ein entscheidender Garant Ihres beruflichen Erfolges werden. Bedenken Sie, dass der Klient in der Regel sein bisheriges Ess- und Bewegungsverhalten nachhaltig ändern will, soll und muss. Dieser Veränderungsprozess wird erschwert durch hohe quantitative und qualitative Arbeitsbelastungen und ein erhebliches Stresspotenzial. Deshalb müssen Sie `alles geben´, ihn ganzheitlich unterstützen und die Fahne hochhalten, wenn er einen `Durchhänger´ hat.

- **Nehmen Sie Unsicherheiten des Klienten** in für ihn ungewohnten Situationen. Denken Sie sich dazu in die andere Lebenswelt Ihres Klienten ein. Übertragen Sie nicht 1:1 die Selbstverständlichkeiten Ihrer Sicherheitszone (z. B. Einkauf Sportequipment, Umkleidekabine, Du-Kommunikation unter Sportlern und vieles mehr) auf Ihren Klienten, der oft eine andere Sicherheits- und Unsicherheitszone hat. Stellen Sie sich vor, wie Sie sich fühlen würden, wenn Sie anstelle Ihres Klienten eine Rede im Industrieclub halten müssten.

- Managen Sie **zuverlässige Kooperationspartner** (Ernährungsberater, Ärzte, Studios u. s. w.), aber bleiben Sie die **zentrale Vertrauensperson** Ihres Klienten. Ein ganzheitlicher Betreuungsansatz des anspruchsvollen Klienten bedarf schon aus Gründen der Professionalität der Ergänzung um ebenfalls professionelle Kooperationspartner. Bauen Sie sich frühzeitig ein solches Netzwerk auf und prüfen Sie es vorab auf Qualität und Stimmigkeit im Verhältnis zu Ihrem Klienten.

- Je intensiver und länger Sie Ihren Klienten trainieren und ihm bei der Lösung seiner komplexen Ernährungs-, Bewegungs- und Stressproblematik helfen, desto mehr und persönlichere Dinge werden Sie über ihn erfahren. Bewahren Sie dabei immer Ihre **strikte Diskretion** und bedenken Sie, dass Personal Training eine **echte Vertrauenssache** ist.

Personal Training stellt für die lukrative Zielgruppe der Unternehmer und Manager eine neue und viel versprechende Dienstleistung dar. Der allgemeine Trend zu einem gesunden Leben und natürlicher Fitness, aber auch die besonderen Umstände der Zielgruppe der Unternehmer und Manager (quantitative und qualitative Arbeitsbelastung, physisch und psychisch spürbarer Stress, hoher Entscheidungs- und Erfolgsdruck, regelmäßige und häufige Geschäftsessen) sind Wegbereiter für Problem lösende Angebote des Personal Trainings. Ebenso unterstützen ganzheitliche Ansätze der Unternehmensleitung und Mitarbeiterführung, die die Erhaltung der Gesundheit aller im Unternehmen tätigen Personen und ihre Arbeitsmotivation und Unternehmensbindung anstreben, die Nachfrage nach Personal Training. Der einzelne Personal Trainer trifft dabei auf einen noch weitgehend offen und erst in Ansätzen bearbeiteten Markt. Wenn es ihm gelingt, die Zielgruppe der Unternehmer und Manager, in deren Folge oftmals die Mitarbeiter und Führungskräfte der Unternehmen als erweiterte Zielgruppe hinzukommen, adäquat anzusprechen und zu betreuen, steht dem beruflichen Erfolg nichts im Wege.

Autor:
Dr. Wolfgang Müller

Tel.: 0211 - 7356809
Fax: 0211 - 7356810

w.mueller@vdm-buchverlag.de
www.vdm-buchverlag.de

*„Mein Personal Trainer ist nicht nur ein Motivationstalent, das auf nette Weise nicht locker lässt, sondern insbesondere ein hervorragender, verantwortungsbewusster Trainer, der seine Kunden fordert, aber eben auch nicht über die Grenze geht. Für Ihn sind langsamer Aufbau des Trainings und die richtige Ernährung Teil eines gesamten Konzeptes, um den Kunden zu mehr Fitness zu verhelfen. Uneingeschränkt empfehlenswert !!"
Patrick Reich, Bauwert Property Group*

Peter Creutzfeldt

Work-Life Balance und warum gesunde Unternehmen erfolgreicher sind

Was ist ein „gesundes Unternehmen?"

Ich möchte gern mit meiner eigenen Definition eines gesunden Unternehmens beginnen. Dies erlaubt vielleicht ein gesundes Verhältnis zwischen berechtigter und gewollt subjektiver Interpretation einerseits und möglichst wenig ungewolltem Missverständnis andererseits in der Kommunikation zwischen Autor und Leser.

Natürlich muss ein gesundes Unternehmen zunächst wirtschaftlich gesund sein. Dazu zähle ich z. B. eine gute Marktposition, einen guten Cashflow und eine gute Öffentlichkeitsarbeit. Zu einem „langen Leben in Gesundheit" gehören aber auch andere, subtilere Faktoren, die vorrangig mit der Art zu tun haben, wie wir Menschen uns selbst und uns gegenseitig managen.

Deshalb äußert sich aus meiner Sicht die Gesundheit eines Unternehmens auch an den folgenden Kriterien:

- Mitarbeiter haben ein gesundes Verhältnis zur Arbeit und „zum Leben".
- Fehler werden nicht nur zugelassen, sondern als Lernpotenzial verstanden und anerkannt.
- Das Neue und Veränderungen werden verstanden und begrüßt.
- Stress wird verstanden und genutzt.
- Einheitliches Verständnis: Es wird verstanden und praktiziert, wie die „Mannschaft an einem Strang ziehen" kann.

- Freiheit und Verantwortung: Jede Freiheit geht mit einer Verantwortung, jede Verantwortung mit einer Freiheit Hand in Hand. Dadurch entsteht Commitment höchsten Niveaus.
- Führung „von Moment zu Moment" (vgl. Cacioppe, 1998.) Führung bedeutet, in jedem Moment zu verstehen, was zu tun ist, und danach zu handeln. Führung ist die Förderung des Potenzials der Mitarbeiter.
- Handeln steht vor Worten.
- Kunden, Arbeitnehmer und Investoren erleben gleichermaßen das Unternehmen als „attraktiv", wollen das Unternehmen „miterleben."
- Geringe gesundheitsbedingte Fehlzeiten und geringe Fluktuation der Mitarbeiter.
- Gut ausgestattete und kreative Personalentwicklung, die im breiten Rahmen Verantwortung hat.
- Frauen und Männer erhalten den gleichen Boden für Entwicklungspotenziale. Das Individuum wird nach seinem einzigartigen Potenzial, nicht nach Kontingenten und politischer Korrektheit gefördert und eingesetzt.
- „Gnadenlose" Transparenz – Informationsfluss steht vor dem Schutz jeglicher Machtstrukturen und Ego-Interessen.

Die Frage „warum sind gesunde Unternehmen erfolgreicher?" beantwortet sich folglich fast von selbst. Es bedarf eigentlich keiner weiteren Erklärung dafür, dass Unternehmen, deren Wirtschaftslage gesund ist und die gleichzeitig viele der o. a. „weichen" Aspekte aufweisen, erfolgreich sind. Vielmehr werde ich mich darauf konzentrieren, im Zusammenhang mit dem Thema dieses Buches meine Sichtweise und Erfahrung davon darzustellen, was das Wachstum in Richtung „Gesundes Unternehmen" fördern kann.

Praxistipp (alle Praxistipps sind als Anregungen sowohl für Unternehmer/Personalentwickler als auch für Trainer/Berater gedacht)

- Bewerten Sie in Ihrem Unternehmen die oben genannten Kriterien auf einer Skala von 1-10. Ziehen Sie dann den Schluss, welche Punkte verbesserungswürdig sind.

Was ist Work-Life Balance?

Es handelt sich um einen modernen Begriff, der bereits zu einem Mythos geworden ist (siehe „Mythos Work-Life Balance.") Irgendjemand hat diesen Begriff aus dem amerikanischen nach Deutschland „importiert", und er hörte sich für uns so „super-cool" an, dass wir ihn gleich „eingebürgert" haben, ohne auch nur einen Moment zu fragen: Wie kann das denn überhaupt sein, ein „Gleichgewicht zwischen Leben und Arbeit"?

Zusammenhang zwischen körperlicher, emotionaler und geistiger Gesundheit

Bevor wir uns mit Personal Training in Unternehmen befassen, möchte ich kurz mein Verständnis zu zwei grundlegenden Elementen der Gesundheit darlegen: das ist einmal die Einheit von Körper, Geist und Emotionen, und zum anderen das Thema Stress. Die beiden Themen sind eng miteinander verbunden. Dieses Verständnis bildet eine wichtige Grundlage für die Entwicklung eines ganzheitlichen Programms zur Gesundheits-förderung.

Wir sind eine Einheit: Unsere Gedanken, Emotionen und unser Körper agieren und reagieren nicht getrennt voneinander. Wer körperlich „kaputt" ist, spürt Auswirkungen auf seinen emotionalen und mentalen Zustand, ob er sich dessen bewusst ist oder nicht. Gesundheit heißt, mental, körperlich und emotio-nal fit zu sein.

Viele körperliche, emotionale und geistige Prozesse geschehen unbewusst: Unser Gehirn setzt sich an einem normalen 16-Stunden Tag mit ca. 100.000 Gedanken auseinander, Träume nicht mitgerechnet. Das sind 100 Gedanken pro Minute (vgl.

Cacioppe, 1998)! Wenn wir wirklich all diese Gedanken „unter Kontrolle bekommen" könnten, hätten wir eine Menge zu tun. In meinen Seminaren schlage ich gern eine kleine Übung dazu vor: „Bitte schließen Sie Ihre Augen und machen Sie eine Minute lang gar nichts. Entspannen Sie sich, aber bitte denken Sie in dieser einen Minute um Himmels Willen nicht an Affen." Was glauben Sie, passiert in der einen Minute? Menschen, die seit Jahrzehnten nicht an Affen gedacht hatten, haben auf einmal während dieser kurzen Übung Affenherden im Kopf! Selbstverständlich hat der Mensch eine Fähigkeit zur Konzentration, eine Fähigkeit zur Analyse und Synthese. Allerdings können wir unsere Gedanken nur in begrenztem Umfang *kontrollieren*, vielmehr tendieren sie in vieler Hinsicht dazu, *uns zu kontrollieren*.

Die Gedanken beeinflussen die Gefühle. Und weil wir eine Einheit sind, beeinflusst jeder Gedanke in seiner Entstehung unsere Emotionen. Wenn wir an ein angenehmes Erlebnis denken, fühlen wir uns entspannt und glücklich, wenn wir aber an ein Angst erregendes denken, fühlen wir uns angespannt und unruhig. Diese Emotionen wiederum beeinflussen unseren Körper. Der Atem ändert sich mit jeder Änderung der Gefühle. Und jede Änderung des Atems beeinflusst unseren gesamten Körper (vgl. Denis Lewis, The Tao of Natural Breathing, 1998)! Die meisten dieser Prozesse sind einfach zu subtil und überfordern unser Bewusstsein, daher laufen sie automatisch und im Unterbewusstsein ab.

Wir können bewusst positive körperliche Einflüsse steuern
Tony Robbins (Robbins, 1993) beschreibt, wie ein ernster Mensch durch „gestelltes" Lächeln seine Gedanken, seinen körperlichen Zustand inkl. Blutdruck und Herzrhythmus sowie seinen emotionalen Zustand positiv verändern kann. Ebenso kann ein „gestelltes" Stirnrunzeln subtile Frustration erzeugen. Janelle Barlow (Barlow, 1996) erklärt, wie die reine Vorstellung – also Gedanken – eines Szenarios (z. B. der Reaktion des Publikums auf

einen Vortrag) unseren Körper beeinflussen kann. Stellen wir uns vor, wie das Publikum uns Applaus gibt, so entspannen wir uns und unser Gesicht wirkt locker; stellen wir uns vor, wie das Publikum mit „Buh"-Rufen reagiert, so verkrampft sich unser Gesicht und unser Körper.

Was bedeutet das für das Thema dieses Artikels? Es besteht eine tiefe Interdependenz zwischen geistiger, emotionaler und körperlicher Gesundheit. Es bedeutet, dass wir mit Personal Training vom körperlichen Ansatz her ganzheitliche Gesundheit fördern können.

Praxistipps:

- Wenn Sie einmal Lust haben, versuchen Sie, während eines Gesprächs auf die subtilsten Änderungen der Gedanken, Emotionen und des Atems zu achten.
- Stellen Sie sich verschiedene Situationen vor, die teils angenehm und teils Stress erregend sind. Beobachten Sie, wie sich Ihr Gesichtsausdruck, Ihr Atem und Ihr Herzschlag dabei verhalten.

Hintergrund zu Stress und zu den gesundheitlichen Folgen und Kosten für den Arbeitgeber

Der Zusammenhang zwischen mentalem Stress und Gesundheit

Was heißt das, wenn wir sagen: „Ich habe Stress?" Der „Stress-Reflex" ist ein Überlebensschutz-System, das uns die Natur geschenkt hat. Es ermöglicht uns, in Gefahrensituation sofort und unmittelbar durch „Kampf oder Flucht" zu reagieren. Die Natur hat allerdings auch einen Gegenpol erschaffen, der sich „Entspannungs-Reflex" nennt, und hier haben wir modernen Menschen ein Problem: Wir leben in einer Dauerflut von Stress-Reflexen und haben mit der Zeit die Fähigkeit verloren, zu entspannen. Oft wissen wir dies selbst nicht – oder wir halten es für „normal". Doch das ist gefährlich, denn bei anhaltendem Stress ist nichts „normal": Was mit „mentaler Spannung" anzufangen scheint, setzt sich imminent in körperlichen und emotionalen Spannungen fort. Bei chronischem Stress entsteht eine Einheit von drei ineinander laufenden Spiralen (emotionale, mentale und körperliche Dimension), deren tiefster Abgrund der Zusammenbruch ist. Eine der Schwierigkeiten: Es entsteht ein Teufelskreis von Gesundheits-, Leistungs- und Motivationsabfall. Die Negativ-Entwicklung erscheint ab einem bestimmten Punkt unabwendbar: Je weiter die Leistung fällt, desto mehr bemüht sich der Betroffene, doch je mehr er sich bemüht, desto mehr leidet die Gesundheit, und als Folge wiederum die Leistung, was weiter zum Verlust der Motivation führt.

Das Ausmaß Gesundheitsproblem in Unternehmen in Zahlen (am Beispiel Fehlzeiten)
Heutzutage sollten wir eigentlich ganz froh über die Entwicklung des Krankenstands in deutschen Unternehmen sein: Sie geht kontinuierlich bergab, und 2002 war er nach Schätzungen des „Fehlzeiten-Reports" mit ca. 5,3% auf dem niedrigsten Niveau seit Jahren. Doch selbst das kostet die Volkswirtschaft noch knapp 45 Mrd. Euro (an Produktionsausfällen.) Außerdem müssen wir durch das steigende Durchschnittsalter der Arbeitnehmer in Zukunft mit einer Trendwende rechnen, denn bei 50+-jährigen ist der Krankenstand etwa doppelt so hoch wie in den jüngeren Altersgruppen (vgl. Fehlzeitenreport, 2002).

Der Zusammenhang zwischen Fehlzeiten und Stress
Hinzu kommt, dass sich ein beunruhigender Trend zeigt: Die Zahl der Krankheitstage nahm 2000 gegenüber 1999 zwar in fast allen Hauptkrankheitsgruppen ab. Einzige Ausnahme war jedoch die Gruppe der psychiatrischen Krankheiten, die inzwischen schon 7% aller Krankheitstage ausmacht und jedes Jahr wächst. Dr. Herbert Benson vom MindBody Institute der Harvard Medical School, der seit 30 Jahren mit Stress bedingten Krankheiten arbeitet, behauptet, dass 60-90% aller Arztbesuche direkt oder indirekt mit Stress in Verbindung stehen!
(vgl. www.mbmi.org/stress)

Nehmen Sie sich zu Herzen:

- Normalerweise bedroht kein Stress-Auslöser, den wir im Büro erleben, direkt unser Leben. Unser Körper reagiert aber *jedes Mal* so, als wäre sein Leben bedroht.
- Der Zusammenhang zwischen Veränderung und Stress ist derart, dass jede nennenswerte Veränderung Stress erzeugen kann. Dazu gehören sogar ein Umzug in ein schöneres Haus oder eine Hochzeit.
- Forscher der Fachhochschule Köln schätzen, dass 40-68% der deutschen Arbeitnehmer Angst vor Verlust des Arbeitsplatzes haben und dass die deutsche Wirtschaft allein durch Angst 100 Milliarden Euro im Jahr verliert.

Praxistipp
- Beobachten Sie sich einmal selbst von dem Zeitpunkt, wenn Sie aufstehen. Was genau denken Sie beim Duschen, Frühstücken, wenn Sie sich anziehen oder bei der Fahrt ins Büro? Erzeugt irgendetwas in Ihrem Gedankenstrom Stress? Oder nutzen Sie die „freie" Zeit dafür, sich zu entspannen und Ihr Stress-Niveau unter Kontrolle zu halten?
- Kontaktieren Sie einen Personal Trainer, der Ihnen außer Sport und Fitness auch subtilere Anti-Stress Methoden wie Qi Gong, Yoga oder Meditation vorstellen kann. Sagen Sie ihm, wie viel Zeit pro Woche Sie für Ihr Programm außerhalb der Arbeit haben, und fordern Sie ihn heraus, Ihnen ein Programm mit Tipps und Tools zusammenzustellen, dass Sie *während* der Arbeit anwenden können (z. B. bewusst und entspannt atmen).

Mythos Work-Life Balance

Warum ist es so schwierig, sich zu verändern? Die ganze Welt gibt einem guten Rat und dann kommt noch der Arzt mit einer Warnung dazu - wir wissen also eigentlich, was wir tun sollten, um gesund zu bleiben; warum tun wir es dann nicht? Warum verändern viele Stressmanagement-Kurse unser Verhalten nicht?

Warum findet man auf Tausenden von Websites und in Hunderten von Büchern immer wieder die gleichen Grundregeln für Work-Life Balance und für Stressabbau, wie z. B.:

- Fangen Sie schon morgens ganz entspannt und guter Laune mit dem Frühstück an.
- Nehmen Sie sich zwischendrin Zeit für Pausen.
- Planen Sie ihre Aktivitäten so, dass zwischendurch noch Zeit für unvorhergesehene Dinge ist.
- Nehmen Sie sich mehr Zeit für Wichtiges als für dringende Kleinigkeiten.
- Nach der Arbeit denken Sie einfach an nichts.

Die Trennung von „Leben" und Arbeit"

Warum *lebt* nur einer unter Tausenden diese so einsichtigen Gebote? Ich erlebe die Antwort immer wieder in meinen „Mastering Stress" Seminaren: Wir glauben selbst nicht an die Möglichkeit einer „Work-Life Balance". Die Idee wirft uns einfach nur in eine unglaubliche Spannung: Sich Zeit nehmen bedeutet Kontrolle über die Herausforderung im Büro zu verlieren. Für seine Gesundheit sorgen, heißt weniger arbeiten, dies wiederum gefährdet in den Augen der meisten Menschen den Job (auch, wenn es eigentlich einsichtig erscheint, dass man in einem Stress-Zustand mit mehr Stunden sicher kein besseres Ergebnis erreicht). Die daraus resultierende Hilfs- und Hoffnungslosigkeit ist eng mit der inneren Kündigung verbunden - und natürlich auch mit der Verleugnung des Themas selbst: „Es ist einfach so, da kann man nichts machen."

Praxistipp

- Nehmen Sie sich vor, einmal ganz ehrlich mit sich zu sein, und schreiben Sie dann alle Glaubenssätze auf, die Sie über Arbeit haben, inklusive derer, die „nicht ernst" sind. Fangen Sie an mit „Freitage sind herrlich, weil das Wochenende anfängt" und „Montage sind schrecklich, weil eine neue Arbeitswoche anfängt". Lesen Sie sich Ihre Glaubenssätze noch einmal in Ruhe durch und schreiben Sie dann zu jedem Glaubenssatz eventuelle Konsequenzen auf, die Sie nach dem Lesen dieses Artikels für sich sehen.

* Machen Sie eine Liste mit allem, was Sie in Ihrem Leben gern verändern würden, um Ihre Gesundheit und Ihr Wohlbefinden zu verbessern. Schreiben Sie ganz ehrlich auf, woran Sie selbst etwas ändern können, und schließen Sie aus, was absolut außerhalb Ihrer Macht liegt. Dann machen Sie einen Handlungsplan.

Was ist ein gesunder Mitarbeiter wert?

Ich mag den Stil und die Intelligenz, mit der Klaus Kobjol in seinem Buch „Motivaction" (1993) beschreibt, wie wir einen Riesen-Zeitaufwand der gesamten Führungsmannschaft plus Beraterkosten mit der Investition in eine EDV-Anlage verbringen, während ein Mitarbeiter, der allein in einem Jahr dasselbe kostet wie die EDV-Anlage, mal schnell nebenbei angeheuert wird. Man kann dann noch gleich hinzufügen, dass für die EDV Anlage Wartungsverträge und Software-Upgrades wie selbstverständlich dazugekauft werden, und bei dem kleinsten Problem kann man sofort einen Experten zur Hand nehmen, während der Mensch ab und zu nach einer Leistungseinschätzung (seitens des Vorgesetzten) ein Training verordnet bekommt und wenn er ein Problem hat, der Vorgesetzte wiederum selbst zur Hand geht.

„Angst bringt das Beste aus dem Menschen hervor." Dieser „veraltete" Glaubenssatz (siehe die Statistik unter „Fehlzeiten") ist eine leider immer noch zu weit verbreitete Alternative zum „Wartungsvertrag für den Menschen". Zum Glück wissen wir inzwischen durch immer mehr Untersuchungen, dass langfristig durch Angst und Druck genau das Gegenteil von Gesundheit entsteht, nämlich Krankheit, Leistungsabfall, Misstrauen und fehlende Transparenz, von fehlender „Loyalität" und Beziehungen zwischen Chef und Mitarbeitern ganz zu schweigen. Hoffentlich führt das sehr bald zu mehr Unternehmenskulturen, die ganzheitliche Gesundheit fördern, anstatt sie zu zerstören.

Aus diesem Grund ist eine ganzheitlich gesunde Führungskraft ihr Gewicht in Gold wert. Abgesehen von der direkten negativen Wirkung fehlender körperlicher, emotionaler und mentaler Gesundheit auf die Leistung des Vorgesetzten wirkt sich sein Zustand nämlich auch auf seine Mitarbeiter aus: von der in der Zusammenarbeit fühlbaren Spannung, der Unfähigkeit, zuzuhören, dem fehlenden Humor, bis hin zur verminderten Fähigkeit zur Lösung von Konflikten beeinflussen die „Krankheitssymptome" den ganzen Organismus. Ebenso wirkt ein vor Gesundheit strahlender Vorgesetzter auch positiv auf seine Mannschaft und „steckt sie an", mit Optimismus, Elan, Motivation und Kommunikationsfreudigkeit. Henry Ford sagte einmal, jemand, der wirklich mit den Mitarbeitern umgehen könne, sei für ihn unbezahlbar.

Praxistipp
- Schreiben Sie auf, wie in Ihrem Unternehmen ein Mitarbeiter eingestellt wird, und dann, wie eine Investition in EDV im Wert eines Jahresgehalts des Mitarbeiters gemacht wird. Müssen Sie dazu recherchieren oder wissen Sie beides auswendig? Vergleichen Sie den Aufwand. Vergleichen Sie auch den Aufwand im Bereich Wartung und „Updates" für Mensch und Maschine.

Leistungsfähigkeit einer gesunden Führungskraft
Tim Gallwey („The Inner Game", vgl. Gallwey, 2000) macht in seinen Seminaren mit den Teilnehmern folgende Übung: Er zeichnet ein Dreieck, an dessen Spitzen jeweils „Leistung", „Lernen" und „Spaß" steht. Dann stellt er die Frage: „Welche der drei Komponenten wird in Ihrem Unternehmen am höchsten bewertet?" Normalerweise wird die Frage mit Gelächter beantwortet, mit anderen Worten, Leistung steht in einer Kategorie für sich und alles andere ist unwichtig. Gleichzeitig verstehen die Teilnehmer regelmäßig, dass Leistung auf die Dauer auf Spaß – oder im Sinne dieses Aufsatzes: ganzheitliche Gesundheit – und Lernen angewiesen ist.

Lernen und Spaß bleiben im Laufe fehlender Gesundheit auf der Strecke.

Praxistipp
*   Schauen Sie sich Ihr Personal- und Organisationsentwicklungsprogramm an und machen Sie ganz bewusst Platz für das Thema Gesundheit (inklusive Stressmanagement). Bringen Sie es ruhig in den Zusammenhang mit anderen Themen, wie Motivation oder Teamentwicklung. Setzen Sie sich als Ziel der Personalentwicklung, die ganzheitliche Gesundheit Ihrer Mitarbeiter nicht nur in Bezug auf Sicherheit, sondern auch deren emotionale und mentale Aspekte zu fördern, und bauen Sie das Thema auch in die Bewertung der Mitarbeiter ein, damit frühzeitig Probleme erkannt werden können. Kommunizieren Sie an Ihre Mitarbeiter, dass Sie das ganze entwickeln, um sie auch bei Gesundheitsproblemen im Unternehmen zu halten, und nicht, um sie „loszuwerden".

Personal Training als Weg des Stressabbaus, des Gleichgewichts und der Bewusstheit

Faktor Stressabbau
Noch vor wenigen Jahren war die Meinung verbreitet, dass Leistungssport ein guter „Ausgleich" für einen gestressten Manager sei. Nach vielen Untersuchungen über „Overtraining" und den Leistungsabfall bei anhaltendem Einsatz (Yerkes-Dodson Gesetz, vgl. z. B. Nixon, 1994) sagt man heute als Faustregel, dass 30 Minuten Ausdauertraining, z. B. zügiges Gehen (bei dem man sich zusätzlich unterhalten könnte, was die Atmung fördert) die gesunde Alternative ist. Das kommt natürlich vor allem auf den Gesundheitszustand des Managers an. Ihr Personal Trainer ist Experte zu diesem Thema und hilft Ihnen, Ihren Stress zu regulieren und gesund zu bleiben.

Faktor Gleichgewicht/ganzheitlicher Ansatz
Gerade in diesem Zusammenhang ist das Thema Gleichgewicht anzuführen. Einerseits würde es einem Typ A „Workaholic" gut tun, mal etwas ganz sanftes und entspannendes zu tun und abzuschalten. Das kann er leider nicht und wird z. B. beim Meditieren umso nervöser. Ein Personal Trainer kann von Menschenkenntnissen profitieren, indem er in einer solchen Situation ein Programm entwickelt, das zunächst mit physischer Aktivität beginnt. Danach kann leichter an Entspannung gearbeitet werden. Interessanterweise entspannt sich als Folge in der Regel nicht nur der Körper, sondern der Kopf wird „leichter" und „freier" und der Hang zur Aggressivität geht bergab. (Vorsicht: bei reinem Einsatz von Wettbewerbssportarten erzielt man leicht das Gegenteil!)

Ausgewogenheit von Aktivität und Entspannung kann nicht nur im Falle von Workaholics, sondern ebenso bei einer lustlosen, angespannten, ausgebrannten Person oder in jeder anderen individuell verschiedenen Ausgangssituation gefördert werden.

Faktor persönliche Beratung und Betreuung
Wer nicht ohnehin schon mit einem Personal Trainer oder anderer professioneller Begleitung (z. B. im Sport) an seiner Fitness arbeitet, braucht in der Regel persönliche Beratung bei der Gestaltung seines Fitness-Programms. Wer dazu noch unter Zeitdruck leidet und zu alledem möglicherweise noch viel beruflichen Stress hat, hat dies umso nötiger. Aber nicht nur die Beratung bei der Gestaltung des Programms, auch die Beobachtung des Fortschritts und ggf. notwendige Programmveränderungen sind wichtige Aspekte der Betreuung, die der Personal Trainer bieten kann.

Faktor Bewusstheit
Im Zusammenhang mit den oben erläuterten Elementen der unbewussten Wahrnehmung und des unbewussten Handelns wird klar, dass Bewusstheit nicht nur „die halbe Miete", sondern

die ganze Freiheit ist. Wenn ich mir bewusst bin, dass mein ganzer Stress das Produkt einer „Fehlinterpretation" des Körpers ist, indem er auf mentale Prozesse mit einem nicht nur unnötigen, sondern auch Gesundheits- (und Leistungs-) schädigenden Impuls antwortet, bin ich unmittelbar in der Lage, meine Stressreaktionen zu steuern. Wenn ich mir meiner automatischen Handlungen bewusst bin, bin ich unmittelbar in der Lage, innezuhalten und eine bewusstere Handlungsweise anzusteuern.

Praxistipp
- Erarbeiten Sie ein Fitness-Programm, das Bewusstheit und das Gleichgewicht von Aktivität und Entspannung mit einbezieht.

Konsequenzen für den Arbeitgeber
Was kann Personal Training also für das Unternehmen leisten?
- Reduktion der Fehlzeiten und der Fluktuation
- Senkung des Stress-Niveaus
- Dadurch Reduktion der Konflikte, klarere Kommunikation und Verbesserung des Betriebsklimas, um nur einige klar auf der Hand liegende Faktoren zu nennen.
- Erhöhung der Motivation
- In einem solchen Klima erlebt man die Freisetzung von Energie für Kreativität und Innovation.
- Motivation und ein solch gesundes Klima bringen eine sehr kreative Form von Loyalität: Der Mitarbeiter erlebt die Loyalität nicht als Zwang, sondern als frei entschiedene Unterstützung eines Organismus, an dessen Erfolg er sich beteiligen will.
- In einem solchen Kontext entsteht der Freiraum für eine Dimension, die nicht selbstverständlich ist: Auch wenn es einmal scharfe Kritik, schwierige Zeiten oder Konflikte gibt, neigt der Mitarbeiter dazu, für das Unternehmen einzustehen. Es ist ein hohes Maß der Identifikation mit dem Unternehmen entstanden.

Kostenfaktor

Heute arbeiten mehr und mehr Unternehmen in Richtung Gesundheitsförderung. Manche Krankenkassen bieten ihren Mitgliedern und Unternehmen Seminare und Beratung zum Thema an. Sei dieser Artikel ein Anstoß für alle, die kreative Wege suchen, um Fehlzeiten zu reduzieren, Spaß am Arbeitsplatz zu fördern und damit die Motivation zu erhöhen; für alle, die Manager, IT-Spezialisten oder Verkäufer auf die Zusammenhänge zwischen physischer, emotionaler und mentaler Gesundheit auf der einen Seite und Stress auf der anderen Seite sensibilisieren möchten. Wenn Sie mir meine Antwort auf die Frage „Was kann Personal Training also für das Unternehmen leisten?" abnehmen, dann dürfte sich ein Personal Training Programm in Ihrem Unternehmen in finanzieller Hinsicht lohnen.

Mein Vorschlag: Personal Training in die Organisationsentwicklung (OE) einbinden

Personal Training kann direkt als Maßnahme zur Verringerung der Fehlzeiten besonders bei Arbeitnehmern im Alter ab 50 Jahren sowie als Stressmanagement-Tool (auch im Trainingstransfer) eingesetzt werden. Dabei ist es mir wichtig, dass der Personal Trainer im aktiven Dialog mit der Organisationsentwicklung eines Unternehmens steht und sich bereit erklärt, mit seinem Angebot in einen umfangreichen Prozess eingegliedert zu werden. Weiterhin liegt mir am Herzen, dass der Personal Trainer den Aspekt der emotionalen und mentalen Gesundheit als Teil der Einheit mit berücksichtigt. Damit meine ich weniger die mentale „Stärke", wie sie im Sport oft durch Unterdrückung der Emotionen gefördert wird, sondern vielmehr einen systematischen und harmonischen Aufbau der Leistungsfähigkeit durch die im vorherigen Kapitel (siehe „Konsequenzen für den Arbeitgeber") aufgeführten Komponenten.

Das Ganze sollte unter dem Anspruch geschehen, dass zum Personal Training ein *Lerntransfer* gehört – also eine praktische Anwendung im Zusammenhang mit der Arbeit. Dieser

Herausforderung sollten sich sowohl Personal Trainer als auch die Personalentwicklung des Unternehmens stellen und gemeinsam das Personal Training Programm in das OE/PE-Konzept integrieren.

Praxistipp
- Setzen Sie einen Besprechungstermin zwischen Organisationsentwicklung und Personal Trainer an. Bringen Sie Personal Training in den direkten Zusammenhang der Bedarfsanalyse in der OE, und informieren Sie den Personal Trainer entsprechend über den Prozess, an dem er beteiligt ist. Führen Sie Personal Training zum Beispiel bei einem Stressmanagement Seminar ein und nutzen Sie es auch als Transfermaßnahme. Machen Sie einen Aktionsplan für die Transfer-Ziele und Maßnahmen des Personal Training Programms, z. B. Fehlzeitenreduktion, Bewertung Arbeitsklima, Motivation.

Hinweis: Die im Text beschriebenen Fitness-Techniken sollten nur unter Anleitung von Experten ausgeübt werden.

Autor:
Peter Creutzfeldt
Ziegelweg 1
52066 Aachen

Tel.: 0241 - 1891228

pcreutzfeldt@workinginthezone.com
www.witz.bz

Quellenhinweise und Literatur

- „Leadership Moment by Moment", Ron Cacioppe, erschienen im Leadership and Organization Development Journal, 18/7 (1997)
- "Beiträge zur Gesundheitsberichterstattung des Bundes" Robert Koch Institut, 2002
- Dr. Herbert Benson, div. Artikel, www.mbmi.org
- „Motivaction", Klaus Kobjol, Orrell Füssli Verlag, Zürich, 1993
- „The Tao of Natural Breathing", Dennis Lewis, Full Circle, New Delhi, 1998
- "Effort Syndrom: Hyperventilation and reduction of anaerobic threshold", Dr. PGF Nixon, 1994
- „Die sieben Wege zur Effektivität", Stephen Covey, Heyne, 1989
- „The Inner Game of Work",Tim Gallwey, Random House, 2000
- „Fehlzeiten Report 2002", Badura, B., Universität Bielefeld
- Vetter, C., Wissenschaftliches Institut der AOK, Bonn; Schellschmidt, H., Wissenschaftliches Instiutu der AOK, Bonn (Hrsg.)
- "Awaken the Giant Within: How to take immediate control of your mental, emotional, physical and financial destiny", Anthony Robbins, Ingram, 1993
- "The Fifth Discipline Fieldbook", Peter Senge, Nicholas Brealey,1994
- "The Stress Manager", Janelle Barlow, Ph.D., TMI (North America) Inc.,1996

Claus Lauprecht

Wellness und Personal Training: Welchen Nutzen Wellnessanlagen im Personal Training haben

„Zufriedene Kunden" ist das Ziel – das gilt für den Betreiber von Wellnessanlagen ebenso wie für Personal Trainer. Das Wellnessgeschäft ist ein persönliches Business, das von der individuellen und kompetenten Betreuung der Kunden lebt. Das heißt, ein Personal Trainer ist im Wesentlichen immer auch ein Wellness Trainer, wobei sich die Kunden einen universellen „Wohlfühl-Dienstleister" wünschen. Der vom Wellness Institut konzipierte Lehrgang zum Wellness-Trainer greift deshalb auch das elementare Personal Training Modul mit auf. Im Folgenden möchte ich ausgehend von einer näheren Beschreibung von Wellness auf die elementaren Kundenbedürfnisse sowie auf Anforderungen an den Personal Trainer in einer Wellnessanlage eingehen.

„Was verstehen Sie eigentlich unter Wellness?" werde ich nach wie vor auf den Fachkongressen gefragt. Gerade weil dieser Begriff inflationär gebraucht wird, wissen die wenigsten, was dahinter steckt. Don Ardell definiert Wellness zu einem Teil als einen Lebensstil, zu einem anderen Teil als eine Grundeinstellung und darüber hinaus als eine Lebensphilosophie. Wellness ist ein bewusstes „Sich-Engagieren" für persönliche „Excellence". Wellness basiert auf einem klaren Verantwortungsgefühl für Gesundheit in besonderen Situationen und für umfassende Lebensqualität im Allgemeinen. Wellness umfasst die körperlichen, seelischen und geistigen Aspekte des Seins. Ein Wellness-Lebensstil ist eine Art von Lebenskunst. Wenn man diese bewusst entwickelt und durch neue Erfahrungen, neues Wissen und sich verändernde Bedingungen verbessert, dann verstärken sich die Perspektiven für ein gutes und erfülltes Leben auf eine dramatische Weise. Das ist immer verbunden mit persönlicher Excellence in Feldern wie Fitness, Zeit- und Stressmanagement wie auch einem entsprechenden konstruktiven Umgang mit sich selbst und persönlicher Wertschätzung. Wellness erfordert eine nie endende Neugier für Vorhaben, Werte und den Sinn des Lebens.

Wellness beschreibt also einen Zustand, der durchaus von jedem Menschen anders empfunden wird, wobei die Aktivitäten, die zu dem angestrebten Lebensgefühl Wellness führen, als angenehm empfunden werden müssen. Albert L. Dunn, Sozialminister Mitte letzten Jahrhunderts in den USA, entwickelte den Begriff Wellness aus den Worten Well-being und Fit-ness, was bedeutet, dass neben der passiven Wohlfühlvariante auch der aktive Bewegungsbereich ein wichtiger Baustein von Wellness ist. Deshalb haben gerade im Wellnessmarkt Personal Trainer eine exzellente Zukunft.

Entscheidend ist in der täglichen Praxis, dass Personal Trainer Möglichkeiten zur Entwicklung dieses Gefühls offerieren. Immer mehr Kunden verlangen nach Angeboten, die dem so genannten ganzheitlichen Ansatz - also der Ansprache von Körper, Geist und Seele - entsprechen. Ganzheitlich ausgerichtete Vitalprogramme berücksichtigen die wesentlichen Säulen von Wellness: Ernährung, Entspannung, Bewegung, Schönheit und Stressmanagement. Es scheint, als würden die Menschen gerade in Zeiten von Rezession und einer problematischen welt- wie lokalpolitischen Lage besonders starke Sehnsucht nach Geborgenheit, Zuwendung, Erholung und Entspannung haben. Die Lust auf Wassermassagen, betörende Düfte, ein Abtauchen in eine andere Welt sollen von aktuellen Problemen mit sich und der Umwelt ablenken. Im Jahre 2002 wurden die privaten Ausgaben in Deutschland für Wellness und ähnliche Bereiche wie Gesundheitsurlaube, Fitness, Sport, Kosmetik oder Literatur auf etwa 60 Milliarden Euro geschätzt. Für die kommenden Jahre werden nochmals enorme Zuwächse erwartet. Vom Trend zu mehr Wellness profitieren im Besonderen die Personal Trainer. Private Gesundheitsvorsorge ist vernünftig und effektiv, das ist nicht nur einleuchtend, sondern wird von immer mehr Menschen auch verinnerlicht und praktiziert. Und dies keinesfalls nur von jungen, schönen Menschen, wie es in Medien und Werbung suggeriert wird. Interessiert an Wellness sind eher diejenigen, die jung und schön werden bzw. so bleiben wollen, wie sie sind: nämlich die gutverdienenden Berufstätigen mittleren Alters mit ausreichendem Körperbewusstsein und mittelschweren Figurproblemen. Insofern bietet sich für Personal Trainer eine Zielgruppe, die bisher von Fitness-Studios oder anderen Freizeitanlagen eher vernachlässigt wurde. In diesem Zusammenhang ist auch die grundsätzliche Auffassung der Menschen darüber, wie sie ihre Zeit abseits beruflicher Verpflichtungen verbringen, von Bedeutung. Freizeitverhalten und -umstände haben sich in den letzten Jahren grundlegend geändert. Soziologische Untersuchen zeigen, dass Freizeit nicht mehr als soziales Privileg, das nur wenigen Menschen offen steht, betrachtet wird, sondern einen kulturellen Wert besitzt, der sich auf persönlicher Ebene manifestiert. Sinkende Wochenarbeitszeiten, der Trend zum kostenintensiven Erlebniskonsum sowie der steigende Qualitätsanspruch mit zunehmendem Einkommen zeigen, dass ein Umdenken beim Betrieb von Fitnessanlagen nötig ist. Der Mensch von heute möchte etwas Besonderes erleben. Individuelle Freizeitentwürfe sind geprägt von Außensteuerung und demnach marktabhängig. „Erlebe Dein Leben!" - als kategorischer Imperativ wird als Lustprinzip immer häufiger in den Vordergrund freizeitlicher Aktivitäten gerückt. Insofern ist es wichtig, dass Personal Trainer eine Kunden- bzw. Verbraucherorientierung verinnerlichen, die sich an den Grundzügen des ganzheitlichen Ansatzes ausrichtet. Denn gerade die so genannte „Erbengeneration" von heute hat - trotz Rezession, Arbeitsmarktschwäche, Euroeinführung und einer Konsumverweigerungsstimmung – genügend Liquidität und ausreichend Lust auf einen Körperzustand, der mit einem „rundum wohl" zu beschreiben ist. Gesellschaftliche Werteverschiebungen wie der Hang zu Hedonismus und Individualität - also Ich-Zentrierungen - verstärken diese Bereitschaft und bilden gleichzeitig den Nährboden für persönlich angelegte Fitnessaktivitäten und Freizeitgestaltung. Hinzu kommen Arbeitsbedingungen, die in vielen Fällen auf dem Leistungsprinzip basieren und das Bewusstsein - egal in welcher Position - als Arbeitskraft ersetzbar zu sein. Dies sind Umstände, die den Wunsch nach Entspannung verstärken. Alle Faktoren sorgen dafür, dass der Mensch im zweiten Jahrtausend nicht ausschließlich fit sein will um jeden Preis, sondern dass er zusätzlich zur Fitness einen Entspannungsfaktor wünscht, so dass nach der Gesundheitsdefinition der Weltgesundheitsorganisation (WHO) ein „Zustand des umfassenden körperlichen, geistigen und sozialen Wohlbefindens", also persönliche Wellness, eintritt. Den Freizeitstress vermeiden - nicht nur die Möglichkeit haben, die eigene körperliche Fitness zu steigern, sondern durch ruhige, bewusste und fließende Bewegungsformen in Kombination mit dem richtigen Ambiente zusätzlich Körper und Seele ansprechen. Dies ist ein Weg, um als Personal Trainer neue Zielgruppen zu erschließen, sich von Konkurrenten zu unterscheiden und den Bedürfnissen der Kunden gerecht zu werden.

Die Grundlagen für innovative Kursgestaltung und Innenausstattung zeitgemäßer bedürfnisorientierter Fitnesszentren sind die richtige Mischung aus körperlicher und seelisch-geistiger Belastung und Entspannung und weiterhin die Schaffung möglichst einmaliger Umgebungsreize. Dies kann durch eine Erweiterung des Kursangebotes auf Bewegungsformen wie z. B. Energy Dance, Qi Gong, Pilates geschehen, als auch durch die Einführung spezieller Entspannungsangebote wie etwa ayurvedische Abyangha-Massage, Thai- oder Akupunktmassage, Atemtherapie, Klangmassage. Mögliche Raumvariablen sind Bilder, Lichteinfall und Beleuchtung, Geräusche und Düfte, die ein spezielles Ambiente vermitteln. Der Besuch in einer Wellnessanlage muss noch mehr als bisher zum Erlebnis werden. In seiner Abhandlung über Erlebniswelten unterstreicht Opaschowksi, wissenschaftlicher Leiter des B.A.T-Freizeit-Forschungsinstitutes, mit verschiedenen Repräsentativbefragungen des Instituts (1997-2000) sein ökonomisches Gesetz der Zukunft: „Der Erlebniskonsum wächst schneller als der Versorgungskonsum." Ein überdurchschnittlich freundliches und qualifiziertes Personal ist hierbei das Hauptkriterium, das Opaschowski an gute Erlebniswelten stellt. Die anderen Anforderungen an einen guten Personal Trainer müssen demnach sein, dass er gleichzeitig für eine hundertprozentige Hygiene, konfliktfreie Unterhaltungsangebote sowie für möglichst wenige Fehler im Trainings- und Anlagenprozessablauf nach dem „Null-Fehler-Prinzip" sorgt. Bedenke: Gerade in Zeiten unzähliger Konkurrenzangebote im Freizeitbereich haben es die kostenintensiven Fitness- und Wellnesseinrichtungen schwer, sich eindeutig zu profilieren und gegenüber externen Konkurrenten abzugrenzen.

Zusammengefasst fallen vier Hauptaufgaben in den Bereich des Personal Trainings in einer Wellnessanlage:

- **Gestaltung des Vitalangebotes**: Das Kurs- und Anwendungsangebot muss sich aus der Masse herausheben und etwas Besonderes darstellen. Die Gestaltung attraktiver Vital- und Animationsprogramme obliegt dem Wellness- bzw. Personal Trainer. Eine ganzheitlich ausgerichtete Wellnessanlage beinhaltet neben dem elementaren Personal Training zusätzlich Komponenten wie z. B. Ernährung, Massage, Animation, Service, Entspannung, Wasseranwendungen (sog. SPA´s) sowie Beauty und Kosmetik.

- **Dekoration und Gestaltung des Ambientes**: Des Weiteren muss der Personal Trainer in der Regel auch die individuelle Gestaltung von Trainings- und Kursräumen übernehmen, die bestimmte Zielgruppen direkt ansprechen. Zum Beispiel lässt sich eine besondere „weibliche Note" implementieren, in etwa durch die Ansprache von Frauen mittels eher femininer Raumattribute wie etwa speziellen Duftstoffen oder Duftpotpourris. Die Ausstattung der Umkleiden und Nassbereiche mit besonders hochwertigen Dusch- und

Pflegeölen und Assecoires wie Bürsten, Bimsstein oder Schwämmen, die die Haut verwöhnen, sind wünschenswert.

- **Auswahl und Empfehlung von Wellnessprodukten:** Geeignete Produkte vermarkten derzeit beispielsweise die Firmen Life Science (Magnetfeld- und Extensionsmatten, Nahrungsergänzungsmittel), Polar (Herzfrequenzmesser), Technogym oder Precor (Fitness- und Kardiogeräte für den Heimbedarf), ID Marketing („Sensual Gifts") oder Galvagni (Aroma- und Massageöle). Weitere geeignete Wellnessprodukte liefern zahlreiche Messeaussteller, die sich auf der Beauty World, Lifetime, Ambiente, Beauty, Bodylife und/oder Fibo vorstellen. Für Personal Trainer ist der Besuch der führenden Fachmessen Pflicht, damit er sich im Sinne seiner Kunden informieren und orientieren kann. Hilfreich zur Seite bei der Produktauswahl stehen auch der Bundesverband Deutscher Personal Trainer e. V. sowie der Internationale SPA & Wellness Bund.

- **Implementierung des Erlebnischarakters:** „Wohlfühlen, Erleben, Fortbilden" lautet die Subline der Marke „Physiowelt", unter der innovative präventive Wellness- und Gesundheitskonzepte im Rahmen kleiner profitablen Medical-Wellness-Studios umgesetzt werden. Hier gilt wie für andere Betreiber von stationären Einrichtungen, dass der Aufenthalt zum Erlebnis wird. Den „Event-Charakter" in die Wellnessanlagen zu bringen, dies kann wiederum der gut ausgebildete Personal Trainer leisten.

Das Angebot von Personal Training sorgt nicht nur für eine Umsatzsteigerung in einem Wellnessbetrieb im Sinne eines gesonderten Profit Centers. Zudem werden die Möglichkeiten für Beratungs- und Verkaufsgespräche erweitert. Individuelle Raumlösungen sorgen für eine verkaufsförderliche Umgebung. Zusätzlich wird die Kundenbindung erhöht und dies führt letztlich zur

Rekrutierung neuer Zielgruppen. Insbesondere ist die „+50-Generation" interessant, die durch ein generelles Interesse an Entspannung und Erholung und die notwendige Liquidität gekennzeichnet ist. Duftbrunnen, Blumen und Pflanzen u. ä. erzeugen beispielsweise ein Ambiente, das besonders Frauen anspricht. Angebot und Innenausstattung sollten im Einklang stehen und insgesamt eine „energetisch" harmonische Einheit bilden. Mit Hilfe von leicht auf- und abbaubaren, variablen Modulen kann sich der Personal Trainer je nach Kundenwunsch oder Kursauslastung räumlich auf die jeweilige Geschäftssituation einstellen. Für Wellnessanlagen bieten sich durch die Unterstützung eines beratenden Personal Trainers eine beeindruckende Anzahl von Wellness-Produkten, die das so genannte „cross-selling" unterstützen und zusätzliche Umsatzsteigerungen bringen. Hier kommt auch der Faktor Kommunikation ins Spiel. Produkte als auch Dienstleistungen müssen nach wellnessspezifischen Gesichtspunkten dem Kunden näher gebracht werden. Die erfolgreiche Einführung beispielsweise eines Ayurveda-Kurses und eines dazugehörigen Massageöls benötigt eine professionelle Kommunikation im Sinne des Produkts/der Dienstleistung. Hinsichtlich Konzeption, Strategie, Präsentation und Anwendung muss eine systematische, für den Kunden nachvollziehbare und glaubwürdige Kommunikation geschaffen werden, die dazu affektive Bedürfnisse des Kunden befriedigt (Ansprache der Sinne). Für den Entwurf und die Umsetzung solcher Konzepte sind spezielle Fachkenntnisse über den Wellnessmarkt, sein Marketing und seinen kommunikativen Regeln nötig. Spezialagenturen arbeiten in diesem Bereich, die konzeptionell und beratend Wellness-Produkte erfolgreich und multimedial positionieren.

Die Umsetzung des ganzheitlichen Ansatzes im Sinne von Wellness ist für Personal Trainer ein stimmiges Mittel, um durch höhere Attraktivität eine stärkere Kundenbindung zu erreichen. Innovation und Abstimmung auf die Bedürfnisse der Kunden, die immer stärker aktive und zugleich erholsame körperliche Belastungen und konkrete Entspannungsangebote nutzen möchten, sind wichtige Prozesse für eine zukunftsorientierte Fitness- und Wellnessbranche.

Autor:
Claus-Arwed Lauprecht
Geschäftsführender Gesellschafter
Wellness-Institut GmbH und
Präsident des internationalen SPA- und Wellness Bundes e.V.

Tel.: 069 - 90746883
Fax: 069 - 90746884

c.lauprecht@wellness-institut.com
www.wellness-institut.com

„Warum ich einen Personal Trainer engagiert habe? Weil er flexibel ist! Er richtet sich ganz nach meinem Terminplan und kommt dorthin, wo ich bin. Die Empfehlung hat sich gelohnt: Mein Knie ist nach der Operation optimal auftrainiert und ich möchte dieses Training auch nach mehr als einem Jahr nicht mehr missen."
Franz-Josef Pass

Sportwissenschaftler Arnd Storkebaum

Zukunftsvisionen Personal Trainer im Unternehmen: Gesundheitsvorsorge - Kostensenkung - Mitarbeitermotivation

Freitag morgen, 7.30 Uhr, die Woche war hart, Montag und Dienstag noch in New York, Mittwoch Pressetermine, gestern morgen nach Hamburg und anschließend bis 22.00 Uhr mit dem Marketing um die Budgets für das nächste Jahr gefeilscht. Ständig Schlafmangel, dazu noch der Jetlag, Stau auf dem Weg ins Büro. So wie es aussieht, beginnt das Wochenende heute nicht um fünf, sondern erst spät abends. Und dann bleiben bestimmt noch ein paar Mappen fürs Wochenende. Samstagabend noch ein Geschäftsessen - Essen als Stress! Von der Ernährung unter der Woche gar nicht zu sprechen. So kann der Bauch ja nicht schrumpfen!

Was ist das? O.k., die Gedanken eines Finanzvorstands über seine Woche, stimmt. Und sonst? Dies ist der 1A-Auftrag für einen qualifizierten Personal Trainer im Unternehmen. Einen, den die Assistentin Donnerstag abends um 21Uhr anruft und fragt, ob er morgen um 7.30 Uhr auf der Matte stehen kann, sorry, neben der Matte knien kann, wenn der Chef seine Rückenschmerzen wegtrainiert, nachdem man vorher 30 Minuten gewalkt ist.

Es ist der gleiche Trainer, der gestern Mittag vor der großen Budgetbesprechung den Marketingchef gedehnt und massiert hat. Vielleicht auch derselbe, der zweimal pro Woche abends einen Rückenkurs für die Angestellten gibt, in der Mittagspause mit ihnen joggen geht und den die Firma bezahlt.

Personal Trainer im Unternehmen, für das Unternehmen! Ja, es gibt ihn bereits, diesen flexiblen Gesundheitsbeauftragten, diesen Motivationskünstler und dieses personifizierte Schlechte-Gewissen. Dieser Trend entwickelt sich analog und als logische

Folge zur Geschichte des privaten Personal Trainers mit einigen Besonderheiten im Vergleich zum „klassischen Berufsbild".

Im Folgenden versuche ich, die grundlegenden Aspekte des Spezialfalls „Personal Training im Unternehmen" darzustellen. Was zeichnet die Aufgaben und Herausforderungen des Personal Trainers im Unternehmen aus? Welche Aspekte sind zu beachten?

Eine grundlegende Beschreibung: Was unterscheidet den Personal Trainer im Unternehmen von jenem für private Kunden?

In tausenden Fällen arbeiten Personal Trainer bereits mit Geschäftsführern, Vorstandsmitgliedern oder anderen Personen der höchsten Hierarchieebenen eines Betriebes. Sie trainieren auf der Basis persönlicher Absprache und privater Bezahlung. Überträgt der Chef seine positiven Erfahrungen mit einem Personal Trainer auf seine Mitarbeiter und damit auf sein Unternehmen, so kann sich die Umschreibung der Tätigkeit dieses Personal Trainers schlagartig oder mittelfristig erheblich wandeln.

Vom Spezialfall eines ‚Personal Trainers im Unternehmen" kann man sprechen, wenn es eine Vereinbarung zwischen dem Personal Trainer und einer offiziellen Stelle des Unternehmens für einzelne oder im Extremfall alle Mitarbeiter gibt.

Ein Personal Trainer im Unternehmen wird je nach Größe der Belegschaft mehr oder weniger gut ausgelastet sein. Entsprechend weniger Zeit und Flexibilität wird für private Kunden und andere Aktivitäten zur Verfügung stehen. Im Extremfall arbeitet der Personal Trainer nur für dieses eine Unternehmen und sein Jobprofil wandelt sich vom englisch ausgesprochenen Personal = privaten, individuellen Trainer zum deutsch verstandenen Personal = Mitarbeiter Trainer. Solche Fälle gibt es bereits auch in Deutschland. Größere Betriebe mit zum Teil mehreren 1000 Beschäftigten unterhalten ihren eigenen fest angestellten Sportlehrer als Fitness-Trainer, als Motivationskünstler, als Gesundheitsberater, als Rückenkursleiter, als Masseur.

Der Schwerpunkt der Tätigkeit fällt auf die Wochentage von Montag - Freitag. Aber natürlich gibt es auch hier Wochenendtermine. Sie werden früh morgens, in der Mittagspause und nach Feierabend gefordert sein. Und dazwischen auch! Als Nebenjob parallel zu einer Vollzeitbeschäftigung anderer Art können Sie diese Vision schnell wieder abhaken. Es macht nur Sinn, dieses Thema professionell anzugehen. Wenn Sie sich dafür interessieren, kann es nur Ihr Ziel sein, daraus Ihren Fulltime-Job zu machen.

Unternehmen arbeiten sehr ergebnisorientiert. Auch wenn sie viel Geld ausgeben, haben sie selten Geld zu verschenken. Schon gar nicht in den momentan wirtschaftlich instabilen Zeiten zu Beginn des neuen Jahrtausends. Entsprechend den jeweiligen Intentionen werden die Resultate Ihrer Arbeit genau überprüft. Man wird eine 100% professionelle Einstellung Ihrerseits erwarten. Nicht nur Flexibilität in zeitlicher Hinsicht, auch Variabilität Ihrer Fähigkeiten sind gefragt.

Es gibt nicht diese Form der persönlichen Bindung zum Kunden, wie sie häufig zum privaten Kunden besteht. Ihr Kunde im Sinne des Auftraggebers und Bezahlenden ist das Unternehmen, eventuell der Personalchef, Ihr Klient im Sinne des Trainierenden irgendjemand anderes. Und die Anforderungen beider Seiten können von recht unterschiedlicher Natur sein. Dem Personalchef werden sie nach Unterzeichnung des Vertrages vielleicht nie wieder begegnen. Die Mitarbeiter können Sie und Ihre Arbeit so angenehm und nützlich wie nichts zweites empfinden, die letztendliche Entscheidung über die Fortsetzung Ihrer Arbeit fällt woanders und unter anderen Gesichtspunkten.

Ein weiterer Unterschied gegenüber dem privaten Personal Trainer ist, dass innerhalb des Unternehmens viele verschiedene Personen mit den verschiedensten Ansprüchen Ihre Leistungen in Anspruch nehmen wollen. Sie müssen natürlich nicht um jeden Preis ‚everybody's darling' sein, aber sie können schlechter ‚Nein' sagen. Sie werden eine Lösung finden müssen.

Die Bandbreite der Möglichkeiten und Aufgaben ist sehr groß. Es hängt von der Motivation und den Ambitionen des Unternehmens sowie dem Engagement und den Fähigkeiten des Trainers ab, ob aus der Idee eine geringfügige Beschäftigung, eine Teilzeitstelle oder eine hoch ausgelastete Gesundheitsexpertenposition resultiert.

Die Motivation eines Unternehmens zur Einrichtung eines Personal Training - Angebotes für die Mitarbeiter
Die Personal Training Welle schwappte im großen Stil erst in den 90er Jahren von den USA nach Europa hinüber. Anfangs fand diese Erscheinung gerade mal in den Klatschmagazinen als egozentrischer Zeitvertreib von gelangweilten Promis und Wichtigtuern Beachtung. Nach und nach erkannten aber immer mehr Menschen, die aus verschiedensten Gründen wenig Zeit bzw. Motivation für Sport hatten, oder die einfach den Unterschied zwischen „Rummurksen" und professioneller Ausführung erfahren wollten, die erstaunlichen positiven Effekte dieses intensiven individuellen Coachings.

Es gab doch schon lange Tennis- und Golftrainer, die man in der Hoffnung engagierte, dass von ihrem Talent und Können etwas auf die eigenen ungelenken Bewegungsabläufe abfallen möge. Und das funktioniert auch häufig. Also, wieso soll so etwas nicht auch in anderen Sportbereichen funktionieren?

Geblieben ist, dass Personal Training noch heute im Wesentlichen ein Angebot für Besserverdienende, Wohlhabende oder höher gestellte Personen ist. Wo oder ab wann diese Bezeichnungen greifen, hängt letztendlich neben dem Geldbeutel auch von der Bedeutung ab, die der Trainingswillige dem individuellen und effektiven Training beimisst.

Zweifellos gehören viele Personen aus den höheren Hierarchieebenen der Unternehmen zu dem eben beschriebenen Personenkreis. Nachdem einige durch persönliche Erfahrung den vielfältigen Nutzen von Personal Training erkannt haben, war es nur ein logischer Schritt, dass erste Führungskräfte auf die Idee kamen, die Dienstleistungen eines Personal Trainers für die Angestellten anzubieten. Daneben gibt es auch die Entwicklung, dass die Ableger amerikanischer Unternehmen oder Firmen mit stark amerikanischer Prägung den Trend aus den USA übernehmen.

Nun drängt sich natürlich eine Frage in den Vordergrund: Mit welcher Intention entscheiden sich die entsprechenden Stellen eines Unternehmens dafür einen Personal Trainer zu engagieren?

Es gibt 3 Motivationsgründe: Zum einen kann man die so eben gestellte Frage mit jener in Verbindung bringen, warum Unternehmen zum Beispiel Betriebssportgruppen unterhalten. Gemeinsam im Bezug zum Unternehmen verbrachte Freizeit soll die Mitarbeiter an den Betrieb binden. Der Aspekt der Corporate Identity spielt hier eine große Rolle. Der Mitarbeiter sammelt positive Erfahrungen im Zusammenhang mit der Firma, trägt stolz den Trainingsanzug mit dem Firmenlogo und wird so zum Multiplikator von Teamgeist im Betrieb und Promotion in der Öffentlichkeit. Er erfährt am eigenen Leibe, dass er der Chefetage etwas wert ist. Dieser Effekt ist von enormer Bedeutung, wenn es um die Abwerbung qualifizierter Kräfte jeglicher Hierarchie-Ebene geht. Neben dem materiellen Aspekt ist auch der emotionale Anteil dabei entscheidend.

Die dahinter stehende Logik ist simpel: Unternehmen betrachten Ihre Mitarbeiter inzwischen als ‚human resources'. Eine wertvolle Ressource, die man gerne mit allen zulässigen Mitteln an sich bindet. Jedem einzelnen Angestellten durch eine direkte finanzielle Zuwendung die Wertschätzung zu vermitteln und ihn dadurch zu binden, ist ein sehr teures Unterfangen. Einerseits verpufft ein Großteil dieser Mittel beim Finanzamt und den Sozialabgaben. Zum zweiten gewöhnt man sich schnell an die zusätzlichen Euros auf dem Konto. Fleißigen und guten Mitarbeitern ein Personal Training anzubieten, diesen Luxusartikel der Reichen und Schönen, ist ein Benefit von hohem, wenngleich auch schwer zu taxierendem Wert. Diese Wertschätzung verfehlt bestimmt nicht Ihre Wirkung und die Kosten dafür sind vergleichsweise gering. Auch in wirtschaftlich prekären Zeiten ist eine solche Maßnahme aufrecht zu erhalten. Mit genau dieser Begründung ist bereits einer meiner Kunden an mich herangetreten.

Ein zweiter Aspekt betrifft Angebote, die nicht im strengen Sinne als Personal Training gelten, jedoch im Zuge dieser Entwicklung ebenfalls zunehmende Verbreitung finden. Es geht um Fitness- und Wellnessangebote für die ganze Belegschaft, den Rückenkurs für die Forschungsabteilung, das Entspannungstraining für die Programmierer oder die Walkinggruppe. Den Effekt kennt jeder: So locker wie beim Sport knüpft man Kontakte sonst höchstens mit zwei Promille am Tresen. Die Erwartung des Unternehmers ist in diesem Falle die Verbesserung der betriebsinternen Kommunikation und die Erzeugung eines Teamgedankens unter der Belegschaft. Interne Kommunikation gilt inzwischen als eine der wichtigsten Eigenschaften eines jungen, dynamischen und flexiblen Unternehmens. Millionen Euro investieren größere Firmen jährlich in Maßnahmen zur Verbesserung dieser Eigenschaft. Ein solches Sportangebot ist vergleichsweise preisgünstig und bietet die seltene Möglichkeit, dass der Produktionsabteilungsleiter mit dem Angestellten der Marketingabteilung während des Sports ein paar Worte wechselt und dadurch noch seinen betriebsinternen Horizont erweitert. In der Auswertung eines unserer Firmenprojekte hat der Chef auf diesen Aspekt gesteigerten Wert gelegt.

Die dritte Intention, die eine Firma mit der Einsetzung eines Personal Trainer verfolgt, ist jene, die uns Trainern sicher die Vertrauteste ist: die Gesundheit, aus Unternehmenssicht eher die Gesunderhaltung der ,Human Resources'. Unternehmen erwarten viel Engagement von ihren Mitarbeitern. Das bedeutet: die Bereitschaft, viel Zeit im Unternehmen zu verbringen, flexibel zu sein in zeitlicher wie räumlicher Hinsicht, lange Besprechungen durchzuziehen, viel zu reisen, viel zu sitzen und extrem viel zu denken. Aktive Bewegung findet sich in kaum einer Stellenbeschreibung für einen Mitarbeiter.

Die Folgen sind einem Personal Trainer in aller Länge und Breite bekannt. Die heutigen Anforderungsprofile mit stereotypen Bewegungsabläufen, höchster geistiger Belastung und Anspannung und praktisch keinen Optionen zur Entspannung wirtschaften die Ressourcen des fittesten und gesündesten Mitarbeiter in zunehmenden Maße herunter.

Vor wenigen Jahren fragten mich einige Chefs noch, was sie denn bitte schön mit der Gesundheit Ihrer Mitarbeiter zu tun hätten. Heute und in Zukunft werden Sie sich mit dieser Frage immer weniger herumschlagen müssen. Wer viel erwartet, muss auch bereit sein, viel zu bieten. Mit noch mehr Gehalt wird der wichtigste Angestellte nicht fitter oder gesünder und eben so wenig zufriedener und leistungsbereiter. Natürlich könnte man ihm auch den besten Fitness-Club der Stadt finanzieren, aber hingehen müsste er noch selber. Wer macht das schon nach 10, 12 oder 14 Stunden Stress? Die beste Lösung ist, den Sport dort hin zu bringen, wo er so dringend gebraucht wird - effizient und ergebnisorientiert. Auch deswegen setzen immer mehr Unternehmen auf Personal Trainer im Unternehmen. Gerade jetzt, da sich in Zeiten explodierender Krankenkassenbeiträge und zukünftig zunehmender Eigenverantwortung für die Gesundheit jenseits der Vollkasko-Mentalität das Bewusstsein erheblich wandelt, ist dies eine nahezu unschlagbare Argumentation für Ihre Dienste.

Die Gewichtung der drei genannten Aspekten, a) Vermittlung einer Wertschätzung durch Benefits, b) Verbesserung der internen Kommunikation durch Gruppenangebote und c) Leistungserhalt der Human Resources unter höchsten Anforderungen variiert von Unternehmen zu Unternehmen. Seien Sie aber sicher, dass alle Firmen derartige Ergebnisse erwarten.

Und das Gute: Diese Ergebnisse sind tatsächlich zu erreichen! Sie als Personal Trainer sind in entscheidendem Maße dafür verantwortlich. Verfolgen Sie im Hintergrund Ihres Handelns auch immer diese Ziele. Auch wenn sich der Leistungserhalt der Human Resources nicht gerade als der wichtigste Antrieb für uns Personal Trainer herausstellt, so wird unsere Arbeit im Betrieb vor allem daran gemessen. Nicht so sehr daran, ob Sie den Abteilungsleiter durch Ihre mitreißende Sportbegeisterung zum 3,5h-Marathonmann gemacht haben.

Anforderungsprofil für Personal Trainer im Unternehmen
Kennt man die Intentionen von Unternehmen zur Einsetzung eines Personal Trainers, so lassen sich seine wichtigsten Aufgaben schnell zusammenstellen. Bereits im vorigen Abschnitt zeigten sich einige der gewünschten Qualifikationen, die jenen eines privaten Personal Trainer sehr ähneln: Die Fähigkeit andere zu motivieren, sie dazu zu bringen, neue Sachen auszuprobieren, sich auf verschiedenste Persönlichkeiten einzustellen, einen Ausweg aus dem Teufelskreis von monotonen Belastungen und Folgeerscheinungen aufzuzeigen. Sie müssen noch mehr darauf achten, welche der im Gespräch mit dem Klienten anvertrauten Informationen tatsächlich vertraulich sind und betriebsinternen Sprengstoff bergen. Sie sind nicht für die firmeninterne Kommunikation zuständig. Schweigen ist Gold!

Mancher Personal Trainer fühlt sich aufgrund der Promi-Vorgeschichte des Berufes, der auf den ersten Blick teilweise enormen Stundenlöhne und der Arbeit in den Villenvororten der Großstädte zu höherem berufen. Mit dieser Attitüde werden Sie es als Firmen-Coach aber nicht weit bringen. Auch die Arbeit an der Basis wie die Rückenschule für die Lagerarbeiter sollte Ihnen nicht fremd sein.

Selten wird Ihnen Ihr Auftraggeber die Aufgabe erteilen, die Human Resources leistungsbereit zu erhalten. Kaum jemand wird Ihnen deutlich sagen, dass Ihre Arbeit zum Teil nur ein weiteres Incentive für Personen in Führungspositionen ist, die bereits das Wochenende im Schlosshotel, das 3-Sterne-Dinner und alle Extras im Firmenwagen bekommen haben. Ein guter Chef wird einem qualifizierten Spezialisten nicht sagen, wie er seinen Job zu machen hat, was Sie mit den Angestellten im Einzelnen anstellen sollen.

Es ist aber die Aufgabe eines Personal Trainers, diese Ansprüche zu erkennen und eigenständig umzusetzen. Die Zielsetzung können Sie aus dem zweiten Kapitel ableiten, den Weg dahin müssen Sie selber finden. Ein größeres Maß unternehmerischer Denkensweise ist unentbehrlich. Sie sollten in der Lage sein, ein überzeugendes Konzept zu entwickeln. Verfolgen Sie dieses auch und passen Sie es an, wenn es nötig wird.

Aus Erfahrung zeigt sich, dass Sie aus einem Engagement in einem mittelständischen Unternehmen mit einigen hundert Angestellten schon einen Fulltime-Job machen können, wenn Sie sich als Universaltalent erweisen und es dem Unternehmen (ein wenig auch dank Ihrer Arbeit) gut geht.

Wenn Sie Ihren Klienten nicht nur zeigen können, wie man mit dem Joggen beginnt und seinen Rücken gerade biegt, sondern sich auch als Entspannungsspezialist, als die Frau oder der Mann mit den richtigen Griffen für eine Nackenmassage, den richtigen Herzfrequenzmesser empfehlen und als Ernährungs-berater präsentieren, können Sie sich bald vor Nachfragen nicht mehr retten.

Bevor Sie sich in diese Angebotsvielfalt stürzen, sollten Sie sich aber in jedem Fachbereich sicher sein. Sonst lassen Sie ein Teilgebiet lieber außen vor oder arbeiten mit einem Spezialisten zusammen.

Dienste wie Massage und Entspannungstechniken sind im Rahmen der aktuellen Wellness-Entwicklung sehr gefragt und gehören nach meinen Erfahrungen zum Komplettangebot für ein Unternehmen unbedingt dazu.

Ein Unternehmen wird Ihre Qualifikationen und Referenzen checken. Je weniger aussagekräftig Ihre Referenzen sind, umso besser sollten Ihre Qualifikationen und Präsentationen sein. Sie müssen nicht unbedingt Diplom-Sportlehrer und Physiotherapeut sein, aber Ihr Fachwissen sollte weit über Sixpack und Joggen hinaus reichen. Noch mehr als im privaten Bereich ist hier ein Profi mit weitreichenden Kenntnissen gefragt. Selbst ernannte Fitness-Gurus sind hier vollkommen fehl am Platze.

Welche Unternehmen engagieren einen Personal Trainer?
Was zeichnet Unternehmen aus, die sich die Gesundheit, Leistungs- und Einsatzbereitschaft Ihrer Angestellten mehr als 50% des monatlichen Krankenkassenbeitrages kosten lassen und eigene Angebote im Wellness-Bereich installieren? Mit Sicherheit eine gehörige Portion Innovationskraft.

Dabei stehen wieder die bereits zuvor beschriebenen verschiedenen Motivationen eines Unternehmens zur Auswahl.

Alle Chefs möchten zufriedene, motivierte, teamfähige, leistungsfähige und gesunde Mitarbeiter. Dies um so mehr, wenn es um Führungspositionen geht. Um diese Eigenschaften zu fördern, gibt es die verschiedensten Seminare und Maßnahmen.

Personal Training ist eine ganz besondere. Hier stehen die persönliche individuelle Betreuung und der körperliche und sportliche Aspekt im Mittelpunkt. Dazu kommt die im Bewusstsein verankerte Exklusivität dieses Angebotes.

Einige Konzerne mit vielen Beschäftigten und zahlreichen Hierarchieebenen setzen reines 1:1 Personal Training häufig nur für relativ kleine und exklusive Gruppen von höherem Status ein - auch, um die hierarchische Ordnung zu wahren.

Manch kleineres Unternehmen öffnet das Angebot teilweise für weite Bereiche der Belegschaft. In einem Betrieb mit 70 höher qualifizierten Angestellten wurde unser Angebot für die ganze Belegschaft während der Arbeitszeit zugänglich gemacht und in begrenztem Umfang auch bezahlt. Personal Training für alle sozusagen. Ein solches Unternehmen muss die umfangreiche Bereitschaft mitbringen, in Fitness-Equipment zu investieren, den Mitarbeitern die (wertvolle) Zeit zu lassen, Sport auch während der Arbeitszeit zu treiben und Sie, den Coach zumindest anfänglich auch zu bezahlen.

Häufig sind es die jungen, dynamischen und aufstrebenden Unternehmen mit einem Durchschnittsalter der Mitarbeiter von +/- 35 Jahren, die ein solches Angebot installieren. Unternehmen, die viel Wert auf ein flexibles, engagiertes und aktives Image legen. Mehr oder weniger amerikanisierte Unternehmen, mit jüngeren durchweg hoch qualifizierten Mitarbeitern, die wenig Wert auf extreme Hierarchisierung umso mehr auf wirklichen Teamgeist legen, die einem Personal Trainer viele Möglichkeiten zum Austoben bieten. Unternehmen, in denen jeder Mitarbeiter das Gefühl haben soll, etwas Besonderes und wichtig zu sein.

Als Beispiele könnte man die Werbe- und Marketingbranche, Software-Entwickler, Unternehmensberatungen, Medienunternehmen, Anwaltskanzleien etc. nennen. Diese Aufzählung erhebt keinen Anspruch auf Vollständigkeit, soll nur eine Vorstellung ermöglichen.

Auch große bekannte Unternehmen mit vielen tausend Angestellten investieren inzwischen enorm viel Geld und Energie in Gesundheitskonzepte für Ihre Angestellten. Daimler Chrysler zum Beispiel führt umfangreiche mehrtägige Seminare mit einer großen Zahl von Meistern durch. Zentrale Bestandteile sind Themen wie Gesundheit, Sport und Ernährung. Die Stadtwerke Köln boten ursprünglich ebenfalls ‚nur‘ Seminare und Fortbildungen für eine größere Gruppe Ihrer Angestellten an. Daraus entwickelte sich der Wunsch, die positiven Resultate dieser Schulungen in bezahlbarer Form auf die breite Masse der Angestellten zu übertragen. Heraus kamen unter anderem durch Engagement des Betriebsarztes und der Personal Abteilung zwei sehr gute Bücher für alle Mitarbeiter über Bewegung, Gesundheit und Ernährung, die inzwischen auch im Buchhandel erhältlich sind. Volkswagen hat neben einer Fülle von präventiven Maßnahmen auch eine eigene Reha-Abteilung aufgebaut. Hier werden zum Beispiel Mitarbeiter, die aufgrund beruflicher Belastungen ihren ursprünglichen Job nicht mehr ausführen können, wieder fit gemacht und in neue Arbeitsplätze integriert.

Für die Fülle an Angeboten, die weit über diese exemplarischen Darstellungen hinaus geht, reicht ein ‚Gesundheits-Experte‘ schon lange nicht mehr aus. Hier finden sich ganze Teams aus Ärzten und verschiedensten Spezialisten. Auch Personal Trainer können Bestandteil solcher Betriebs-Gesundheitseinrichtungen sein. Hier muss man sich natürlich über die Rolle eines Elementes in einem großen System bewusst sein. Manchem Personal Trainer wird dies bestimmt nicht schmecken.

Es gibt aber auch das andere Extrem: Ich betreue einen florierenden vier Personen Großhandel, in dem der 65-jährige Chef allen Mitarbeitern zwischen 37 und 60 Jahren Personal Training auf Firmenkosten anbietet und davon reger Gebrauch gemacht wird.

Mitunter werden Sie als Personal Trainer in Firmen mit 50 bis 500 Mitarbeitern mehr Arbeit aufgehalst bekommen als in 5000 Mann-Betrieben.

Personal Training ist eine sehr junge Sparte, erst recht wenn es um die firmeninterne Variante geht. Die Entwicklung geht nun, da die ersten zaghaften Versuche positiv verlaufen sind, rasant weiter. Und vielleicht ist auch einfach der Vorstandsvorsitzende des alten, konservativen Unternehmens selber ein Sportbegeisterter oder hat mit Personal Training persönlich gute Erfahrung gemacht? Machen Sie sich an die Arbeit! Es gibt viel zu tun.

Kundenakquise: Wie gewinne ich diese Unternehmen?

Da nun klar ist, dass Personal Training in Unternehmen eine gefragte Maßnahme sein kann, stellt sich natürlich die Frage, wie komme ich an interessierte und interessante Firmen heran?

Das Thema Personal Training ist inzwischen gerade in den gesellschaftlichen Bereichen der Geschäftsführer, der Vorstände und Chefs sehr geläufig und - gute Arbeit der Kollegen vorausgesetzt - auch sehr positiv besetzt. Dazu kommt, dass der Themenkreis Gesundheit – Sport – Wellness und damit die Grundlage unserer Arbeit auch in Personalfachzeitschriften immer öfter und durchweg positiv erwähnt wird.

Sie, als einzelner Personal Trainer werden es schwer haben, einen bisher völlig unbedarften Chef zu überzeugen, Sie für seinen Betrieb zu engagieren. So gesehen ist es natürlich sehr gut, wenn man den Chef eines Unternehmens schon als Kunden hat. In den meisten Fällen kommt während Ihrer Arbeit als Coach das Gespräch doch auch auf die Arbeit Ihres Kunden. Dieses

Einfallstor sollten Sie, wenn überhaupt nötig, intelligent bearbeiten. Geben Sie doch einmal Denkanstöße in diese Richtung, bieten Sie sich an. Diesen günstigsten Fall mal ausgenommen, bleibt die Möglichkeit der Mund-zu-Mund-Werbung. Gerade anfänglich habe ich fast alle meine Kunden auf diese Weise gewonnen. Lassen Sie es möglichst viele Leute wissen, was sie bereits alles anbieten und was man noch alles machen könnte. Auch hier gilt es natürlich, taktisch klug und intelligent vorzugehen. Zu plumpe Angeberei geht selbstverständlich nach hinten los. Halten Sie einen kleinen Flyer oder auch nur eine professionelle Visitenkarte allzeit bereit, um diese bei passender Gelegenheit gezielt weiterzureichen. Vielleicht auch an die Mutter Ihres Schwagers, vielleicht hat sie auch einen Chef oder kennt einen.

Die dritte Möglichkeit, den entscheidenden Kontakt herzustellen, ist die direkte Werbung. Wirksame Werbung ist aber sehr teuer und relativ zeitaufwendig, weil sie von stark streuender Natur sein muss. Anzeigen zu schalten ist in unserem Metier wenig erfolgversprechend. Lassen Sie sich dies von erfahrenen Kollegen bestätigen.

Bevor Sie Plakatwände bekleben lassen, durchforsten Sie Ihre Umgebung nach geeigneten Betrieben. Lesen Sie die Lokalpresse, schärfen Sie Ihre Augen und Ohren dafür, welche Unternehmen auf die zuvor genannten Attribute besonders achten. Wenn Sie nun glauben, ein geeignetes ‚Opfer‘ ausgemacht zu haben, stellt sich noch die Frage der persönlichen Kontaktaufnahme. Wen sollen Sie kontaktieren? Und wie? Versuchen Sie zumindest über die Internetseite oder auch die Abteilung für Public-Relations einen Einblick in die Betriebsstruktur und das gewünschte Image der Firma zu bekommen. In vielen Fällen ist die Personal-Abteilung für derartige Projekte der richtige Ansprechpartner und hier gleich der Chef persönlich. Teilweise gibt es auch Betriebsärzte, Gesundheitsbeauftragte oder Betriebskrankenkassen. Auch der oberste Chef kann eventuell genau der richtige Mann für Ihr Anliegen sein.

Hier gibt es kein Patentrezept. Eine gewisse Portion Detektiv-
arbeit müssen Sie schon leisten, um an den Fall zu gelangen.
Belassen Sie es nicht beim Zusenden von Infomaterial. Haken
Sie nach und vereinbaren Sie einen Termin. Bereiten Sie sich
bestens darauf vor. Nur wenige haben ein Fachwissen wie Sie!
Lassen Sie es für sich sprechen.

Erstellen Sie für derartige Zwecke eine ausgefeilte, nicht zu
üppige Präsentationsmappe, die Sie persönlich überreichen und
zur Nachbereitung bei Ihrem potenziellen Kunden belassen. Ein
solches Werk massenweise zu verschicken, fällt wieder unter den
zuvor besprochenen Aspekt der teuren Streuwerbung.

Worauf sollten Sie bei Ihrer Präsentation besonderen Wert
legen? Ich gehe davon aus, dass jemand der sich als Personal
Trainer in einem Unternehmen bewirbt, bereits umfangreiche
Erfahrungen im privaten Bereich gesammelt hat. Einige Besonderheiten müssen Sie aber bedenken.

Wenn das Unternehmen die Rechnung bezahlen soll, möchte
das Unternehmen natürlich auch, dass seine Bewertungskriterien
im Vordergrund stehen. Die Motivationen von Betrieben habe ich
bereits detailliert dargestellt. Zeigen Sie dem Unternehmen, dass
die Mitarbeiter durch Personal Training in ganz besonderer Weise
motiviert werden, dass sie eine besondere Art der Wertschätzung
verspüren. Heben Sie den Aspekt der größeren Leistungsbereit-
schaft und -fähigkeit hervor, wenn die Mitarbeiter sich wohl
fühlen und keine Kopfschmerzen haben. Stellen Sie dem Personalchef dar, dass seine Angestellten weniger oft durch gesundheitliche Beschwerden ausfallen werden. Diese Ausfälle kosten
Unternehmen oft unvorstellbare Millionenbeträge. Hier können
Sie Geld locker machen.

Bleiben Sie am Ball - fragen Sie nach zwei Wochen noch
einmal nach. Wenn Sie keine eindeutige Antwort bekommen,
fragen Sie nach vier Wochen noch einmal nach. Klären Sie den
Punkt, wie es weiter gehen wird.

Und vor allem seien Sie bei dieser Kaltakquise geduldig. Ich
kenne Fälle, in denen das Sportkonzept nach der Präsentation ein

Jahr in der Schublade gelegen hat. In manchen Fällen sind die Entscheidungsträger einfach noch nicht reif für Ihre neuen Ideen. Haben Sie ein wenig Geduld. Das Bewusstsein für Gesundheitsverantwortung ändert sich momentan und zukünftig aufgrund der aktuellen Entwicklungen im Gesundheitswesen radikal. Wenn Ihre Präsentation gut war, können Sie davon ausgehen, dass man Sie nicht vergessen hat.

Kundenbetreuung: Wie behalte ich diese Unternehmen?
Haben Sie nun den Kontakt hergestellt, den Zuschlag bekommen und die ersten Klienten unter Ihren Fittichen, ist es natürlich wichtig, diesen Kundenkontakt wie ein rohes Ei zu behandeln. Bedenken Sie, dass sich aus solchen Kontakten lange Großaufträge entwickeln können. Ihre persönliche Eignung und für Ihre Aktivitäten offene Klienten vorausgesetzt, sollte es Ihr Ziel sein, sich unentbehrlich zu machen. Auch wenn irgendwann der Chef, aus welchen Gründen auch immer, die Motivation zum Training verliert, er muss das Gefühl haben, dass Sie dem Erfolg seines Unternehmens nützlich sind.

Unter Berücksichtigung der wirtschaftlichen Situation sollten Sie nach einiger Zeit und erfolgreicher Arbeit ein neues, kurzes und griffiges Angebot erstellen, in dem Sie zeigen, wie man mit nur wenig mehr Aufwand einen noch größeren Personenkreis im Sinne des Unternehmens fit machen kann. Sie werden erstaunt sein, was alles in Betrieben möglich ist, wenn der Erfolg erkennbar ist. Inzwischen habe ich für mehrere Unternehmen spezielle Personal Training Räume eingerichtet. Zwei davon kann man getrost schon als Gym bezeichnen, mit Laufbändern, Fahrradergometern, etlichen Kräftigungsgeräten, Spiegelwand, Fernseher, Massageliege, Sauna, Duschen, Umkleide... (die letzteren beiden Punkte sollten grundsätzlich zumindest in Minimalausführung vorhanden sein, um in der Firma Sport treiben zu können). Verstehen und verkaufen Sie sich als Gesundheitsbeauftragter und als Verbündeter des Unternehmens.

Auch hier kann ich aus eigener Erfahrung berichten, dass ein solches Erweiterungsangebot nach längerer Dämmerung in irgendeiner Schublade auf einmal hochaktuell wurde, nachdem ein entsprechender Bericht in einer Personal-Zeitschrift stand. Seien Sie kreativ und haben Sie wirklich Geduld. Ihr Engagement sollte von langfristiger Natur sein.

Wenn Sie eingeladen sind, erscheinen Sie auf jeden Fall auf den Weihnachts- oder Betriebsfeiern. Selbstverständlich sollten Sie nicht der Betrunkenste des Abends sein, der auch noch als Letzter raus getragen wird.

Neben den fachlichen Qualitäten macht Sie auch noch eine gewisse persönliche Bindung zu den entscheidenden Persönlichkeiten unabsetzbar. Ich habe Fälle erlebt, in denen Unternehmen durch die konjunkturelle Lage gezwungen wurden, geplante Anschaffungen hinauszuschieben sowie Personal zu entlassen und sie doch gleichzeitig mehr Geld in unsere Gesundheitsaktivitäten gesteckt haben. Zeigen Sie Interesse am Unternehmen!

Wie viel ist Unternehmen diese Leistung wert?
Fällt eine wichtige Person in einem Unternehmen zum Beispiel wegen Rückenschmerzen nur 2-3 Tage aus, so kostet dieser Ausfall schnell einige tausend Euro.

Arbeiten mehrere Angestellte längere Zeit unkonzentriert und ineffektiv, zum Beispiel wegen häufiger Kopfschmerzen, so entstehen im Laufe eines Jahres Effektivitätsverluste von zigtausend Euro.

Es war zuvor bereits die Rede davon, dass Unternehmen sehr viel Geld in Ihre qualifizierten Angestellten investieren. Jedes ‚simple‘ Wochenend-Teambuilding-Seminar kostet pro Nase schnell 1000 - 1500 Euro. Wie viele Stunden können Sie mit einem Angestellten dafür trainieren, sein Übergewicht wegschwitzen, seine Rückenschmerzen einebnen und Ihn für das Unternehmen leistungsbereiter und damit wertvoller machen?

O.k., andererseits sollten Sie nun aber auch nicht größenwahnsinnig werden. Gerade wenn es sich um Ihr erstes Engagement in einem Unternehmen handelt, bleiben Sie mit den Preisen auf dem Teppich. Ein Unternehmen betrachtet seine Angestellten nicht als hoch getätschelte Stars. Also verlangen Sie auch keine Bezahlung mit Starallüren.

Zeigen Sie bei Ihrer Preisgestaltung unternehmerisches Denken. Wenn Sie zum Beispiel für 10 Personen Personal Training und dazu noch 3 Rückenkurse durchführen sollen, ist es angebracht, über eine Art Mengenrabatt nachzudenken. Schließlich können Sie sicher des Öfteren Termine geschickt miteinander kombinieren und sparen so Anfahrtskosten und Wartezeit. Und Sie leben mit der Sicherheit, in nächster Zeit ein festes Einkommen zu haben.

Momentan gelten Netto-Stundensätze von 50 - 70 Euro für eine private Personal Training Stunde. Diese Werte sollten Sie auch für Unternehmen als Grundlage ansetzen, gerade dann, wenn es sich abzeichnet, dass Ihr Engagement einen großen Umfang haben und von langfristiger Natur sein wird. Besondere Leistungen, wie z. B. Massage etc. sollten eher am oberen Rand der Preisspanne angesiedelt werden.

Werden Sie aber andererseits auch nicht zu billig. Verwässern Sie nicht die Preise durch Dumpingangebote. Haben Sie genug Stolz, auch mal nein zu sagen. Auf Dauer zahlt es sich aus. Billigpreise sprechen sich schnell herum und schaden schon mittelfristig auch Ihrem Job.

Natürlich sollten Sie auch die jeweiligen regionalen Unterschiede berücksichtigen. Genauso wie in München die Mieten und die Butter teurer sind als im niederbayerischen Raum, so müssen Sie auch Ihre Forderungen diesen Gegebenheiten anpassen. Beachten Sie auch, wer sie engagieren möchte: Eine Düsseldorfer Anwaltskanzlei auf der Kö setzt andere Maßstäbe als ein mittelständischer Betrieb in Rostock.

Wenn Sie zur Mehrwertsteuerberechnung optieren, so können Sie den jeweils gültigen Satz natürlich noch dazurechnen. Für das Unternehmen ist dies oft nur ein durchlaufender Posten (auch ein Unterschied zu Privatkunden). Berücksichtigen Sie dies aber bitte bei Ihren Steuerzahlungen. Wo wir gerade beim Thema sind: Selbstverständlich zahlen Unternehmen nur gegen ordentliche Rechnungen. Machen Sie sich mit diesem Thema und den steuerlichen Aspekten vertraut.

Und da wir gerade schon über Wochenendseminare nachgedacht haben: Wieso sollten Sie denn nicht irgendwann dem Unternehmen auch einmal ein 1-2-tägiges Gesundheits- und Fitness-Seminar für den auserwählten Kreis anbieten? Dann ist es auch keine Frage, dass Sie sich mit Ihren Preisen bei entsprechenden Leistungen an den Marktgepflogenheiten orientieren.

Zukunftsvisionen für Personal Training - Ein Ausblick

Was erwartet uns in der Zukunft? Welche Visionen eröffnen sich für Personal Trainer? Ich möchte mich jetzt nicht als Wahrsager mit Glaskugel und Rabe betätigen, doch es zeichnen sich einige eindeutige Entwicklungen ab, die für unseren Beruf Relevanz haben.

Zentrales Thema der nächsten Jahre ist mit Sicherheit der Aspekt ‚Gesundheit'. Bereits vor einigen Jahren sagten der bekannte Trendforscher Matthias Horx und sein Zukunftsinstitut voraus, dass die nächste Epoche im Zeichen der Themenbereiche ‚Wellness – Gesundheit – Körperbewusstsein' stehen wird. Auch wenn in den nächsten Jahren aufgrund der inzwischen geänderten wirtschaftlichen Situation der reine Entspannungs- und ‚Fun'-Gedanke etwas in den Hintergrund tritt, bleibt das Thema Gesundheit für lange Zeit einer der wichtigsten Punkte auf der Tagesordnung. Allein die Entwicklung im Gesundheitswesen bedingt, dass in Zukunft jeder Einzelne viel mehr Verantwortung für seine Gesundheit übernehmen muss. Die Vollkasko-Mentalität ohne Eigenbeteiligung vieler Deutscher hat keine Zukunft mehr, da sich herausstellt, dass sie nicht finanzierbar ist. Private Vorsorge wird auch in diesem Bereich wie in so vielen anderen gefragt sein. Uns, als Dienstleistern auf diesem Gebiet kann damit ein Lächeln über das Gesicht huschen. Dabei sollten wir natürlich nicht außer Betracht lassen, wie viele Leute sich uns leisten können. Zumindest in der momentanen Konstellation wird der Normalbürger im Regelfall keinen Personal Trainer bezahlen können. Aber wir sollten darüber nachdenken, ob wir uns wirklich als ausschließliche 1:1-Personal Trainer verstehen? Vielleicht eröffnet die Umschreibung ‚Gesundheitsdienstleister' ganz neue Perspektiven, sich die im Umbruch befindliche Situation im Gesundheitswesen zu Nutze zu machen.

Bezogen auf die betriebliche Relevanz ergeben sich auch neue Möglichkeiten. Einerseits wollen und können sich viele Arbeitgeber nicht mehr an den alljährlichen Beitragssteigerungen der Krankenkassen beteiligen. Die Nebenkosten für Angestellte explodierten in den letzten Jahren auch aus diesem Grunde zusehends und der Faktor Arbeit wurde nahezu unbezahlbar. Andererseits schaffen die Arbeitgeber Berufsbilder jenseits aller ergonomischen, physiologischen und psychologischen Bedürfnisse unseres Körpers. Wer hat bei Ausschöpfung all dieser Anforderungen noch die Zeit, regelmäßig ausreichend Gesundheitssport zu treiben, sich sinnvoll zu entspannen und sich ausgewogen zu ernähren? Beim Wandel der modernen Berufsanforderungen liegt es auf der Hand, dass sich gesundheitliche Beschwerden bedingt durch Bewegungsmangel und zunehmenden psychischen Stress rasant ausbreiten werden. Die Auswirkungen, die wir jetzt erleben, sind vermutlich erst die berühmte Spitze des Eisberges.

Ein Teil des Geldes, welches Unternehmen heute für ihren Anteil am Krankenkassenbeitrag ausgeben, wäre im Bereich Prävention sicher besser angelegt. Wer viel erwartet, muss auch bereit sein, viel zu geben. Dieser Grundsatz der Ausgewogenheit gilt für Arbeitnehmer wie Arbeitgeber. Und genau hieraus resultieren Chancen für uns Gesundheitsexperten. Das Angebot ‚Personal Training' mit dem vollen Spektrum seiner Möglichkeiten in die Unternehmen zu tragen, passt da wie die Faust auf das veilchenblaue Auge.

Keine Frage, diese Idee hat Zukunft. Ein wichtiger Aspekt ist aber, dass nicht jeder „selbsternannte" Fitness-Trainer sich in dieser Rolle sieht und den Markt qualitativ verwässert. Nichts ist schlimmer als ein enttäuschter Kunde. Eine Firma, die sich einmal vom Personal Training für Ihre Angestellten zurückgezogen hat, ist noch viel schwieriger wieder zu einem solchen Engagement zu bewegen als ein neues Unternehmen.

Bereiten Sie sich also gut vor, bevor Sie auf dem Markt erscheinen. Dann kann Personal Training im Unternehmen auch Ihre Zukunft sein. Andernfalls werden sie in Zukunft jede Menge mehr oder weniger gut ausgebildete ‚Kollegen' bekommen. Manche Ausbildungsstätte beginnt inzwischen monatlich mit 2-jährigen Ausbildungen oder Fernstudien zum ‚Wellness-Trainer', zum ‚Gesundheits-Trainer' oder ‚Fitness-Berater'.

Ein guter Personal Trainer sollte sich niemals auf seinen Lorbeeren ausruhen, aber vor allem sollte er sich deutlich über die Minimalanforderungen mancher Ausbildung hinaus erheben. Verstehen Sie sich wirklich als Experte und Profi, als Meister Ihres Faches.

Ich denke, dass es in mittelfristiger Zukunft für einige hundert bis tausend qualifizierte ‚Personal Training' - Unternehmer im Sinne von Gesundheitsexperten einen Markt geben wird. Sie müssen für sich entscheiden, ob Sie eine Festanstellung bzw. ein ausschließliches Engagement in einem Unternehmen anstreben oder als freier Mitarbeiter für mehrere Betriebe, Privatpersonen und Krankenkassen tätig sind.

Auch die Kooperation mehrerer Personal Trainer als eine Art Arbeitsgemeinschaft ist möglich. So lassen sich vor allen Dingen Verwaltungs- und Werbungskosten niedrig halten. Engstirniges Denken wird Sie hier nicht weiterbringen. Auch wenn der Beruf des Personal Trainers auf Individualität, Flexibilität und Spontaneität basiert, ist eine Zusammenarbeit doch praktikabel – vorausgesetzt alle beachten die gemeinsamen Spielregeln. Wer diesen Job professionell angehen will, sollte darauf achten, nur mit professionellen Partnern zusammen zu arbeiten.

Natürlich gibt es inzwischen neben Datenbanken wie zum Beispiel dem PERSONAL-TRAINER-NETWORK oder Personalfitness.de auch andere Organisationsformen, wie zum Beispiel Unternehmen mit angestellten oder freiberuflichen Personal Trainern. Ob das eine Option für Sie ist, als Angestellter oder Chef, müssen sie selbst entscheiden. Wichtig ist aber, dass sich seriöses Personal Training im privaten wie betrieblichen Bereich vom teils noch immer weit verbreiteten Studenten-Nebenjob-Klischee verabschiedet. Auch ich habe so begonnen, und keine Frage, es hat für mich wie für die Kunden gut funktioniert. Aber es darf sich nur um den ersten Schritt auf dem Weg handeln und es gibt leider immer noch zu viele, die auf dieser Basis ohne Weiterentwicklung herum wurschteln. Das mag für manchen Privatkunden in Ordnung gehen, für den Bereich ‚Personal Trainer in Unternehmen' ist es definitiv keine Option.

Kurz gefasst:
- Gesundheit ist ein zentraler Begriff der kommenden Epoche.
- Die modernen Berufsbilder schaden der Gesundheit.
- Personal Training bietet die erforderliche Flexibilität, die zum Teil gewünschte Exklusivität und die Lösungen.
- Die Unternehmen erkennen die Zusammenhänge und finden im Personal Trainer und verwandten Dienstleistungen die Lösung.

Also, worauf warten Sie jetzt noch?

Autor:
Arnd Storkebaum
Gründer und Geschäftsführer von
more – move & relax, Health Coaching
Friedrichs Glück 11
40885 Ratingen

Tel.: +49 (0)2102 - 709903
Fax: +49 (0)2102 - 709905

arnd.storkebaum@more-fitness.de
www.more-fitness.de

sowie von

wellstore.de
Equipment für Wellness, Beauty, Sport und Gesundheit

Tel.: +49 (0)2102 - 709904

arnd.storkebaum@wellstore.de
www.wellstore.de

„Da ich die Atmosphäre in Fitnessclubs nicht besonders mag, fing ich vor ca. einem Jahr an, regelmäßig zu laufen. Ich tat mich ziemlich schwer, war unmotiviert und mit der Zeit auch lustlos. Durch einen Bericht über Personal Training in dem Fitnessmagazin SHAPE, bin ich im Frühjahr 2001 auf die Internetseite www.ap-fitness.com gestoßen und habe mir kurz entschlossen Unterstützung durch einen Personal Trainer geholt. Was es mir gebracht hat? Etwas völlig Neues: Spaß am Laufen, eine bessere Kondition - dank eines auf mich maßgeschneiderten Trainingsplans - und vor allem ein wunderbares Körpergefühl. Seither treffe mich regelmäßig mit meinem Personal Trainer zum Laufen und lasse mich gern auch per E-Mail oder per Telefon beraten und motivieren."
Martina Friedrich, Management Businesspark GmbH

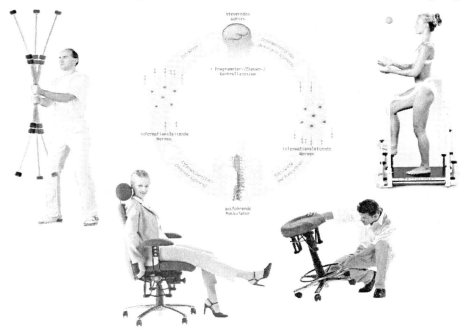

Kontakte & Adressen

Netzwerke

Bundesverband Deutscher Personal Trainer e.V.
Eupenerstraße 159
50933 Köln
Tel.: 0221 - 5506222
Fax: 0221 - 8202695
www.bdpt.org
info@bdpt.org

PERSONAL TRAINER NETWORK
Am Kümpchenshof 21, 50670 Köln
Tel.: 0221 - 1393501
Fax: 0221 - 1393601
www.personal-trainer-network.de
info@personal-trainer-network.de

Existenzgründungsberatung

Kommunale Ämter für Wirtschafts- und Beschäftigungsförderung

Arbeitsgemeinschaft Selbständiger Unternehmer e.V.
Mainzer Straße 238, 53179 Bonn
Tel.: 0228 - 954590

Deutsche Ausgleichsbank DtA
(Zins verbilligte Darlehen der Länder und des Bundes zur Existenzgründung)
Kreditkoordinierung
Info-Line: 0228 - 831-2400
www.gruenderzentrum.de, www.dta.de

Arbeitsämter der einzelnen Länder
(z. B. Existenzgründerwerkstatt für Studenten)

Ernährungsinformationen im Internet

www.5amTag.de Fünf am Tag – Die Gesundheitskampagne mit Biss

www.ernaehrung.de Deutsches Ernährungsberatungs- und Informationsnetz (DEBInet)

www.dge.de Deutsche Gesellschaft für Ernährung e.V. (DGE)

www.naturkost.de Informationen zu Naturkost und Naturkostläden

www.diet-aachen.de Deutsches Institut für Ernährungsmedizin und Diätetik

Berater

Internet
Virtual! Köln
Weyertal 59, 50973 Köln
Tel.: 0221 - 4722399
Fax: 0221 - 4722390
www.virtualkoeln.de
info@virtualkoeln.de

Grafik/Design
N7-creActive Design
Gruber Straße 7a, 85652 Landsham
Tel.: 089 - 30727589
Fax: 089 - 99100281

Sportbekleidung/Equipment ALEX ATHLETCIS
sem Mersch & Partner
Lüderichstraße 2-4, 51105 Köln
Tel.: 0221 - 9833603
Fax: 0221 - 9833596
www.sem4u.com
info@sem4u.com

Finanz- und Wirtschaftsberatung
HORBACH Wirtschaftsberatung
Elmar Reufsteck
Weißhausstrasse 28, 50939 Köln
Tel.: 0221 - 472310
Fax: 0221 - 4723190
www.horbach-gmbh.de
elmar.reufsteck@horbach-gmbh.de

Aus- und Weiterbildung

aeroNET
Waldfriedhofstraße 16, 81377 München
www.aero-net.net

DFAV
Deutscher Fitness und Aerobic Verband e. V.
Potsdamer Platz 2, 53119 Bonn
www.dfav.de

LEAD
International School for Aerobic, Fitness & Health
An den drei Hasen 34-36, 61440 Oberursel
www.lead-school.com

Meridian Academy
Wandsbeker Zollstraße 87-89, 22041 Hamburg
www.meridian-academy.de

PERSONAL TRAINER NETWORK
Am Kümpchenshof 21, 50670 Köln
www.personal-trainer-network.de

QPT – Personal Training Network
Postfach 1511, 82305 Starnberg
www.qpt-personaltraining.de

Safs & Beta
Johanna-Kirchner-Straße 2°, 65239 Hochheim/Main
Tel.: 06146 - 60660
Fax: 06146 - 606610
www.safs-beta.de
info@safs-beta.de

Trainer College
Winckelmannstraße 32, 50825 Köln
www.trainer-college.de

Trainingsequipment

DEHAG
Michael de Toja
Hermann-Seger-Straße 18-20, 50226 Frechen
Tel.: 02234 - 27693

Compex Medical GmbH
Michael Hill
Rheingaustraße 94, 65203 Wiesbaden
Tel.: 0611 - 6907451
Fax: 0611 - 6907474

POLAR Electro GmbH
Sascha Becker
Postfach 154, 64570 Büttelborn
Tel.: 06152 - 923616
Fax: 06152 - 923610

Precor
Nicco Rolli
Ringstraße 46, 50996 Köln
Tel.: 02203 - 183933
Fax: 02203 - 183934

PREVENT
Edda Fuchs
Steinhäuser Straße 19, 76135 Karlsruhe
Tel.: 0721 - 82040
Fax: 0721 - 8204400
www.prevent.de

TANITA Europe GmbH
Marcus Lange
Dresdner Straße 25, 71065 Sindelfingen
Tel.: 07031 - 61896
Fax: 07031 - 618971

Literatur

Selbständigkeit, Marketing & Akquise

- Gloger, A.: Millionäre: Vom Gründertraum zur Wirklichkeit, Wirtschaftsverlag Carl Ueberreuter, 1999

- Hortz, F.: Guerilla-PR – Wirksame Öffentlichkeitsarbeit im Internet, Smart Books, 1999

- Levinson, J.-C.: Guerilla Marketing, Heyne Business, 1989

- Levinson, J. C./Rubin, C.: Guerilla Marketing im Internet: Tipps und Tricks für kleine und mittlere Unternehmen, Midas, 1999

- Münster, T.: Rechtsberater Existenzgründung, mvg-verlag, 1998

- Peters, T./Waterman, R.: Auf der Suche nach Spitzen-leistungen, mvg-Verlag, 2000

- Rentrop, N.: Tipps zur Unternehmensgründung. VNR, Verlag für die deutsche Wirtschaft AG, 1998

- Rödel, S./Wittemer, B./Gesmann, K.: Existenzgründung, mvg-verlag, 1998

- Schäfer, B.: Der Weg zur finanziellen Freiheit, Campus-Verlag, 1999

Gesunde Ernährung

- Dittrich, K./C. Leitzmann: Bioaktive Substanzen – Neuent-deckte Wirkstoffe für Ihre Gesundheit, Stuttgart 1999

- Koerber, K. von/T. Männle/C. Leitzmann: Vollwerternährung - Konzeption einer zeitgemäßen Ernährungsweise, Stuttgart 2002

- Kollath, W.: Die Ordnung unserer Nahrung, Stuttgart 2001

- Leitzmann, C.: Vegetarismus. Grundlagen, Vorteile, Risiken, Stuttgart 2001

- Müller, W.: Schlank ohne Diät: Abnehmen mit Methode 500 PLUS, Düsseldorf 2002

- Schek, A.: Top-Leistungen im Sport durch bedürfnisgerechte Ernährung, Münster 2002.

- Schek, A.: Ernährungslehre kompakt, Frankfurt 2002.

- Watzel, B.: Bioaktive Substanzen in Lebensmitteln, Stuttgart 1999

- Williams, M. H.: Ernährung, Fitness und Sport, München 1997

Sportmedizin

- Freese, J.: Medizinische Fitness. Das Reha-Manual für Therapie, Fitness und Leistungssport, Eigenverlag, 2001

- Kendall, F. P./E. Kendall McCreary/P. G. Provance: Muskeln: Funktionen und Test, Urban & Fischer Verlag, 2001

- Kolster, B./G. Ebelt-Paprotny: Leitfaden Physiotherapie. Befund, Techniken, Behandlung, Rehabilitation, Urban & Fischer Verlag, 1998

- Tittel, K.: Beschreibende und funktionelle Anatomie des Menschen, Urban & Fischer Verlag, 2000

Die Autoren

Thomas M. Brandt
Versicherungskaufmann; klassische
Vertriebskarriere in der
Versicherungswirtschaft; Assistent
des Vertriebsvorstandes und
Vertriebsdirektor Deutsche
Ärzteversicherung, Köln;
Mitglied des Vorstandes der AXA
Gruppe, Paris/Köln;
Vorstandsmitglied der Maturitas AG.

Christine Braun
Studium der Ernährungs- und
Haushaltswissenschaften mit Abschluss
Diplom-Oecotrophologin; Doktorandin
am Institut für Marktforschung (Agrar-
und Ernährungswirtschaft) an der
Universität Bonn;
Aerobictrainerin; Ernährungsexpertin
im Bereich Personal Training in
Kooperation mit verschiedenen
Personal Trainern und dem PERSONAL
TRAINER NETWORK;
Ernährungsberatung für Speedskater
(`Experts in Speed´).

Lars Brouwers
Physiotherapeut und
Diplom-Sportwissenschaftler;
Manualtherapeut;
Physical Rehabilitation Trainer I.A.S.;
8 Jahre Berufserfahrung als Trainer
und Therapeut in verschiedenen
Trainingszentren und in der
ambulanten orthopädisch-
traumatologischen Rehabilitation;
seit 2001 freiberuflicher Personal
Trainer; Referent; Autor.

Peter Creutzfeldt
In den letzten 20 Jahren in Köln,
London, New York, Zürich,
Bombay und Barcelona in
Führungs- und Beratungs-
positionen tätig gewesen.
Praktisches Studium vieler
westlicher und östlicher
Selbsterfahrungsformen.
Schwerpunkt interkulturelle
Zusammenarbeit,
Kommunikation und Stress.
Gründer von
„Working in the Zone."

Dr. Hermann Falk
Nach Studium und Referendarzeit u. a.
in Tübingen, Berlin und New York ist
Dr. Hermann Falk seit 1997
wirtschaftsberatender Rechtsanwalt in
Düsseldorf und berät seitdem
zahlreiche Unternehme der Fitness-
Branche in deren Gründungsphase
sowie im laufenden Geschäft; daneben
ist es auch im Vorstand und
Aufsichtsrat verschiedener
Unternehmen tätig.

Jens Freese
Diplom-Sportlehrer, DVGS-
Sporttherapeut sowie lizenzierter
Badminton- und Tennistrainer; diverse
Leitungen in ambulanten
Therapieeinrichtungen; seit 1998
freiberuflicher Personal Trainer;
Referent und Prüfer in der Fitness-
Trainer-Ausbildung; Gründungs-
mitglied und Vorsitzender des
Bundesverbandes Deutscher Personal
Trainer e.V.; Geschäftsführer der
Weiterbildungsakademie
TRAINER COLLEGE; Buchautor.

Benedikt Hell
Diplom-Psychologe, Studium der
Psychologie in Bonn. Seit 1999
wissenschaftlicher Mitarbeiter am
Lehrstuhl für Wirtschaftspsychologie
der Universität Hohenheim mit den
Forschungsschwerpunkten Personal-
auswahl und Personalentwicklung.
Freiberufliche Tätigkeiten im Bereich
Konstruktion von Personalauswahl-
verfahren und Leistungsbeurteilungs-
systemen, internetbasierte Personal-
auswahl. Autor von Kongress- und
Fachzeitschriftbeiträgen sowie
Buchbesprechungen.

Silke Hell
Diplom-Psychologin, Studium der
Psychologie in Heidelberg, Ausbildung
zur systemischen Therapeutin und
Beraterin. Leiterin des C@reerCenters
an der Universität Hohenheim.
Tätigkeitsschwerpunkte: Karriere-
beratung von Studierenden,
Durchführung von Potenzialdiag-
nosen, Konzeption und Durchführung
von Seminaren und Workshops zu
den Themen Schlüsselqualifikationen
(Kommunikation, Moderation,
Zielfindung u. a.) und Berufseinstieg,
Organisation von Firmen-
kontaktmessen.

Eginhard Kieß
Diplomsportstudium an der Deutschen
Sporthochschule (DSHS); Tätigkeit als
Diplomsportlehrer in der Abteilung
Sporttherapie der Schlüsselbad Klinik
Bad Peterstal; seit 1997 selbständiger
Personal Trainer; Gründer des
PERSONAL TRAINER NETWORK;
Gründungsmitglied des
Bundesverbandes Deutscher Personal
Trainer; Referent und Ausbilder für
Personal Trainer.

Claus Arwed Lauprecht
Geschäftsführer Wellness Institut GmbH;
medizinische Ausbildung (Universität
Düsseldorf und Innsbruck) / Institut für
Sport, Freizeit und Touristik Düsseldorf;
Abschluss als Sport- und Tourismus-
manager; ehem. Hauptgeschäftsführer
des Sport- und Gesundheitszentrums
Heilbronn; Gründung und Entwicklung
des deutschen Wellness Institutes:
Weiterbildung und Qualifizierung in
Wellness, Beratung und Projektent-
wicklung, Betreibungsmanagement,
Public Relations; Präsident des
Internat. Spa & Wellness Bund e. V.;
Veröffentlichungen und Vorträge in den
Bereichen Wellness, Medical Wellness,
Corporate Wellness.

Ralf M. Lützner
Fernstudium zum Fitnessfachwirt (IHK);
Ausbildung zum Fitnesslehrer (DFBU);
Ausbildungen zum Lehrer für Fitness,
Gesundheit und Sportrehabilitation,
zum Ernährungstrainer, zum
Mentaltrainer – B – Lizenz (BSA);
bis 2000 Studioleiter einer Fitness-
anlage; seit 2000 Personal Trainer und
Inhaber von Active & Personal Fitness
(APF); Fitnessexperte für das MDR-
Fernsehen; Referent in der Fitness- und
Wellnesstrainerausbildung.

Dr. Wolfgang Müller
Studium der Wirtschafts- und
Sozialwissenschaften;
interdisziplinäre Promotion im
Grenzgebiet zwischen
Betriebswirtschaft, Soziologie und
Philosophie. Tätig als Unternehmer,
Verleger und Sozialwissenschaftler.

Katja Neef
Diplom-Betriebswirtin; Studium der
Betriebswirtschaft; Weiterbildung
zur Steuerfachwirtin, z. Zt. in
Vorbereitung auf das Steuerberater-
examen; seit 01/2000 bundesweit
tätig als Leiterin der Fachbereiche
Heilberufe und Personal Training bei
Prof. Dr. Bischoff & Partner
Steuerberater, Rechtsanwälte und
Wirtschaftsprüfer in Köln.

Dr. med. Stefan Preis
Facharzt für Orthopädie,
Sportmedizin, Chirotherapie;
Studium der Humanmedizin und
Sportwissenschaften;
seit 1996 selbständig in der Klinik
am Ring, Köln; Schwerpunkte:
arthroskopische Operationen,
sportmedizinische Betreuung u. a. im
Leistungssport.

Norman Rentrop
Studium der Betriebswirt-
schaftslehre in Köln;
Thema der Diplomarbeit:
Ausgewählte Strategien im
Gründungsprozess;
Gründer des VNR Verlag für
die Deutsche Wirtschaft AG;
Beruf: Verleger und Investor.

Sabine Riedl
Abitur; kfm. Ausbildung; staatlich
geprüfte Fremdsprachensekretärin;
Auslandsaufenthalt in Paris (Hotelma-
nagement); Personalmanagement bei
German Cargo; Koordinatorin bei TV
Produktion Kliebenstein; Group-fitness-
Manager / Service- und Verkaufsleiter im
Fitness Club / Trainer-Tätigkeit; seit 1981
Aerobic-Instructorin und Fitness-
Trainerin; SAFS CH / SAFS & BETA
Aerobic Lizenz; Aerobic Betriebsleiter
Lizenz, Fitness-Trainer Lizenz; Intern.
Kongress Presenterin / Fachreferentin;
Programmkonzeptorin; seit 1990 SAFS
(CH) Ausbilderin; seit 1994 SAFS & BETA
Ausbilderin; seit 1999 Schulleiterin von
SAFS & BETA School f. Professionals
Wiesbaden.

Dirk Scharler
Physiotherapeut und Sportlehrer;
seit 1995 Tätigkeit als freier Referent
und Dozent an verschiedenen
Institutionen in D, A und CH
(ZAT Bad Nauheim, Berufskolleg
Waldenburg, DVGS/ SVGS Köln /
Zürich, Fortbildungsakademie Linz);
seit 1997 als Personal Trainer in
Stuttgart tätig; Ausbildungsleitung
im PERSONAL TRAINER NETWORK
zusammen mit Eginhard Kieß.

Slatco Sterzenbach
Studium der Diplomsportwissen-
schaften für Prävention und
Rehabilitation;
Weltrekordler im Indoorcycling;
Ausbilder für Personal Trainer;
Seminarleiter für Firmenseminare
und Coach für Manager; Referent für
Motivation, Coaching und
Lebenskraft; Inhaber der Firma
Lebenskraft.com.

Arnd Storkebaum
MTB-Profi 1989 -1992; Studium
Sport und Biologie, Heinrich-Heine-
Universität Düsseldorf; vielfältige
Aktivitäten für diverse Gesundheits-
und Fitnesseinrichtungen, AOK und
Fachbereiche Fitness und
Sportmedizin am Sportinstitut der
Universität Düsseldorf;
1998 Gründung von more - move &
relax – HEALTH CONSUL-TING:
Company Wellness,
Personal Training, Sport Equipment
Betreuung zahlreicher
Unternehmen und Einzelsportler;
2002 Gründung von wellstore.de
E-Shop für Wellness-Artikel

Personal Trainer – auch ein Beruf für Sie?